Ursula Krebs

Sophies Brautpreis

Eine afrikanische Frau erzählt

Lamuv Taschenbuch 347

Bitte fordern Sie unser kostenloses Gesamtverzeichnis an:
Lamuv Verlag, Postfach 2605, D-37016 Göttingen
Telefax (0551) 41392
E-Mail: info@lamuv.de
www.lamuv.de

08 09 10 11 12 13 6 5 4 3 2 1

1. Auflage 2008
Originalausgabe

Umschlag: Sarah Winter unter Verwendung eines Fotos
von Claude Payson
Gesamtherstellung: Steidl, Göttingen
Printed in Germany
ISBN 978-3-88977-687-7

Inhalt

Die Entscheidung

Ich werde Sophie Keng meine Lebensgeschichte erzählen

»Sophie…« Der groß gewachsene Mann trat mit raschen Schritten auf mich zu, legte seine Hände auf meine Schultern. Die Nähe zwang mich, meinen Kopf in den Nacken zu legen, um ihn anzuschauen. Sein Blick ruhte auf mir.

»Ist es wahr? Die Kündigung? Unwiderruflich?«

»Ja, Doktor, unwiderruflich«, bestätigte ich.

Vernahm er die Festigkeit, die Entschlossenheit, die ich bewusst meiner Stimme verlieh?

»Schade, schade, Sophie.« Mit einem leichten Kopfschütteln unterstrich er sein Bedauern. »Du arbeitest so zuverlässig, hast für jeden ein aufmunterndes Wort, ein freundliches Lächeln, du wirst hier fehlen.«

Schon eilte er davon, von großer Verantwortung stets in Atem gehalten.

Ich sah ihm nach, bis er in seinem Behandlungszimmer verschwand, lächelte, war erfüllt von innerer Zufriedenheit. Auch ihm gelang es nicht, mich an meinem Entschluss zweifeln zu lassen. Monatelang hatte ich um diese Entscheidung gerungen, Nacht für Nacht. Ein innerer Widerstreit raubte mir Schlaf und Seelenfrieden.

Pflichterfüllung war mir ein stetes Gebot, Zeit meines Lebens, ein Gottesauftrag: Liebe deinen Nächsten wie dich selbst. Welchen Liebesdienst, welche Hilfeleistung konnte ich ihm verwehren? Tagtäglich bat ich um die Kraft, diesem Auftrag gerecht zu werden, und sie wurde mir gegeben. Von jeher pflegte ich Kranke, konnte durch Schulung mein Wissen erweitern, mehr Verantwortung übernehmen. Nun, seit Jahren schon stehe ich Müttern bei, helfe ihnen in den Momenten, wenn ihre winzigen Menschenkinder, welche Wunderwerke Gottes, sich den Weg in unsere Welt bahnen.

Doch irgendwann, zu unbestimmter Zeit, trug der Wind ein Samenkorn eines wildwüchsigen Krautes in meine Seele, setzte sich dort fest. Wie wehrte ich mich gegen sein Einnisten, vom ersten Erkennen, doch es war zählebig, keimte auch unter den ungünstigen Bedingungen, die ich ihm bot, entwickelte Wurzeln und Blättchen, wuchs und nährte sich von meiner Energie.

Immer bedrückter, lustloser begab ich mich auf den Weg zur Arbeit, immer erschöpfter und mutloser kehrte ich zurück. Ich weiß Bescheid, es ist nicht Körperkraft, die mir abgeht, es ist Hoffnungslosigkeit, die mich ausbrennt. Tagtäglich schaue ich auf Krankenblätter gebärender Mütter, jungen wie mittleren Alters, manche blutjung. Und immer häufiger steht da mit einem Stempel aufgedrückt: positiv. Längst erklärte die Leitung den Test für jede Frau als verpflichtend. Weigert sie sich, wird sie abgewiesen.

Die Babys werden noch im Mutterleib medikamentös behandelt. Sie können gesund sein, aber sie werden ohne Mütter, ohne Väter aufwachsen, erzogen von Erwachsenen der Generation ihrer Großmütter. Welch eine erschütternde Wirklichkeit! Doch noch immer herrscht allgemeine Unvernunft und Einfältigkeit, leben viel zu viele Menschen gedankenlos in den Tag hinein. Man spricht von der »Krankheit des Jahrhunderts«, scheut, ihren wahren Namen auszusprechen.

Trotz Aufklärung behaupten noch unzählige Stimmen, es handele sich um »Kongossa«, Gerüchte, Rederei. Von wem in die Welt gesetzt? Natürlich den Kirchenmännern. Predigten nicht schon die weißen Missionare von Einehe und Treue, wetterten gegen Polygamie und Ehebruch? Nun ist »die Krankheit« ihr neues Druckmittel, das sie durch geschürte Angst zähmen soll?

Man liebt weiter, vielseitig, unbeschwert und leichtgläubig. Kondome werden als »Gummi der Weißen«, Tote als Opfer von Hexerei abgetan.

Und die Gefahr der Ansteckung, besonders auf der Entbindungsstation. Beachten wir, das Personal, stets gewissenhaft die

Regeln der Vorkehrung – in der Eile, die zuweilen geboten ist? Auch dies ein Gedanke, der mir Unbehagen bereitet. Oh, Gott, ist es selbstgefällig, von einem solchen Ort zu fliehen, mit dem Wunsch im Herzen, noch ein Weilchen Leben zu erwarten?

Gewiss, ich erinnere mich vergangener Zeiten, in denen ich geneigter war, es dir zurückzugeben, als es zu behalten. Dank deiner Hilfe habe ich die Niedergeschlagenheit überwunden, selbst die Bitterkeit gegenüber meiner Familie. Ein kleines, bescheidenes Glück habe ich mir aufgebaut, das ich mit Freude genieße. Das ist ein schönes Häuschen. Nebenan wohnt Romano, ihn habe ich als Halbwüchsigen an Kindesstatt aufgenommen. Er heiratete Adeline, und ihr erstes Kind trägt meinen Namen: Sophie Keng.

Gott schenkte mir keine eigenen Kinder, mein Blut fließt in keinem Nachkommen. Doch Sophie Keng gehört meine besondere Liebe. Allabendlich wartet sie am Tor auf meine Heimkehr. Doch heute wird Adeline, ihre Tochter auf den Rücken gebunden, mir ein Stück des Weges entgegenkommen, mich umarmen und sagen: »Mama, ab heute gehörst du ganz uns.«

Ein Einfall beherrscht mich, an dem ich zunehmend Gefallen finde: Ich werde Sophie Keng meine Lebensgeschichte erzählen, Etappe für Etappe, gemäß ihres wachsenden Verständnisses. Sie wird mein Angedenken in ihrem Herzen wahren, vielleicht an ihre Kinder weitergeben, wie eine leibliche Tochter. Noch ist sie klein, kindlich, unverständig. Doch wie oft schicke ich meine Fantasie auf Reisen, sehe ein Bild vor mir, lebendig wie die Wirklichkeit: Ich sitze in meiner kleinen Küche. Die Tagesarbeit ist getan. Das Holzfeuer zwischen den drei Steinen wurde seiner Aufgabe gerecht, hat Cassava und Erdnusssoße, ein Rest vom Mittagessen, aufgewärmt. Nur noch vereinzelt flackern Flämmchen auf, es fehlt ihnen an Nahrung, um erneut hoch aufzulodern. Doch die Glut spendet Wärme, steigt wohlig auf in meine Glieder. Sophie Keng sitzt auf dem Hocker neben mir, ihr Oberkörper ist gebeugt, ruht auf meinen Schenkeln. Meine Hand fährt liebevoll durch ihr Haar. Glückselige Momente, sie gehören nur uns zwei, ihr und mir. »Erzähl, Mama!« In einer solchen Zweisamkeit, zu gegebener Zeit, werde ich beginnen:

»Das frühe Morgenlicht war gerade kräftig genug, dass sich die Menschen von der Schwärze der Nacht abhoben. Sie standen abmarschbereit beisammen…«

Kapitel 1

Im Haus der Schwester – Zu klein für die Schule –
Ein gestrenger Lehrer – Die Sonnenuhr

Das frühe Morgenlicht war gerade kräftig genug, dass sich die Menschen von der Schwärze der Nacht abhoben. Sie standen abmarschbereit beisammen. Geschwister und Freunde ließen es sich nicht nehmen, die junge Familie in das fern abgelegene Dorf zu begleiten. Was stand da nicht alles bereit, was auf den verschiedenen Köpfen verteilt transportiert werden musste: Tontöpfe in verschiedenen Größen, zum Kochen und als Vorratsbehälter, zahlreiche Kalebassen, holzgeschnitzte Schalen, Kochlöffel …, kurz, ein gesamter Hausrat. Dann die Nahrung. Die Tanten, Onkel, Cousinen und Cousins, liebe Nachbarn, alle gaben etwas mit auf den Weg, als wenn es dort, wo John, Lea und ich, Sophie, hinziehen, kein Ackerland zu finden wäre, in dem Bananenstauden wachsen und Bohnen, Mais und Erdnüsse keimen würden. Aus einem Korb heraus verkündeten Hühner mit lautem Gegacker ihren Unmut über die unerträgliche Enge, lebten sie doch seit Verlassen der Eierschalen in uneingeschränkter Freiheit. Zwei junge Zicklein zerrten ungeachtet der frühen Stunde übermütig an der aus Pflanzenfasern geflochtenen Leine.

Meine älteste Schwester Lea hatte John geheiratet, einen Lehrer, der mit zu den ersten Absolventen des Lehrerseminars der Region gehörte, das von den Missionaren eröffnet worden war. John war mächtig stolz auf diese Ausbildung. Lea war stolz, mit diesem Mann verheiratet zu sein, der ihr ein sorgloses Leben zu bieten schien, und Leas Eltern waren stolz, ihre Tochter so gut an den Mann gebracht zu haben.

Nun ist er, jung verheiratet mit Lea, auf dem Weg zu seinem ersten Einsatz. Ich, die jüngste der vier Töchter meiner Mutter,

Vaters erster Frau, werde bei ihnen wohnen. »Das ist Tradition«, hatte die Mutter gesagt. »Sie kann dir im Haushalt und auf dem Feld helfen.« Doch außerhalb ihrer Hörweite fragte John seine Frau, welche Arbeiten dieses schwächliche Mädchen schon leisten könnte.

»Täusche dich nicht, sie ist zäh«, verteidigte mich Lea.

John lächelte viel sagend in sich hinein, kannte er doch zu gut die Aufgabe des Schwesterchens: Lea fiel der Abschied von der Familie schwer. Zum ersten Mal in ihrem Leben lag ein längeres Getrenntsein vor ihr. Erledigte Lea doch zuvor alle anfallenden Frauenarbeiten mit der Mutter, den Schwestern oder den Töchtern von Anna, Vaters zweiter Frau: Wasser holen, Feuerholz sammeln, säen und ernten. Zwischen diesen Frauen bestand eine große Verbundenheit. Plötzlich musste sie sich von all den Lieben verabschieden. Welche ungewohnte Situation, schmerzlich, wäre da nicht ein Bindeglied zu den Zurückgelassenen. Ich, die kleine Sophie, die mehr an Lea als an der viel beschäftigten Mutter hing, sollte durch mein kindliches Wesen und meine Anhänglichkeit aufkommendes Heimweh vertreiben.

Der Weg war steinig, schlängelte sich in Windungen die Berge hinauf und hinab, durch dunkle, fast undurchdringliche Wälder, über offenes Grasland, durch Dörfer... Begegneten uns Menschen, blieben wir stehen, beantworteten gegenseitige Fragen nach dem Woher und Wohin. »Ah, der Lehrer für die neue Schule in... Willkommen, willkommen!« Sie tanzten, waren sie Bewohner dieses Dorfes, wenn nicht, verzogen sie resigniert die Gesichter, sagten: »Komm zu uns, auch unsere Kinder sollen lernen.« John lachte. »Bedrängt euren Dorfchef.« Wir zogen weiter.

Ich wurde müde, zottelte hinter den anderen her. Meine Beine trugen mich nicht mehr. John verteilte seine Last auf die jungen Männer, nahm mich auf und lud mich auf seinen breiten Rücken. »Sophiechen, unser Baby.« Der Spott der älteren Kinder traf mich hart, wollte ich es doch in Tempo und Ausdauer den anderen gleichtun. Schmollend wand ich meinen Kopf ab, legte ihn auf Johns Schulter. Der Rhythmus seiner Schritte machte mich schläfrig. Schon war ich eingenickt.

Plötzlich ohrenbetäubendes Geschrei. Ich schreckte auf: Was ist los, wo bin ich?

Die Jugend eines ganzen Dorfes rollte über die Grashänge auf uns zu. »Die Trommeln trugen schon am Vorabend die Botschaft unserer Ankunft voraus«, bemerkte Lea aufatmend, wusste sie doch, nun wird Gepäck auf ausgeruhte, starke Köpfe umgeladen. Doch bevor deren Temperament durch Lasten gezügelt wurde, tanzten sie ausgelassen um uns herum, sangen lauthals: »Unser Lehrer, unser Lehrer…« Weiter. Auch ich wurde auf einen anderen Rücken gehoben; halt suchend legte ich meine Arme um einen fremden Hals.

Am Eingang des Dorfes hatten sich die Erwachsenen zusammengefunden. Mit Gesang, Trommelschlag und Triller, Ausdruck der Freude, begrüßten sie uns, reichten uns Kalebassen mit Wasser gegen den Durst. Kühl rann es die trockene Kehle hinab. »Zum Dorfchef, zum Dorfchef…«, drängten sie uns ohne längere Atempause weiter.

Der begrüßte uns, ließ durch einen Notabeln, einen seiner Berater, seine Freude zum Ausdruck bringen, nun in seinem Dorf eine Schule eröffnen zu können: Kinder und Jugendliche dieses Dorfes werden in das Geheimnis von Buchstaben und Zahlen eindringen, werden fähig sein, die Botschaft der Heiligen Schrift der weißen Missionare selbst zu lesen und den anderen zu erklären. Nicht nur die Bibel, auch Bekanntmachungen, Anweisungen der englischen Kolonialregierung werden sie entziffern können und uns Alten erklären. Niemand wird uns mehr übers Ohr hauen können. Kurz: Voller Zuversicht malte er die Zukunft seines Dorfes in den schönsten Farben.

Kalebassen mit Palmwein wurden nicht nur zu der Mahlzeit, Fufu und Wildbret, gereicht. Auch danach heizte er mit seiner Menge, die in junge und alte Kehlen floss, den allgemeinen Freudentaumel noch an. Auch ich bekam einige Schlucke ab, schmeckte er doch noch süß und unvergoren. Er war erst am Mittag gezapft worden.

Ein Fest – verdienten sie es nicht?

Die Missionare machten dem Dorfchef eine Aufwartung – so fing es an. Das war eine Aufregung, damals bei ihrem ersten Erscheinen. Jeder Bewohner platzte vor Neugier, ihnen endlich zu begegnen, dieser fahlhäutigen, langnasigen Art von Menschen. Die Länge ihrer Nasen hinterließ bei den Dörflern mehr Erstaunen als die Farblosigkeit ihrer Haut. Wie kann man mit einer solchen Nase aus einer Kalebasse Palmwein trinken, ohne sie hineinzutunken, fragten sie sich, begleitet von amüsiertem Gelächter, unentwegt gegenseitig, ohne von ihrem Gegenüber eine Antwort zu erwarten.

Nach dem Besuch beim Dorfchef sprachen sie zu der Bevölkerung. Nur die Fieberkranken und Lahmen waren zu Hause geblieben, hüteten ihr Lager. Die gesamte Dorfbevölkerung, vom Kleinkind bis zum Greis, lauschte mit mehr oder weniger Verständnis der Botschaft von dem einen Gott, dem Gott der Liebe.

Sie sprachen in einer unverständlichen Sprache, doch seltsamerweise stand einer neben ihnen, einer der ihren, das heißt schwarz wie sie. Er trug keinen Lendenschurz, sondern war bekleidet wie die weißen Männer. Er verstand, diese fremd klingenden Laute zu entschlüsseln und in für sie wohl bekannte Sätze zu formen. »Ihr braucht eine Schule.« Alle horchten auf. Einige wenige hatten schon eine solche Einrichtung gesehen, in Dörfern, weiter unten im Tal. Diese wenigen und einige andere, denen sie von ihren Erfahrungen erzählt hatten, begriffen die Tragweite dieser Forderung. Der Mehrzahl der Zuhörer fehlte die Vorstellung, was sich mit Begriff Schule verband.

»Eure Kinder müssen in die Schule gehen und lernen ...«

Die Dörfler schauten sich an, fragten sich gegenseitig: Was wollen die? Unsere Kinder lernen doch alles, was ihnen später als Familienväter und -mütter abverlangt wird, die Jungs zum Beispiel jagen, Fallen stellen, Bäume fällen, Palmwein zapfen und unzählige Fertigkeiten mehr und die Mädchen Kinder versorgen, Feldarbeit, kochen, waschen ...

»Sie müssen lesen lernen, um sich das Wissen dieses Buches, das Wort Gottes, anzueignen und um danach zu leben ...«

Die Alten hörten nicht mehr zu. Missbilligend schüttelten sie die Köpfe. »Warum können diejenigen, die dieses, wie nennen sie es, ›Wort Gottes‹, kennen, es uns nicht erzählen, so wie wir uns seit jeher alle Geschichten erzählt haben? Warum hat Gott jedem von uns einen Mund und eine Sprache gegeben?«

Die Weißen verabschiedeten sich, ließen unzählige verwirrte Köpfe zurück.

Diejenigen, die bereits einmal jenseits der Dorfgrenze Erfahrungen gesammelt hatten, sei es als Viehverkäufer, Händler, Kurier…, hatten nun die Gelegenheit, als große Herren aufzutreten. Sie erzählten und berichteten, erklärten und schwafelten wichtigtuerisch auch über Sachverhalte, von denen sie keine Ahnung hatten.

Einige Tage später schickte der Dorfchef seinen Boten auf den Marktplatz, ließ ihn die traditionelle Glocke läuten, ein Signal, das alle Dörfler zusammen rief. Seine Weisung lautete: »Wir bauen eine Schule. Jeder hat mitzuhelfen. Die Arbeiten werden verteilt: Lehmbausteine fabrizieren, Maurerarbeiten leisten, Bäume fällen für das Gebälk, Gras schneiden für das Dach … Die Frauen sorgen für die Verköstigung der arbeitenden Männer.«

Die Dörfler machten sich ans Werk – einige Drückeberger wurden mit doppelten Auflagen bestraft –, und als der Lehrer mit seiner Familie eintraf, besiegelte das Fest die Fertigstellung der Schule. Nur die Bänke und die Wandtafel fehlten noch. Diese Arbeiten erforderten den Rat des Lehrers.

Genau so muss es sich abgespielt haben, denn jeder erwachsene Bewohner des Dorfes erzählte ihnen seine Version der Geschichte, und letzten Endes glaubten John und Lea, selbst dabei gewesen zu sein. Ich, das kleine Mädchen von damals, war auch immer ganz Ohr, und heutzutage, als erwachsene Frau, kann ich nicht mehr unterscheiden, welche Erinnerung ich wirklich von dem Anmarsch habe, der Ankunft, dem Fest, was war Wirklichkeit und was machte ich mir durch eindrückliches Erzählen zu Eigen.

Täglich schickte der Dorfchef einen Boten, fragte, wie es steht. Junge Männer waren mit der Herstellung von Bänken und

Tischen beschäftigt, nach dem von John vorgegebenem Modell. Er hatte Sägen und Hämmer im Gepäck, zeigte den Willigen, wie diese Werkzeuge zu handhaben sind. Verwandten sie doch Lianen für den Zusammenhalt des Dachgebälks ihres Hauses und hatten darin ihre eigene Fertigkeit entwickelt, die an Haltbarkeit nichts zu wünschen übrig ließ, und für ihre Bambushocker nahmen sie Stifte aus dem gleichen Material.

Bei einer Dorfversammlung hatte John bereits erklärt, dass Schulkinder ihre Blöße, ihren Körper bedecken müssten, dass Nacktheit oder nur der spärliche Lendenschurz nicht erlaubt seien. Jungs müssten eine Hose und ein Hemd tragen, so wie er, Mädchen ein Kleid.

Was ist ein Kleid? Dafür hatte er kein Modell, denn auch seine Frau bedeckte ihren Körper nur mit einem Baumwolltuch.

Der Schneider und seine Gehilfen erreichten das Dorf. Sie hatten einen Zweitagesmarsch zurückgelegt. Die Nähmaschine mit Handkurbel, Marke Singer, ein Stück noch aus der deutschen Kolonialzeit, lastete abwechselnd schwer auf ihren Köpfen. Nicht nur dieses metallene, niederdrückende Gerät, auch Stoffballen schleppten sie heran. Stoffe in zwei Farben, die eine erinnerte sie an ihr Grasland während der Trockenzeit, khaki nannte es der Schneider, die andere leuchtete und rief viel Wohlgefallen und Bewunderung hervor.

Natürlich erforderte diese Anstrengung einen Tag Ruhepause und kräftige Mahlzeiten. Auch Palmwein durfte nicht fehlen. Dann jedoch begannen sie mit der Arbeit. Alle zukünftigen Schulkinder antreten, das war die Anweisung. Sie mussten jedoch in Begleitung ihrer Väter kommen, die die Lernwilligkeit ihrer Sprösslinge bestätigen sollten.

Da kamen ehrgeizige Väter mit noch zu kleinen Jungs, die John auf später vertröstete. Andere wiederum hatten schon die Größe ihrer Väter erreicht oder überragten sie gar. Auf sie ging John freudig zu, begrüßte sie mit Herzlichkeit: »Du erinnerst mich an meinen ersten Schultag. Ich hatte deine Größe, war 14 Jahre alt. Siehst du, heute bin ich Lehrer, verdiene Geld.«

Nur Mädchen wollten sich nicht einfinden. Sie standen im Abseits, beobachteten aus der Distanz kichernd die Szene. Ausschließlich die Töchter des Dorfchefs hatten sich eingereiht.

Mittlerweile hatte der Schneider sein Maßband zur Hand genommen und begann, den Umfang des Oberkörpers, der Taille, der Arme und Beine eines jeden Jungen zu messen. Keiner von ihnen verstand den Sinn dieses Vorgehens, doch sie ließen es willig geschehen.

Dem Dorfchef missfiel der Widerstand der Eltern, ihre Töchter nicht zur Schule zu schicken. Waren es die eigensinnigen Väter? Die selbstsüchtigen Mütter, die ihre Töchter als unentbehrliche Arbeitskraft nicht missen wollten?

Er beauftragte seine Leute, die Stimmung im Dorfvolk zu erkunden. Und da herrschten wahrlich die verschiedensten Meinungen: Da und dort saßen Gruppen von Männern diskutierend unter Schatten spendenden Bäumen, und jeder Schluck Palmwein verfestigte ihre verschiedenen Standpunkte. Die einen sprachen dem weiblichen Geschlecht schlichtweg den Verstand ab, die hohe Kunst des Lesens, Schreibens und Rechnens zu erlernen. Die anderen meinten, dieses Wissen verderbe den Charakter ihrer Töchter, mache sie arrogant und unfolgsam. Welcher Mann hole sich eine solche Frau ins Gehöft? Danach hast du sie als Vater ein Leben lang mürrisch und faul im eigenen Haus herumsitzen.

Die Frauen nicht minder behandelten das Thema, an Waschplätzen und an Marktständen vergaßen sie darüber fast ihre Pflichten. Wer versorgt dann die Kleinen? Wer holt mir Wasser? Wer sammelt Feuerholz? Wer hilft mir bei säen, jäten, ernten? Fragen, Fragen ohne Antworten.

Aber es gab auch andere Stimmen, die sich schüchtern, zurückhaltend äußerten: Ich selbst wäre neugierig, die Bibel lesen zu können, ich würde wenigstens eines meiner Mädchen in die Schule schicken, wenn ihr Vater es zuließe.

Doch die Angelegenheit regelte sich von selbst. John bat den Schneider, mit dem Nähen der Mädchenkleider zu beginnen.

Die ersten Anproben zogen die gesamte Bevölkerung an. Ihre Bewunderung fand keine Grenzen, als sie die Töchter des Dorfchefs eingekleidet in dieses leuchtende Blau sahen. Sie platzten fast vor Neid. Ja, auch ihre Töchter sollten in diese Schule gehen, um in den Genuss eines solchen Kleides zu kommen.

Nicht das kleinste Stofffetzelchen ging verloren. Es wurde aufgesammelt und leuchtete bald zierend, je nach Größe, vom Hals, Handgelenk oder der Taille einer weiblichen Person. Lea erhaschte auch für mich ein Stück, das sie mir, in Streifen geschnitten, in die Zöpfchen flocht. Ein Kleid hatte sie mir verwehrt. Schmollend verzog ich mich in den dunkelsten Winkel des Hauses, bis mich die Neugier wieder hervortrieb.

»Du bist ruhelos, fieberst dem ersten Schultag ungeduldiger entgegen als ein Erstklässler«, neckte Lea ihren Mann John.

»Wie recht du hast«, gab er unumwunden zu. »Weißt du, diese Dörfler leben noch weitab vom Einfluss der Weißen, pflegen noch streng ihren heidnischen Kult, sind dem Althergebrachten zugetan. Du musst sie schonungsvoll behandeln, wie ein Ei. Nimmst du es unvorsichtig, zu hastig aus dem Nest der Henne, kann es deiner Hand entgleiten, zerbricht auf der Erde. Ein Hund wird es finden und auflecken. Diese Dörfler, behandeln sie ihre Kinder nicht wie Eier? Stelle ich an sie übereilte Forderungen, wird das Vertrauen wie Eierschalen zerbrechen und ich stehe einem Dorfvolk voller Widerstand gegenüber.«

»Oh, mein Mann, du hast klug denken gelernt in dem Seminar der Weißen. Trotzdem, vertraue auf den Dorfchef. Er kämpft für seine Schule. Meinst du, er will, dass sein Dorf hinter anderen Dörfern zurücksteht?«

Ich verstand wenig vom Sinn solcher Gespräche, noch begriff ich das Warum dieses emsigen Tuns, doch ließ ich mich gerne von der allgemeinen Unruhe anstecken. Das war kein Alltag, wie ich ihn in meinem seitherigen Leben kannte. Aufregende Ereignisse waren im Gange und standen noch bevor. Bei jedem Erwachen vertrieb die gleiche brennende Frage meine Morgenmüdigkeit: »Heute, Lea?«

»Was fragst du, Baby? Für die Schule bist du noch zu klein.«

»Ach, Lea«, seufzte ich. Sie nannte mich noch immer Baby. Für Mütter ist das letzte Kind ein ewiges Baby, und ältere Schwestern tun es ihnen nach.

Manchmal genoss ich diese Bemutterung, besonders abends, wenn wir um die Feuerstelle saßen, ein große Portion Fufu in meinem Magen ruhte, die Wärme der verglimmenden Glut wohlig in die Glieder schlich, dann rückte ich meinen Hocker neben den von Lea und legte meinen Kopf in ihren Schoß.

»Unser Baby ist müde, ich muss es auf den Rücken binden.«

Das tat sie schon lange nicht mehr, aber durch meinen schlafgetrübten Blick lächelte ich sie liebevoll an.

Welch ein Dorfereignis, an dem niemand fehlen wollte. Weder Jung noch Alt, weder Mann noch Frau hatten an diesem bestimmten Morgen Wichtigeres zu tun, als sich zu der neuen Schule aufzumachen, manche schon kurz nach Tagesanbruch, um nicht das geringste Geschehnis zu versäumen. Geduldig abwartend, saßen sie im Gras in Grüppchen beieinander, besprachen, manche sorgenvoll, andere erwartungsvoll, den Beginn der Veränderung ihres Dorflebens. Doch traf erneut ein »Erstklässler« ein, erhoben sie sich, selbst von der harten Feldarbeit verbrauchte Mütterchen baten um helfende Hände beim Aufstehen, um mit Tanz, Gesang, Getriller und Geklatsche den Ankömmling zu begrüßen. In ihrer Schulkleidung hoben sie sich, Jungen wie Mädchen, drastisch von der Lendenschurz tragenden Volksmenge ab, und ihre Gesichter verrieten den Stolz über die ungewohnte Aufmerksamkeit, blieben sie doch sonst in der allgemeinen Dorfkinderschar unbeachtet.

Mit angemessener Verspätung traf der Dorfchef mit seiner Gefolgschaft, den Notabeln und sonstigen Männern seines Vertrauens, ein. Ein Diener trug einen mit Tieren verzierten, holzgeschnitzten Hocker, postierte ihn unter den weit ausladenden Ästen eines ewige Generationen überdauernden Baumes, legte des Chefs eigenes Tuch darauf, bevor sich der ehrwürdige Herr niederließ. Erst jetzt konnte die Feierlichkeit, eingeleitet mit Trommelwirbel und Flötentönen ihren Anfang nehmen.

Reden wurden gehalten. Der Chef pries die beginnende Fortschrittlichkeit und Weltoffenheit. Einige allgemein hoch geschätzte Persönlichkeiten des Dorfes fanden ebenfalls lobende Worte, rieten jedoch auch zur Wachsamkeit, dass sich keine negativen Einflüsse einschleichen, die den Ahnen unverständlich wären und sie daher erzürnten. John sprach von Gott dem Allmächtigen, der seine Diener, die weißen Männer, den langen, mühsamen und gefährlichen Weg über endloses Wasser, über Berge und Täler, reißende Flüsse von ihrem Ort der Geburt bis in dieses Dorf geleitet und beschützt habe, um diesen Bau der Schule zu ermöglichen.

Wir Kinder, ich sah es meinen gleichaltrigen Freundinnen und Freunden an, verstanden wenig von den Vorträgen, wurden aber trotzdem von den Erwachsenen zum Stillsitzen gezwungen. Wir erwarteten sehnsüchtig den Moment, wenn die Männer nach den mit Palmwein gefüllten Kalebassen greifen und die Frauen geröstete Bananen und Yamswurzeln aus Blätter wickeln und wir unseren Teil abbekommen.

»Sophie, Sophie…« Es war Leas Stimme, die suchend nach mir rief. Plötzlich richteten sich die Blicke aller Schulkinder auf mich. Ich kauerte mich noch tiefer in die Ecke, wollte mich noch kleiner, noch unsichtbarer machen. John musterte mich strafend. Bittend legte ich die Hände ineinander, bat flehend: »Lass mich bleiben.« Lächelnd fuhr er mit dem Unterricht fort.

Am Mittag suchte ich eilig nach Lea, wollte ihr freudig von meinen Schulerlebnissen berichten. Doch, o Schreck, die große Schwester zeigte sich abweisend, war keineswegs gewillt, meine Aufregung zu teilen. Der Eifer hatte mich vergessen lassen, dass sie mich während des Vormittags vergebens rief.

John redete besänftigend auf sie ein. Seine Frau vertrat noch immer die feste Meinung, ich hätte für die Schule noch keinen Verstand. »Lass sie das Gegenteil beweisen, vielleicht zieht sie in ein paar Tagen das Herumtollen dem Stillsitzen vor.« Von dieser Tatsache überzeugt, gab Lea ihre Einwilligung.

John bot mir beste Voraussetzungen, platzierte mich in einer Schulbank, überreichte mir Schiefertafel und Griffel. Grenzenloser Stolz ergriff mich. Strahlend blickte ich zu dem großen Mädchen neben mir auf. Belustigende, mitleidige oder gar spöttische Mienen meiner Mitschüler übersah ich.

»Good morning!« John betrat das Klassenzimmer, begann den Unterricht mit diesen unverständlichen Worten. Wir verharrten mit erwartungsvollen Mienen. »Ein Gruß in der Sprache des weißen Mannes.« Ein Raunen der Überraschung ging durch die Reihen. »Treffen sich zwei Weiße in den Stunden, bevor die Sonne senkrecht am Himmel steht, reichen sie sich die Hände.« John überraschte das Mädchen in der ersten Bank mit dieser Geste. »Good morning«, wiederholte er, nun die Kleine anblickend, die verschüchtert Unverständliches murmelte. Tosendes Gelächter brach los, doch Johns Gesichtsausdruck blieb ernst.

»Hört zu, ihr werdet diese Sprache sprechen, schreiben und lesen lernen, aber«, er hob seinen Zeigefinger, um die Ausdruckskraft seiner Worte zu verstärken, »das erfordert Fleiß. Schulkinder, die ihre Gedanken schweifen lassen, das heißt Jungs, die während des Unterrichts an die Vogeljagd oder an das Fallenstellen, Mädchen an ›Bemalung‹ denken, werden nichts erreichen. So«, er holte tief Luft und setzte erneut an, »und unsere Sprache, die Sprache, die uns unsere Mutter gelehrt hat, mit der wir uns vom Aufwachen bis zum Schlafengehen ausdrücken und verständlich machen, die bleibt da draußen.« John verließ das Klassenzimmer, jedoch um sogleich wieder einzutreten. Mit einem kräftigen Ruck zog er die Tür ins Schloss. »Ausgesperrt!« Sein Arm wies auf den verschlossenen Eingang. »Unsere Sprache ist ausgesperrt!«

Stille! Erschrockene Gesichter. Dann lockerten sich die Minen, zeigten Zweifel, schienen der Entschlossenheit des Lehrers zu misstrauen. Und jawohl, die Erfahrung bewies, dass nichts, am wenigsten Fufu, so heiß gegessen wird, wie es im Topf auf der

Feuerstelle kocht. John selbst brach seine vorgegebene Regel, fasste seine Erklärungen in verständliche Worte, veranschaulichte, machte begreiflich, ehe er uns Begriffe und Sätze der fremden Sprache aussprechen durch Nachsprechen lehrte: »What is your name?«

»My name is Sophie«, verstand auch ich schon bald zu antworten.

»Die Zunge der Weißen ist anders geformt«, stieß einer der älteren Schüler mürrisch hervor, als ihm die Betonung des Wortes »Weather« nicht gelang und John ihn immer wieder bat, es zu wiederholen. »Will ich in deren Land reisen?«, fragte er in die allgemeine Mitschülerrunde. Die zeigte sich über seine Aufgebrachtheit eher amüsiert als angesprochen.

»Mein Junge«, begann John in begütigtem Ton und mit einer Beschaulichkeit, die eine längere Ausführung erahnen ließ, »sicher hast du von Händlern und Boten gehört, die im Lande herumkommen, andere Dörfer besuchen und kein Wort der Menschen dort verstehen?« Er nickte stumm. »Zu Zeiten unserer Urahnen gab es noch weit weniger Menschen als heutzutage. Sie lebten in Familienclans in kleinen Niederlassungen, weit voneinander entfernt und ohne besondere Verbindung. Die Bewohner dieser einzelnen Ansiedlungen entwickelten eine Verständigungsmöglichkeit untereinander und schufen somit eine Vielfalt von Sprachen in einem Landstrich, den man als kraftvoller Mann zu Fuß an einem Tag durchqueren kann.* Dieser Tatbestand missfiel dem weißen Mann außerordentlich, schon seinerzeit den Deutschen, doch deren Aufenthalt war nicht von Dauer. Auch die jetzige britische Kolonialregierung sieht in der Fülle unserer Sprachen ein Erschwernis, um ihres Amtes zu walten: uns zu zählen und zu registrieren, uns Bildung und Sauberkeit beizubringen, unser Land zu entwickeln, zum Beispiel, es mit einem Netz von Straßen zu durchziehen und so manches mehr... Und um diesen hohen Auftrag zu erfüllen, sind wir alle angewiesen auf...?«

---

* 240 Sprachen

Johns Blick wanderte erwartungsvoll durch die Reihen seiner Anvertrauten, schaute direkt in die voll Aufmerksamkeit auf ihn gerichteten Augenpaare und hoffte, wenigstens ein Schüler habe den Sinn seiner weit schweifenden Ausführungen erfasst, als er das piepsige Stimmchen eines der jüngsten Mädchen der Klasse vernahm, zu leise, als dass er die gesagten Worte aus der Entfernung verstehen konnte.

»Ja, Ijang, sprich laut, deine Aussage ist von Bedeutung, für alle...« Johns Armbewegung schloss uns ohne Ausnahme ein. Er ging zu ihr, strich ihr zur Aufmunterung übers Haar. Diese unvertraute Liebenswürdigkeit machte sie noch befangener, ließ sie noch kleiner werden, noch unverständlicher sprechen, ein Flüstern nur: »Eine Sprache, die jeder versteht.«

»Jawohl, Ijang, eine Sprache, mit der sich Menschen verständigen können, auch über das eigene Dorf hinaus, vom großen Fluss bis hier ins Grasland. Eine Volkssprache... Unterschätzt ihre Bedeutung nicht«, ereiferte sich John abermals, vergaß für diese Lektion den noch begrenzten Wissensstand seiner Schulkinder. »Der weiße Mann hat uns das unstillbare Verlangen nach Geld eingeimpft, nach Pennys und Schillingen, am liebsten sind uns Pounds. Und wer will nicht auf einfache Weise sein Geld verdienen? Ohne große Schufterei und Schweißvergießen? Handel treiben erscheint vielen Erfolg versprechend. Doch was haben die Männer dieses Dorfes anzubieten? Andernorts sehr wohl begehrte Produkte: Colanüsse, Honig, erlegtes Wild... Die müssen sie zu den großen Märkten tragen, Mbengwi oder Bamenda. Gewiss, die liegen Tagesmärsche entfernt, doch dort treffen sie auf Käufer, die lohnende Preise zahlen. Und den Rückweg treten sie an mit Waren, die im Dorf große Wertschätzung genießen, wie Messer, Macheten, Dochte für die Öllampen und nicht zu vergessen Salz. Doch ein erfolgreicher Händler muss Worte haben, um sich verständlich zu machen und um den Preis feilschen zu können. Versteht er sein Geschäft nicht, hauen ihn die Gewiefteren übers Ohr, und er wird ärmer nach Hause zurückkehren, als er weggegangen ist. Doch die Lerneifrigen und Sprachbegabten können weit höher hinaus, einen ehrenhaften Auftrag übernehmen: sich in die Dienste des wahrhaft gütigen Gottes stellen, nach dem Studium der heiligen Schrift als Katechet, Evangelist oder wie ich«, John klopfte sich stolz an die Brust, »als Lehrer das Evangelium ins Land hinaustragen. Auch die Kolonialregierung sucht Schreiber für ihre Amtsstuben.« Für diese Möglichkeit warb er mit weit weniger Leidenschaft, eher der Vollständigkeit halber.

Ein Arm schnellte in die Höhe, Finger schnalzten voll Ungeduld.

»Ja, Ayah, was treibt dich um, so plötzlich«, fragte der Lehrer.

»Einer, der in der einen Sprache zuhört und in der anderen spricht, wie viel Pounds bringt ihm das ein?«

»Aha!« Über Johns Gesicht huschte ein Lächeln. Er schien im Bilde, welche Szene dem Jungen noch lebendig vor Augen stand. »Der Übersetzer der weißen Missionare, schwarz, einer von uns, der hat deine Bewunderung erfahren, stimmt's?«

»Ja, was bringt ihm das ein«, fragte Ayah erneut, beharrlich.

»Geld zum Leben, Ayah, für Essen, Kleidung, sonstige Notwendigkeiten für sich und seine Familie. Das lohnt doch die Mühe – oder? Die Anzahl der Pounds, die du heute von mir erfragst, wird bei deinem Schulabschluss nicht mehr die gleiche sein. Mit Gottes Segen erhoffen wir eine friedvolle Zukunft.«

Unruhig zappelte ich auf meinem Sitzplatz herum. Ayahs drängende Frage war mir unverständlich, Johns endlose Erläuterungen unbegreiflich. Langeweile quälte mich. Schläfrigkeit lastete schwer auf meinen Lidern. Wann endlich befassen wir uns wieder mit Zahlen, Buchstaben und Worten? Ich war angetan vom Lernen. Täglich eröffnete sich mir eine Vielfalt neuer Erkenntnisse.

»Haltet den Griffel locker zwischen Daumen und zweier Finger«, predigte John fast täglich während der Zeit unserer Einführung in die Schreibkunst, »nicht kraftvoll wie eine Machete oder ein Schnitzmesser. Schönschrift ist eine Frage des Gefühls der Fingerspitzen, nicht des gesamten Einsatzes der Armmuskeln.« Doch wessen Ohr erreichten seine Belehrungen?

Unsere Blicke waren starr auf unsere Tafeln gerichtet, auf denen Worte wie »girls, boys, teacher…« lesbar entstehen sollten. Unterlief uns ein Missgeschick, pflegten wir, Johns Schüler, eine Unart, die bei ihm unweigerlich Empörung hervorrief: Ein schneller Lecker – die feuchte Zunge ließ den Fehler verschwinden, ermöglichte unverzüglich neue Versuche. Dabei hatte er für solche Fälle Stofffetzen an uns verteilt. Aber wo waren diese im Bedarfsfall zu finden? Wir ließen von unserer Methode nicht ab, heimlich natürlich, sie war schnell und wirkungsvoll.

Überhaupt zeigte sich John als gestrenger Lehrer. Unnachgiebig forderte er so manche Verhaltensweise, über die noch kein Bewohner des Dorfes in seinem seitherigen Leben gezwungen wurde, sich den Kopf zu zerbrechen, weder jung noch alt. Zum Beispiel Pünktlichkeit. Welches Geheimnis verbirgt sich hinter dieser Forderung, fragten sie sich. Warum rüttelt er an altbewährten Gewohnheiten? Zu Dorfversammlungen und Männergesellschaften macht man sich bei Anbruch des Tages auf den Weg, genießt die Morgenfrische. Die einen treibt Ungeduld und Erwartung schnell voran, andere wiederum lassen sich Zeit. Noch kennen sie kein zu früh – mangelt es je an Gesprächspartnern? Ein zu spät? Niemand wird sich auf seinen Heimweg begeben, bevor er nicht alles Wissenswerte, Neuigkeiten und Klatschgeschichten erfahren und kommentiert hat.

Und nun Johns Anspruch: »Unser Unterricht beginnt mit dem Morgengebet in Anwesenheit eines jeden von euch, der sich gegenwärtiger Gesundheit erfreut, zum gleichen Zeitpunkt eines jeden Tages«, schärfte er seinen Schülern ein. Und dieser verpflichtende Moment, acht Uhr, wurde von Johns Wecker bestimmt, der auf seinem Schreibtisch, von unsichtbaren Mächten getrieben, vor sich hintickte.

Streng wertete er Entschuldigungen für Zuspätkommen. Solche, wie verschlafen, einen Freund getroffen, an dem man nicht unhöflich vorbeieilen konnte, dem Vater helfen oder einer Bitte der Mutter entsprechen müssen, ließ ihr unerbittlicher Lehrer nicht gelten. Wie aber eine Verspätung begründen und eigenes

Verschulden mit Schweigen überdecken? Ganz einfach: einen Schuldigen suchen, besonders einen, der sich vermeintlich nicht wehren kann. »Diese Zeitmaschine der Weißen ist uns nicht gut gesinnt, sie spielt falsch, tickt unberechenbar mal langsam, mal schnell.« John, den Unpünktlichkeit allmorgendlich verärgert, konnte jedoch bei dieser Rechtfertigung ein Schmunzeln nicht unterdrücken, zumal noch ein weiterer Spaßmacher seinen Einwand brachte: »Vielleicht müssen wir das Zauberwerk behandeln wie verstimmte Ahnen, es mit Opfergaben, Palmöl und Salz, besänftigen.«

Vom Ehrgeiz gepackt, versicherte John am Abend seiner Frau voll Überzeugung: »Den Zweiflern werde ich die Genauigkeit meiner ›Zeitmaschine‹ unter Beweis stellen.« Er war angetan von der einfallsreichen Wortschöpfung für seinen Wecker. Ein kostbarer Besitz immerhin, denn verhalf er ihm nicht schon zu Seminarszeiten zur unabdingbaren Pünktlichkeit?

Frühzeitig eintreffende Schüler staunten nicht wenig, welche Schöpfung ihr Lehrer in noch dämmriger Morgenstunde vollbracht hatte: Eine gerade gewachsene Bambusstange war vor dem Schulgebäude eingepflanzt, tief und unerschütterlich, dass sie auch dem böigen Mittagswind standhalten würde. »Soll dieser Stecken hier Wurzeln schlagen, jetzt während der Trockenzeit?«, war eine verdutzte Erkundigung, gefolgt von einer Vermutung: »Vielleicht demonstriert unser Herr Lehrer eines der Wunder des Gottes des weißen Mannes?«

John gab keine Antwort, holte stumm seinen Wecker, zeigte auf das Zifferblatt: »Zeit des Schulbeginns, nicht wahr?« Zustimmendes Gemurmel. Der große Zeiger stand auf zwölf, der kleine auf acht. »Zieh eine Linie entlang des Schattens, den die Bambusstange momentan wirft«, beauftragte er das Mädchen, das ihm am nächsten stand, »und dann in jeder vollen Stunde bis …?«

»… bis die Sonne senkrecht steht und keinen Schatten wirft.«

»Hervorragend! Du überraschst mich!«

Die Anerkennung des Lehrers erfüllte sie sichtbar mit Stolz.

Dieses Lobes ungeachtet, drängten sich einige Jungs vor, überzeugt, kein Mädchen sei fähig, diesen verantwortungsvollen Auftrag gewissenhaft durchzuführen.

John blieb entschieden. »Verwischt die Striche nicht, sollen sie doch Aufschluss geben, wie präzise diese ›Zeitmaschine‹ arbeitet. Morgen, seid pünktlich!«, rief er den davonstiebenden Kindern nach.

Johns Experiment löste Ungeduld, gespanntes Erwarten aus. Alle Schüler, ausnahmslos, bummelten lange vor Unterrichtsbeginn um das Gebäude herum. Keine Ziegen waren trampelnd, keine Hühner scharrend nach Futter suchend über das Linienwerk gezogen. Nicht einmal ein zweibeiniger Tunichtgut hatte im Schutze der Dunkelheit zerstörerisch gewirkt. Erwartungsvoll standen sie im Kreis, beobachteten voll Interesse die Bewegungen der Uhrzeiger und das Wandern des Schattens. Doch plötzlich, ein Jubelschrei zerriss die Luft, schallte weithin. In fernen Dörfern wird man sich gegenseitig fragen: War irgendwo Krieg? Wurde ein Sieg errungen? Punkt acht Uhr deckte der Schatten die gezogene Linie des Vortages. Bewährungsprobe bestanden, die Zeitmaschine hat ihre wirkungsvolle Zauberkraft bewiesen.

»Mister, den Wecker benötigen wir nicht mehr, besitzen wir doch jetzt eine Sonnenuhr«, verkündete ein Knirps. Doch schon nahm ihm ein selbstgefälliger Großer das Wort, strich ihm von oben herab übers Haar: »Dummerchen«, und wie regeln wir unseren Zeitplan während der Regenzeit?«

John gab ein Versprechen: »Wir kaufen eine Trommel. Die schlagen wir frühzeitig vor Unterrichtsbeginn. Sie wird Trödler und Schwätzer auf dem Schulweg zur Eile treiben.«

»Traue ich meinen Augen?« Mit einem Ruck erhob sich John von seinem Stuhl, trat vor die Tür. Dort verharrte er, ein kleines Weilchen nur, bevor er einer Gruppe müden Schrittes Herannahender entgegenlief.

»Wer kommt«, fragte Lea aus der Küche heraus.

Wie sollte ich das wissen? »Fremde, bepackt mit Bündeln und Körben.«

Die Neugier ließ auch sie hastig aufspringen, Yamsknolle und Schälmesser achtlos auf den Boden werfen.

Die Besucher erwiesen sich als Mitglieder von Johns Familie, ein Bruder, ein Schwager und drei Kinder. Ihre müden, doch strahlenden Gesichter überzeugten John und Lea sofort, ihre Gäste waren keine Boten schlechter Nachrichten, also genossen sie in ungetrübter Freude das Wiedersehen.

Erst anderntags, nachdem sie durch schmackhaftes Essen, guten Zuspruch des Palmweins und tiefen Schlaf ihre volle Tatkraft zurückgewonnen hatten, kamen Bruder und Schwager auf das eigentliche Warum ihres Kommens. »Großer Bruder, wir bewundern dich, du bist der Stolz unserer Familie ...« Das Aushängeschild.

John, eigentlich an Jahren jünger, genoss sichtlich die Huldigung, bereits wohl wissend, welche Ernüchterung ihn erwarten würde, so gestand er später Lea.

»Du liest die Bibel nicht nur in der Spache unserer Väter, in die sie die Missionare für uns übersetzt haben, sondern auch in deren eigener Sprache. Du kannst Gesagtes niederschreiben und später wortgetreu wiedergeben, lesen. Du kannst Zahlen zusammenzählen, ohne die Finger zu Hilfe zu nehmen ... und, du kannst unbändige Kinder zähmen.«

Ich stand dabei, hörte zu und nickte bei jeder Lobhuldigung voll Überzeugung. Ja, all das kann John.

Bis dahin zeigten sich auch die drei Jungs als aufmerksame Zuhörer, interessiert und mit wachen Augen. Doch nun gab der Vater eine vernichtende Beurteilung über sie, die ihre Köpfe schlagartig beschämt auf die Brust sinken ließ. »Bruder John, hier siehst du drei Wilde vor dir! Wahrlich, unsere Töchter sind anders.«

Nun ergriff der Schwager das Wort, es schien, als hätten sie das Gespräch gut vorbereitet, abgesprochen, wer welchen Part übernimmt. »Diese Jungs hier wollen nichts anderes als mit ihren

Hunden von früh bis spät durch den Busch streifen. Gut, bei dem Gedanken an einen *Cutting-grass,* über dem Feuer gebraten, läuft mir das Wasser im Mund zusammen. Doch, werden die Bestände nicht schon rarer? Jeder jagt, nicht nur für die Familie, auch für den Verkauf. Die Leute sind närrisch nach Geld, nach den Dingen von weit her, die auf dem großen Markt angeboten werden. Schon tragen sie Händler in die entferntesten Ansiedlungen und bieten sie dort feil. Kindern, die lesen und schreiben gelernt haben, bieten sich später mehr Möglichkeiten, dieses begehrte Geld zu verdienen, aber über unsere Drei hören wir nichts als Klagen: Sie kommen zu spät zum Unterricht, ungewaschen, mit schmutziger, nasser Kleidung. Schau sie an, sind sie noch in dem Alter, in dem sie ihre Mutter in den Bach stellt und abschruppt?«

Diese Vorstellung fand ich so belustigend, dass ich in schallendes Gelächter ausbrach. Dies schien in dieser Situation unangebracht. Ein gestrenger Blick von Lea ließ mich schlagartig verstummen.

Der Schwager fuhr mit seiner Anklage fort: »Sie können nicht stillsitzen, stören die Mitschüler und«, er schüttelte missbilligend den Kopf, als könne er es noch immer nicht begreifen, »sind, auch das kam schon vor, während der Lehrer an die Tafel schrieb, heimlich durchs Fenster abgehauen. Kurz, Bruder John, sieh selbst, es bedarf einer gestrengen Hand, sie zu bändigen, und da wir niemanden kennen, der sein Handwerk besser versteht als du, wollen wir sie um ihrer Zukunft Willen in deiner Obhut lassen.«

Mein Herz schlug bis zum Hals. Ehrliche Freude erfüllte mich. Ganz unerwartet werden drei Geschwister mit mir im Haus herumtollen, mit mir spielen und die Gegend erkunden. Unvermittelt klatschte ich in die Hände, begann herumzuhopsen. Doch Leas harter Griff am Arm gebot mir sofortigen Einhalt, zwang mich zurück auf meinen Hocker. Verschüchtert, beschämt, aber auch fragend schaute ich in die Runde: Freut sich niemand mit mir, sollte mein Blick jeden Einzelnen fragen.

Die drei Jungs verharrten noch immer in der gleichen Pose, den Kopf gesenkt, als fürchteten sie, wenn sie aufblickten, einer düsteren, hoffnungslosen Zukunft direkt ins Auge schauen zu müssen. Lea saß wortlos da. Ihre ausdruckslose Mine verriet weder Freude noch Sorge. John lächelte. Des Bruders und Schwagers Blicke waren auf ihn gerichtet. Erwartungsvoll, doch auch mit Zuversicht: Er kann nicht nein sagen, dessen waren sie sich sicher. Eine Ablehnung hätte Unverständnis, ja Groll und Zerwürfnis in der Familie hervorgerufen. Er, der Lehrer mit festem Einkommen, das er regelmäßig monatlich direkt aus den Händen der weißen Missionare erhält, so zumindest sehen sie es in ihrer Vorstellung, verweigert einen Dienst an der Familie? Diese Schuld würde ihm nie vergeben, und dessen ist er sich gewiss.

»Meine Brüder, ich fühle mich geehrt, dass ihr das Wertvollste, was ihr besitzt, nämlich diejenigen, die die Nachkommenschaft darstellen, mir und meiner Frau anvertrauen wollt und die Hoffnung in uns setzt, wir könnten sie auf eine erfolgreiche Zukunft vorbereiten. Mit Gottes Hilfe, denn er ist derjenige, der die Geschicke leitet, werden wir ihnen Pflege und Erziehung angedeihen, Güte und Strenge in gerechtem Maße walten lassen, sie vor Gefahr bewahren. Kurz, ich werde sie hüten wie mein Augenlicht, noch sorgsamer als meine eigenen Kinder, die hoffentlich in naher Zukunft recht zahlreich dieses Haus mit Lachen erfüllen werden. Wir alle sind Mitglieder einer christlichen Familie, darum lasst uns um Gottes Segen bitten, denn er ist derjenige, der die Geschicke leitet.«

John bat mit einfachen Worten um Gottes Hilfe, dass in diesem Hause jeder genug Nahrung finde, um seinen Hunger zu stillen, dass Krankheit und Aberglaube fernblieben und stets nur der wahre Geist des Friedens walte.

Bruder und Schwager zeigten sich sehr bewegt. Mit dem Ausdruck überschwänglicher Dankbarkeit wollten sie sich sogleich auf den Heimweg begeben. Wir begleiteten sie ein Stück des Weges.

Die Gesichter der Jungs blieben traurig. Ich versuchte sie mit lustigen Späßen aufzuheitern und mit englischen Sätzchen herauszufordern. Doch Lea wusste besser, was ihnen fehlte: eine Beschäftigung. »Schneidet Gras! Morgen Abend ist es trocken, dann können wir es in einen Sack stopfen. Fertig ist eure Matratze. Die Aussicht auf ein bequemes Nachtlager heiterte sie auf, denn bisher waren sie gewohnt, auf geflochtenen Matten aus Palmblättern zu schlafen.

Leas Gesicht war gezeichnet von Sorgenfalten. »Wie sollen wir so viele Münder stopfen? Ich schaffe es nur, ein kleines Feld zu bestellen. Die Frauen hier haben noch nicht die Gewohnheit, Feldfrüchte für den Verkauf anzubauen, produzieren gerade genug für die eigene Familie«, hörte ich sie zu John sagen, als die Jungs die Gegend erkundeten.

»Lea, wir müssen es schaffen.«

Kapitel 2

Wieder zu Hause – Die erste Lehrerin im Dorf? –
Drei Frauen haben ist Sünde! – Das saubere Kleid

Ich flog Mutter in die Arme. »Ayei Tong«, flüsterte sie mir ins Ohr. Ihre herzliche Umarmung war fast schmerzhaft.

Herrlich, dieses Wiedersehen. Ayei Tong, wie liebte ich es, wenn sie mich so nannte, aber nur ihr wollte ich diesen Namen vorbehalten, von anderen hörte ich ihn nicht gerne, sie neckten mich damit. Ayei Tong heißt Frau mit großem Nabel, und so riefen die Leute Mutters Tante Keng. Für sie hatte er seine Berechtigung, doch mein Nabel ist klein, normal wie der anderer Kinder. Als allgemein geschätzte Person verdiente sie es, in den Gedanken der Familie weiterzuleben. Der Pfarrer taufte mich offiziell auf den Namen Sophie Keng, doch wer wollte schon Ayei Tong vergessen?

Ich entschlüpfte Mutters Armen, schaute zu ihr hoch. Sofort begann sie mit leidender Stimme zu lamentieren: »Jetzt bleibst du bei mir. Meine Tochter, ich bin einsam. Deine Schwestern sind verheiratet, ausgezogen, fort... Allein arbeite ich auf dem Feld, niemand begleitet mich zum Waschplatz. Verlassen sitze ich des Abends am Feuer, höre keiner Seele Geschichte...«

Ich unterbrach ihr Klagelied mit lauthalsem Lachen. Das ist Mutter, wie ich sie im Herzen bewahrt hatte: immer zu Scherzen und Ulk aufgelegt.

Durchschaut, veränderte sie sofort Tonfall und Stimme, ließ sich von meiner Erheiterung anstecken.

Um sie herum lebten ein Ehemann, zwei Mitehefrauen und eine lebhafte Kinderschar. Durch ein paar Zurufe waren sofort alle Mitglieder dieser großen Familie des Gehöfts sowie die nächsten Nachbarn von Leas, Johns und meiner Ankunft unterrichtet, kamen herbeigeeilt und umringten uns. Sie zupften an mir herum, strichen mir übers Haar, streichelten meine Wangen. Stellten mir von allen Seiten Fragen, die ich gleichzeitig beantworten sollte, und erstaunten sich immer wieder aufs Höchste, wie groß ich gewachsen war. Dabei hatte ich die größte Mühe, alle meine Geschwister, die Söhne und Töchter von Mutter Anna und Mutter Helene, Vaters zweiter und dritter Frau, wiederzuerkennen. Babys, die bei meinem Weggang noch gestillt wurden und untrennbar an ihrer Mütter Tuchzipfel hingen, balgten sich jetzt übermütig herum. Können sie sich noch an mich erinnern?

Und David, Mutter Annas ältester Sohn, er und ich gleichaltrig, früher waren wir unzertrennbar, standen uns jetzt schüchtern gegenüber, musterten uns, nahmen erstaunt die Veränderungen der Größe und Gesichtszüge wahr. Die Narbe, ja, sie ist noch sichtbar, nur knapp unter dem linken Auge. Damals … Wir spielten am Bach, eine ganze Kinderschar. Die Jungs warfen Steine nach Vögeln. David wurde getroffen. Helle Aufregung, das Augenlicht! Die Mütter keiften sich an, die Väter palaverten bei Palmwein, brachen die Speerspitze, sorgten für Frieden. Die Narbe verheilte.

»Ist Papa gut bei Gesundheit?«, fragte Lea besorgt, vermutlich, weil er sich trotz des allgemeinen Tumultes nicht zeigte.

»Ja, ja …« Bestätigung allerseits. »Ein Ziehen in den Beinen, das kommt, das geht. Er brach vor Morgengrauen auf, heute ist Viehmarkt, er will dort einige Ziegen verkaufen.«

»Vater hat ein neues Haus gebaut«, fiel einem Halbwüchsigen plötzlich ein.

»Ja!«, reagierte die Menge, erstaunt, dass sie von dieser beeindruckenden Errungenschaft nicht schon längst berichtet hatte. »Es ist dauerhaft wie die Häuser der Weißen, gebaut mit Bausteinen.«

Schon setzten wir uns alle in Bewegung, um das neue Gebäude in Augenschein zu nehmen. John war diese Bauweise bekannt: von Amtsgebäuden der deutschen und britischen Kolonialregierung, von Kirchen, Schulen und Hospitälern. Und nun hatte sie in diesem Dorf Einzug gehalten und wird Nachahmer finden. Wie es schien, ließen Arbeitswillige und Schaulustige die Baustelle des modernen Hauses nie für länger aus den Augen. Ein Anziehungspunkt selbst für die kleinsten Knirpse.

Als ein junger Mann Johns anerkennende Blicke bemerkte, fühlte er sich verpflichtet, den gesamten Werdegang zu beschreiben: »Wie gewohnt gruben wir lockere Erde, vermengten sie mit Wasser und stampften, stampften, stampften mit unseren Füßen, ihr wisst ja ...« Trotzdem veranschaulichte er diese Bewegungen, so bedeutend schien ihm eine getreue Vorführung. »Dann kam ein Mann, Anton. Papa stellte ihn uns vor, ein Fachmann des modernen Hausbaus, sagte er. Anton kam mit einer Form, aus kurzen Brettern zusammengenagelt, dessen Hohlraum mit Erde ausgefüllt einen Baustein ergibt.« Mit seinem Finger zeichnete er an der Hauswand die Linien eines solchen nach.

»Einfetten«, rief sein Freund dazwischen.

»Ach, ja ... Anton riet, die Wände der Form mit Palmöl zu bestreichen. So bleibt die fest hineingepresste Erde beim Umstülpen nicht hängen, meinte er. Ein weiser Rat. Ja, auf diese Art produzierten wir endlos viele Bausteine, einer lag neben dem anderen. Der ganze Platz war bedeckt.«

Zustimmendes Gemurmel der Umstehenden bestätigte dies.

»Damit nicht genug. Schneidet Gras, bedeckt sie damit und besprenkelt sie alle paar Tage mit Wasser. Bausteine müssen langsam von innen heraus trocknen, sonst zerbrechen sie. Regen, der sie zerstören könnte, ist zu dieser Zeit des Jahres nicht zu erwarten. So Antons letzte Anweisungen, bevor er sich auf länger von uns verabschiedete.«

Die letzten Worte des jungen Mannes erregten allgemeine Heiterkeit, denn ein Unwetter bahnte sich gerade an, drohte über uns hereinzubrechen. Donner grollte, Blitze zuckten, frische Böen bogen bereits die Büsche und die Äste der umstehenden Bäume. Der Eiferer fürchtete, bei den ersten Regentropfen seine Zuhörerschaft zu verlieren, und doch wollte er keinen Arbeitsvorgang unerklärt lassen, also formulierte er seine Sätze mit Hast:

»Anton kam wieder, mit seltsamen Werkzeugen in seinem Gepäck, die sich als ungemein nützlich erwiesen. Wieder mischten wir Erde, aber gaben mehr Wasser zu, fertigten einen zähflüssigen Brei. Das Bindemittel, erklärte Anton. Er zeigte uns, wie man Baustein auf Baustein setzt, aber nicht einen direkt auf den anderen, sondern versetzt.«

Der Finger des jungen Mannes fuhr erneut den Linien an der Hauswand entlang, um zu verdeutlichen, wie das Werk in Wirklichkeit auszusehen hat. »Und dazwischen strichen wir von dem Bindemittel. Anton benutzte eine Schnur, an deren Ende ein Stein baumelte. Damit überwachte er mit Strenge, dass wir die Mauer senkrecht hochzogen. Ein Haus mit geraden Wänden diene einer Generation oder gar mehreren. Damit erweise sich ein fachmännischer Baumeister, sagte Anton. Schiefe Wände bekommen Risse, stürzen ein.«

Doch wer nahm diese Erkenntnis noch wahr. Dicke Tropfen fielen vom Himmel, die Menschen stoben auseinander, jeder in die Richtung, die ihm ein Obdach versprach.

Ich rettete mich in Mutters Wohnraum und mit mir eine bunt gemischte Gefolgschaft. Ah, ein loderndes Feuer empfing uns. Welche vorausschauende, fürsorgliche Seele hat dafür gesorgt? Wer auch? Wohlige Wärme erfüllte die Luft, eine Würze von Holz, Rauch – anheimelnder Gemütlichkeit. Jeder fand einen Platz, auf Bettgestellen, Hockern, selbst auf groben Klötzen noch unzerkleinertem Brennholzes, nur möglichst nahe der Wärmequelle.

Ich schaute mich um. Der Raum wohl vertraut, ohne Veränderung. Der Eingang, die Bettgestelle rechts und links entlang der Wände. Im tiefen Innern, vom Tageslicht nur schwach erhellt, Haushaltsgeräte, einige Häufchen Knollen, die Vorräte. Die Feuerstelle bildete den zentralen Punkt in jedem Haus zu jener Zeit. Die Glut erkaltete nie. Auch des Nachts wärmten glimmende Holzscheite die Schlafenden. Empfand ein Erwachender die Morgenkühle als zu unangenehm, stand er auf, legte nach.

Über der Feuerstelle war in entsprechender Höhe eine Matte aufgehängt. Auf ihr lagerten, unerreichbar für nimmersatte Nager, die Ernte: Mais, Bohnen, Erdnüsse. Der aufsteigende Rauch verschlug auch den kleinen Käferchen den Appetit, die für gewöhnlich mit Heißhunger kreisrunde Löcher in Bohnenkerne fressen.

Dennoch nahm ich eine Sache sogleich wahr, sofort beim Betreten. Keine Veränderung der Ausstattung des Raumes, eher ein Mangel: keine Matratze. In Leas Haus hatte ich diese nächtliche Bequemlichkeit erfahren und als sehr wohltuend empfunden. John brachte diese Neuheit aus dem Lehrerseminar mit, wollte sie dann in seinem Zuhause nicht mehr missen. Soll ich mich jetzt wieder auf einem Bettgestell aus harten Raphia-Latten, bedeckt mit nur einer geflochtenen Matte, als Unterlage des Nachts ausstrecken und Schlaf finden, fragte ich mich. Dieser Gedanke rief wenig Begeisterung bei mir hervor. Blitzschnell beschloss ich, bei nächster Gelegenheit, jedenfalls schnellstens, Gras zu schneiden, es zu trocknen, zwei Säcke zu besorgen…, vorerst für meine Mutter und für mich. Vielleicht, so hoffte ich, hat David seine frühere Hilfsbereitschaft bewahrt.

Doch eigentlich trieben mich ganz andere Gedanken um, versetzten mich in innere Spannung. »Wer von euch geht in die neue Schule?«, fragte ich in die Runde. John hatte mir von dem Neubau erzählt, von der Errungenschaft des Dorfes.

»Ich!«, »ich!«, »ich!« Einige sprangen von ihren Sitzen hoch, taten sich wichtig hervor, andere blieben bewegungslos sitzen. Aber gerade diejenigen versetzten mich in das größte Erstaunen.

»Was, ihr drückt euch vor der Schule? Eure Eltern haben doch mitgeholfen, sie zu bauen, für wen denn?«, brach es aus mir heraus.

Sie alle sahen mich mit erstaunten Gesichtern an. Ah, Sophie…

Ich wurde ein bisschen verlegen. Es schien, in den zwei Schuljahren, die ich unzertrennlich an Johns Seite verbrachte, musste ich, so ganz von selbst, ein wenig seine Redeweise übernommen haben.

»Wie ist es möglich, die Kleine gebraucht das Wort wie eine erwachsene Person«, bemerkte man zuweilen zu John.

Nein, meinen Freunden gegenüber wollte ich nicht großsprecherisch daherkommen. Ich versuchte, ein freundliches Lächeln auf mein Gesicht zu zaubern. Sie verstanden, brachten einer nach dem anderen die Beweggründe der Eltern hervor: »Vater sagt, nur die Jungs gehen zur Schule, Mädchen heiraten«, »Mutter sagt, das Schulgeld ist zu teuer«, »Vater nennt mich eine unentbehrliche Arbeitskraft; er hat eine Schweinezucht«, »Mutter sagt, ich soll lieber auf die Jagd gehen – ein Stück Fleisch verfeinert die Soße für das Fufu«.

»Bah ...« Die letzte Erklärung rief einen Sturm allgemeiner Entrüstung hervor. »Du schwindelst«, »du lügst«, »Sophie, glaube ihm nicht. Gingst du nicht zur Schule, eh?«

»Hm.« Der Bedrängte zupfte sich verlegen am Ohr. »Sophie, er wollte nicht lernen, war nie bei der Sache. Fragte ihn der Lehrer ›How are you?‹, blieb er stumm. Daraufhin gab er ihm den Rat: Geh und hüte die Ziegen deines Vaters.«

Amüsiertes Gekicher, auch ich stimmte ein. Mein Schuleintritt, nunmehr in meinem Dorf, stand bevor. Ich fieberte ihm entgegen. Konnte ich ahnen, dass ich bis dahin noch bittere Tränen vergießen sollte.

»Frida, Frida«, rief eine laute Männerstimme, noch entfernt, irgendwo draußen auf dem Hof. Unverkennbar Papa, denn nur er nannte mich Frida, in Gedenken an seine Schwester.

»Dein Vater«, erklang es wie aus einem Munde, doch ich war schon auf den Beinen, sprang mit einem Satz durch die Türöffnung. Mit Riesenschritten eilte er mir entgegen. Ehe ich mich versah, packten mich seine kräftigen Hände unter den Armen, wirbelten mich im Kreis. »Da bist du endlich wieder.« Seine Stimme drückte Freude, gar Zärtlichkeit aus.

Noch halb in Gedanken bei dem Gespräch, wusste ich der Rührung des großen Mannes nur zu entgegnen: »Ja, und ich gehe in die neue Schule, vielleicht schon morgen.«

»Hm ... und ich dachte, du bist zurückgekommen, um deiner Mutter zu helfen.«

»Oh, Papa, ich sei fleißig, sagt Lea immer. Ich habe schon vor dem Unterricht das Geschirr gespült und den Vorplatz gekehrt«, ereiferte ich mich. Ich war bereit, weitere Beispiele meiner Arbeitsfreude folgen zu lassen, er aber strich mir übers Haar, sagte: »Ich sehe, Geschwister und Freunde scharen sich um dich, lass sie nicht warten.«

Ich ging. Mich erfasste jedoch ein gewisses Unbehagen.

Der Abend wurde lang. Die Erwachsenen erzählten, befragten Lea und John, die durch anschauliche Schilderungen des Alltags das Leben in ihrem Dorf lebendig machten. Danach würdigten sie wieder einmal mit überschwänglichen Worten Vaters modernes Haus.

Er seinerseits, geehrt durch so viel Wertschätzung, versicherte erneut, nie mehr auf die traditionelle Bauweise zurückzukommen. »Wie sieht sie aus?« Obwohl sie jedermann geläufig war, da seit Generationen Häuser auf diese Weise gebaut wurden, schilderte er sie trotzdem: »Wir setzen dicke, gerade Äste im Abstand entlang des aufgezeichneten Grundrisses. Bilden dann ein Geflecht aus Zweigen und Lianen für die Wände, das wir von außen mit einer dicken Schicht Lehm versehen. Und wie lange hat ein solches Haus Bestand? Bis Termiten in Scharen anrücken, sich in dem trockenen Holz einnisten, es mit zahllosen hineingefressenen Gängen zersetzen.«

Für diese Feststellung erfuhr er nichts als Bestätigung. »Und unterschätzt die Gefahr des Feuers nicht«, wusste ein anderer zu ergänzen.

»Richtig! Oft ist ein Haus durch Unvorsichtigkeit in Flammen aufgegangen.«

Wir Kinder kauerten im Hintergrund, hörten aufmerksam zu, nickten zuweilen doch ein, da das Aufsein schon lange dauerte, erwachten wieder…

Dann endlich, als auch einige unter den Erwachsenen für kurze Augenblicke ihre Köpfe auf die Brust sinken ließen, um danach verstohlen lächelnd in die Runde zu blicken, beschlossen sie alle, sich zur nächtlichen Ruhe zu begeben. Der Moment, den ich sehnlichst erwartete, wusste ich doch, dass ich trotz Müdigkeit keine Ruhe finden würde, beantwortete mir Mutter nicht diese eine Frage. Ich rief sie zu mir, wollte nicht, dass Isaih, Mary und Rose, Kinder von Mutter Anna, die sich zur Gewohnheit gemacht hatten, bei Mutter zu schlafen, mich verstehen. Ich flüsterte ihr ins Ohr: »Ist Vater gegen meinen Schulbesuch?«

Zu meiner grenzenlosen Enttäuschung sagte sie nur mit müder Stimme: »Schlaf jetzt, Ayei Tong.« Somit ließ sie mich mit meiner Sorge allein. Tränen füllten meine Augen, fielen auf die geflochtene Matte aus Palmwedel.

Ich erwachte, rieb mir die Augen. Nanu, wo bin ich? Der Raum war so unvertraut.

Ach, ja – und sofort war mir wieder bewusst, was schwer auf meiner Seele lastete. Papa, die Schule ...

Plötzlich fuhr es mir durch den Kopf: Gab es eigentlich Gründe für meine Sorge, meine Beunruhigung? Hat sich Vater schon mit einer strikten Ablehnung, einem unwidersprüchlichem Nein erklärt?

Keineswegs!

War es meine gestrige Müdigkeit, dass die graue Gewitterstimmung meine Befindlichkeit beeinflussen konnte? Heute, ausgeruht, erfreute mich die wärmende Sonne, auch wenn sie sich für Momente hinter Wolken versteckte.

Was sollte Vater schon einzuwenden haben? Gingen die großen Schwestern, Trephena und Lea, nicht auch zur Schule? Also ... Nur Catharina, die Älteste, nicht, sie wuchs bei den Großeltern auf, half ihnen, den Alltag zu bewältigen.

Mutter und die Geschwister waren sicher schon seit Tagesanbruch auf den Beinen, ließen mich schlafen, nahmen Rücksicht, vermieden Geklapper, Gepolter, Gelächter.

Trotz aller Zuversicht wollte ich sogleich Gewissheit haben über Vaters Einstellung, und die konnte nur Mutter mir geben. »Wo ist sie?«

»Bei Papa«, antwortete Mary, ohne aufzublicken. Sie war damit beschäftigt, sich einen teuflisch juckenden Sandfloh zwischen den Zehen zu entfernen.

Ich setzte mich auf einen Stein, legte meinen Kopf auf die verschränkten Arme. Mein Herz klopfte hörbar. Unruhe trieb mich um.

»Noch immer müde?«, fragte Mary ahnungslos.

»Hmm.« Dabei lauschte ich angespannt auf Schritte, Stimmen, die Mutters Kommen ankündigten.

»Bist du krank, Ayei Tong«, rief sie schon von weitem. Ihre Sorge war nicht zu überhören.

»Nein, nein«, beteuerte ich.

Trotzdem fühlte sie mir die Stirn. »Heiß. Du hast Fieber.«

»Ist Papa gegen meinen Schulbesuch?«, platzte ich heraus, konnte die Spannung nicht mehr ertragen.

Ihre Miene wurde bekümmert. »Mein Kind, liegt dir so viel daran?«

»Ja, ja, ja!« Meine ganze kindliche Entschiedenheit legte ich in diese drei Worte, bekräftigte sie jeweils noch mit einem heftigen Kopfnicken.

»Ayei Tong, dann müssen wir ihn zur Einsicht bringen.«

Die Festigkeit in Mutters Stimme ließ mich aufhorchen. Stumm schaute ich zu ihr hoch, lächelte sie an. Mein Herz war voll Liebe und dem Gefühl der Verbundenheit. Ich schlang meine Arme um ihre Taille, drückte meinen Kopf fest an ihren Körper und war voll Zuversicht.

Gemächlichen Schrittes, auf und ab, spazierte John vor dem Haus. Ich sah ihn sogleich, als ich den letzten Hügel des Aufstiegs vom Bach her überwand. Beflissen hob er mir den vollen Wassereimer vom Kopf.

»Sophie, wo ist Mutter? Ich habe Neuigkeiten zu berichten«, vertraute er mir an und kniff mir dabei in die Wange. Auf seinem Gesicht spiegelte sich ein schalkhaftes Lächeln.

Verwundert schaute ich ihn an, fragte mich, welches erfreuliche Ereignis ihn in diesen Überschwang versetzt hatte.

Wir fanden Mutter in lebhaftem Gespräch mit der Mitehefrau Helene, Gestik und Mimik verrieten eine gewisse Ernsthaftigkeit. Trotzdem löste sie sich sofort von ihr, als sie uns gewahr wurde, kam eiligen Schrittes auf uns zu.

»Na, John?« Ihr Blick war angespannt, voll Erwartung auf ihn gerichtet.

»Geklärt!«

Ein Wort – und welche Wirkung. Mutter stieß Freudenrufe aus, nahm mich bei den Händen, tänzelte einige Schritte, die Melodie eines Liedes summend, in dem wir Menschen Gottes Größe und Stärke loben und preisen.

Ich wusste nicht, wie mir geschah, sah von John zu Mutter, wagte dann die schüchterne Frage: »Was ist geklärt?«

Jetzt erst weihte mich Mutter in ihrer beider Geheimnis ein, wiederum auf ihre eigene Art. Sie ergriff erneut meine Hände, tänzelte, sang diesmal dazu: »Ayei Tong, du wirst zur Schule gehen, Vater ist einverstanden ...«

»Ist das wahr?«, schrie ich in ihren Gesang hinein.

Beide nickten. Ich packte John am Arm, hopste voller Übermut zwischen den beiden herum, wusste nicht, wie noch meiner Freude Ausdruck zu verleihen, ließ mich dann atemlos auf die Erde fallen.

»Dein bisheriger Lehrer diente uns als Fürsprecher, Ayei Tong«, erklärte mir Mutter, »um Vaters Bedenken zu entkräften und ihn wohlwollend zu stimmen.«

War es hart, seine Meinung zu ändern, ein Wortstreit, wollte sie von John wissen.

»Nun, ich vermied, mich unüberlegt zu verhalten, ließ ihn wie immer meinen Respekt erfahren. Was hätte ich mit barschem Auftreten erreicht? Ich lauschte aufmerksam seinem Vortrag, dass der Lebensauftrag einer Frau gottbestimmt sei. Außerdem habe sie durch Feldarbeit, Fleiß voraussetzend, jederzeit die Möglichkeit, Geld zu verdienen. ›Sag selbst‹, fragte er mich, ›lassen ihre vielseitigen Verpflichtungen nicht all zu schnell die erworbenen Kenntnisse wieder vergessen? Schulbesuch für Mädchen, vertane

Zeit‹, urteilte er. ›Selbst der Bibel wegen sind sie nicht gezwungen, lesen zu lernen. Sie wird ihnen von Evangelisten und Pfarrern vorgetragen und erklärt. Der Mann jedoch … Alle meine Söhne gehen in die Schule.‹ Ich packte ihn bei seinem Ehrgefühl, lobte ihn für seine Geschäftigkeit. Er, ein rastloser, unermüdlich schaffender Mann, sei ein großes Vorbild für willige Nachahmer. Er liefere Kaffeebeeren an die Kooperative, züchte Ziegen und Schweine, zapfe Palmwein, ernte Honig und Colanüsse, baute das modernste Haus. ›Wie fändest du es‹, hub ich an – der Erzengel Gabriel persönlich flüsterte mir in diesem Augenblick einen Gedanken ins Ohr, ›wie fändest du es, Papa, wenn deine leibliche, mit Verstand gesegnete Tochter, ich kann es beurteilen‹, fügte ich noch hinzu, ›die erste Lehrerin in deinem Dorfe wäre?‹ Über diese Vorstellung musste er so herzlich lachen, dass er nur noch sagte: ›Na gut, meinetwegen.‹«

Zu meinem Leidwesen sollte sich Johns Idee nie bewahrheiten, obwohl es für lange Zeit mein Herzenswunsch gewesen ist.

Voller Stolz ging ich neben Mutter auf dem Weg zur Schule, zur Anmeldung. Endlich … Ein Seufzer der Erleichterung drang aus meiner Brust. Doch am Ort angekommen, erwartete mich erneut eine erschreckende Überraschung.

Der Direktor, freundlich lächelnd, musterte mich prüfenden Blickes und entschied: erste Klasse.

Empörung machte mich mutig: »Aber ich bin schon zwei Jahre zur Schule gegangen.«

Seine Miene blieb unverändert freundlich, doch seine Worte waren voller Nachdruck: »Mein Kind, du bist noch viel zu jung, um Entscheidendes gelernt zu haben.«

Warum widerspricht ihm Mutter nicht, fragte ich mich verzagt. Also wollte ich selbst zu meiner Verteidigung ansetzen, doch schon beim Atemholen zischte sie mir kaum hörbar zu: »Psst, Sophie!«

Auf dem Heimweg ließ ich dem Fluss meiner Tränen freien Lauf. Mit erstickter Stimme bewies ich ihr meine fortgeschrittenen Kenntnisse in der englischen Sprache: Ich zählte bis 50, trug ihr alle Frage- und Antwortsätze vor, die mir in meiner verzweifelten Lage einfielen, leierte Gebete herunter...

»Ayei Tong«, beruhigend strich sie mir über den Kopf, »ich bitte John, mit dem Direktor zu sprechen. Unbestritten ist er dein bester Fürsprecher, nicht wahr?«

Von ihm mussten wir uns den Vorwurf gefallen lassen, dass wir dem Direktor meine Zeugnisse vorenthalten hatten. Anderntags jedenfalls drückte ich wiederum als Jüngste, aber aufmerksam und glückselig die Schulbank der dritten Klasse.

Beim Aufbruch am Morgen hatte Vater bemerkt: »Dein Dickkopf wird einmal keinen Mann glücklich machen.«

Unsere Familie füllte eine Kirchenbank, die drei Mütter, wir Kinder. Die Jüngsten unter uns ließen ihre Blicke im fremden Raum kreisen, bestaunten unverhohlen die vielen Menschen. Die Säuglinge schliefen, meist in den Armen einer der älteren Schwestern. Zuweilen quälte einen der Hunger, kurzes Wimmern, schon wurde er an die mütterliche Nahrungsquelle gereicht.

Der Gesang. Der Evangelist stimmte an, die Gemeinde fiel ein. Trommeln und Rasseln bestimmten den Rhythmus. Die Gläubigen schmetterten ihr Lied weithin hörbar, gaben ihrer Freude lebhaft Ausdruck, wiegten sich im Takt. Vergessen waren die Angst einflößenden Worte des Verkündigers. Mit überlauter Stimme hoffte er, das Gewissen eines jeden Einzelnen zu erreichen, um ihn zu mahnen, doch endlich der Sünde abzusagen. »Sonst bleibt euch das Himmelreich auf immer und ewig vorenthalten«, wusste er zu drohen. Danach führte er der aufmerksam lauschenden Gemeinde noch seine persönliche Vorstellung des Fegefeuers vor Augen... Ich verschloss meine Ohren, kraulte dem kleinen Jungen neben mir den Rücken, bis er beglückt lächelnd zu mir aufblickte.

»Geht Vater nie zum Gottesdienst?«, erkundigte ich mich bei Mary. Sie ging neben mir auf dem Weg nach Hause.

»Nie!«

»Nie?«, wiederholte ich fragend, mit bassem Erstaunen.

»Ich sagte doch: nie!«, entgegnete sie betont, unmissverständlich.

»Aber…, er betet doch zu Gott.«

»Schon, aber er hat drei Frauen.«

»Ja, deine Mutter, meine Mutter, Mutter Helene… – und?«

»Drei Frauen zu haben ist Sünde! Eine von den Sünden, von denen der Evangelist heute sprach.«

»Und zwei Frauen?«

»Ebenfalls.«

»Eine?«

»Keine Sünde.«

»Das heißt, Gottes Wille ist es, dass alle Männer nur eine Frau haben?«

Mary nickte bestätigend.

»Und warum?«, bohrte ich weiter.

Sie zuckte mit den Achseln. Diese Frage überforderte auch sie.

In meinem Kopf stieben die Gedanken wild durcheinander. Laut überlegte ich: »Kenne ich überhaupt einen Mann mit nur einer Frau…?«

»Sie alle leben in Sünde und enden im Fegefeuer.«

Mir stockte der Atem, Angstschweiß trat mir auf die Stirn. Vater im Fegefeuer – nein, nein, nein, wehrte ich mich gegen diese Vorstellung. Sogleich erinnerte ich mich wieder der Bilder von in Flammen stehenden Häusern, von lichterloh brennenden Strohdächern und Gebälk. Wie erst muss das Fegefeuer lodern?

Plötzlich, o Schreck, durchfuhr mich ein weiterer entsetzlicher Gedanke: »Und die Ehefrauen, sag, Mary, sündigen die ebenfalls?«

»Vielleicht die Zweite, die Dritte…?«

Meine Mutter war die Erste. Gott mag mir verzeihen, aber ich erfuhr ein bisschen Erleichterung. Ich verzog keine Miene, ließ mir nichts anmerken, denn Marys Mutter und Mutter Helene täten mir auch fürchterlich Leid.

Mutter, wann endlich kommst du? Ich erwartete sie voller Ungeduld, war verstört, hilflos. Im Herzen hegte ich nur einen

Wunsch: Bitte, Mama, biete mir eine einleuchtende Erklärung, befreie mich von dieser Angst.

Um mich gackerten Hühner, scharrten, pickten, scharrten, wie sie es tun vom Morgen bis zum Abend. Gedankenverloren warf ich ihnen einige Maiskörner zu. Wie sie rannten, wie sie kämpften, jeder um seinen Anteil. Hm, ein Hahn und wie viele Hennen? Wird auch er im Fegefeuer enden? Aber, nein – ihm droht der Kochtopf.

Mein Blick schweifte in die Runde auf der Suche eines Zeitvertreibs, der meine Gedanken beschäftigen könnte. Das Guavenbäumchen, trägt es noch Früchte? Meistens werden sie von uns Kindern mit langen Stecken abgeschlagen, noch klein, dunkelgrün, hart – also ganz und gar unreif. Vielleicht finde ich einige versteckt in der Höhe, wo die schlagenden Stangen nicht hinreichen. Doch aufgepasst, die Äste sind dünn. Tragen sie mein Gewicht?

Behutsam zog ich mich hoch, vorsichtig die Belastbarkeit eines jeden Kletterplatzes prüfend.

Ah, das Wagnis wurde belohnt. Hinter dunkelgrünem Blattwerk verbargen sich blassgelbe Früchte. Doch da war schon jemand vor mir da. Naschhafte Vögel hatten sich an dem saftigen, rosa Fruchtfleisch gütlich getan. Vögel können warten, bis Guaven reifen, sind nicht ungeduldig wie Kinder.

Noch im Geäst sitzend, vernahm ich unbeschwertes Lachen, muntere Plauderei. Die Mütter kehrten vom Kirchgang zurück – sie nahmen sich stets ihre Zeit. Verwundert fragte ich mich: Hatte die Androhung des Evangelisten sie nicht in Angst und Schrecken versetzt? Lässt sie das Schicksal, das ihren Ehemann, vielleicht sogar sie selbst ereilen wird, nicht in Wehklagen ausbrechen?

»Schwatzende Frauen sind wie spielende Hundewelpen, sie kennen kein Ende«, sagte einmal John. Damals musste ich lachen, den Vergleich fand ich lustig, aber treffend. Doch plötzlich stoben sie auseinander, hatten es auf einmal eilig. Erinnerte sie der Stand der Sonne an ihre Pflichten? An den Hunger ihrer Lieben?

Ich folgte Mutter in die Küche, setzte mich wortlos, mit leidender Miene, auf einen Hocker.

Sie sah mich prüfend an: »Was stimmt nicht, Ayei Tong?«

Schon traten mir die Tränen in die Augen. Mit erstickender Stimme presste ich kaum verständlich hervor: »Mama, erwartet Vater das Fegefeuer? Und Mutter Helene? Und Mutter Anna? Sie alle?«

Sie verstand sofort. »Ach, Ayei Tong«, mit der Handfläche fuhr sie mir über die Augen, wischte meine Tränen einfach weg. »Weißt du, der Evangelist droht, will uns mit gestrengen Worten auf den richtigen Weg bringen. Doch spricht er nicht auch von einem Gott der Liebe, einem Gott, der verzeiht, Sünden vergibt?«

Ich nickte. »Siehst du, ihm suche ich gerecht zu werden. Meinst du, es könnte in seinem Sinne sein, dass Vater Mutter Anna und Mutter Helene einfach wegschickt, vom Gehöft jagt?«

Erschrocken bedeckte ich mein Gesicht mit den Händen. »Wohin? ... Und die Kinder?«, stammelte ich.

»Ayei Tong, sei unbesorgt, Vater wird nicht herzlos handeln, und Gott wird ihn nicht ins Fegefeuer schicken.«

»Oh, Mama!« Mehr vermochte ich nicht zu sagen. Mir war, als befreite mich jemand von einem dicken Baumstamm, den ich auf meinem Kopf als Feuerholz vom Wald nach Hause getragen hatte.

»Begleitest du mich?«, fragte Mutter. Sie stand vor einem Berg Blattgemüse, frisch geerntet, bestimmt für den Verkauf auf dem Markt. Schulfrei! Unmöglich also, Mutters Bitte abzulehnen. Gemeinsam bündelten wir die Stängel, beluden unsere Köpfe.

Ein neuer Anziehungspunkt schien auf dem Dorfplatz entstanden zu sein, ein besonderer Versammlungsort, ich sah es von weitem: vier Pfosten, darüber ein Dach, bedeckt mit Palmwedeln als Schutz gegen die sengende Sonne. Dicht bei dicht, auf grob zusammengezimmerten Bänken, saß eine Männergesellschaft. Sie tranken aus Kalebassen, diskutierten hitzig, lachten überlaut.

Nichts Erstaunliches – eigentlich. Trotzdem beobachtete ich gebannt die Szene, noch verwunderter, als ich Asano, eine Mitschülerin, das Getränk nachschütten sah. Palmwein ist doch Männersache!

»Seit wann handeln Frauen mit Mimbo?«

Mutter wusste Bescheid: »Die verkaufen lokales Bier, Hirsebier, und das brauen die Frauen. Das beschwipst ganz schön …« Sie amüsierte sich über die angeheiterten Zecher.

»Ich habe dich in eurer neuen Bar gesehen. Baah, ihr hattet Kunden!«, so begrüßte ich Asano am Montag, mit ehrlicher Anerkennung.

»Ja, das Bier ist stark. Unglaublich, doch Männer finden Gefallen daran, wenn der Dorfplatz um sie tanzt. Ich bevorzuge ein Stück Zuckerrohr.«

So begann unsere Freundschaft.

»Arbeitest du sonntags auch?«, wollte ich wissen.

»Natürlich! Niemals könnte Mutter den Ansturm allein bewältigen.«

»Und der Gottesdienst? Dafür bleibt dir keine Zeit?«

»Nee … Was soll ich tun? Durch meine Mithilfe verdiene ich mein Schulgeld. Außerdem«, sie stockte, zögerte noch ein wenig, mir das anzuvertrauen, »Vater will nichts hören von dem Gott der Weißen. Schon dessen Erwähnung treibt ihn zum Jähzorn. Weißt du, er hat fünf Frauen …«

Die Gemeinde sang zur Lobpreisung des Herrn. Ich schaute umher, mein Blick streifte eines der Fenster unserer kleinen Kirche. Eine Schar von Kindern drängelte und schubste sich in der Öffnung. Sie schauten neugierig von draußen herein, nahmen mit ihren Körpern dem kleinen Raum noch mehr an Licht.

Ich stutzte. Wer steht dort, eingekeilt zwischen den Schaulustigen? Kann ich meinen Augen trauen?

Ja doch, Asano! Wie hatte sie es geschafft, sich von ihrer Pflicht in der Bierbar zu befreien?

»Ich habe meinen Bruder bezirpst. Er sprang für mich ein«, berichtete sie mir später. »Ich war so gespannt, die Neugier trieb mich dorthin. Nur die Predigt konnte ich nicht verstehen, leider, die Kleinen drängten mich zurück. Oh, Sophie, plötzlich verspürte ich das dringende Verlangen, nur ein einziges Mal auf der Kirchenbank neben dir zu sitzen, frisch gewaschen, im sauberen Kleid. Doch würde ich mich zu Hause zurechtmachen, fiele das allen auf, und Vater... Du kennst ihn nicht«, fügte sie mit trauriger Stimme hinzu.

»Dieser Wunsch soll sich erfüllen«, schwor ich mir, begann zu grübeln, suchte nach einem Weg, gab nicht auf, bis mein Plan stand.

Die Freundin fiel mir um den Hals, wirbelte mich vor Begeisterung herum. Der nächste Sonntag kam. Unser Treffpunkt war der Bach. Asano wusch sich, schrubbte an ihrer Haut, bis ich sie stoppte aus Furcht, Blut würde fließen. Sie schlüpfte in ein Kleid, mein Kleid. Ich hatte es ihr für heute mitgebracht. Das ihrige versteckten wir im Gebüsch.

Sie schaute prüfend an sich hinunter. Ich trat einige Schritte zurück, musterte sie eingehend. »Passt!«, urteilten wir ohne Zögern, hakten uns unter, machten uns auf den Weg.

»Nun sitze ich neben dir.« Asano strahlte mich an, kniff mich in den Arm, dass es schmerzte. Sie war erfüllt von Freude, sang aus voller Kehle, klatschte ausgelassen im Takt, hörte andächtig zu.

Beim Opfergang reihte sie sich ein. Singend und tanzend bewegten wir uns vor bis zu dem Körbchen vor dem Altar. Sie schaute mich triumphierend an, warf eine Münze hinein. Ich war überrascht. Wo hielt sie die seither verborgen?

»O, Sophie!«, seufzte Asano bedrückt, als sie wieder ihr eigenes Kleid überzog. »Es wäre zu schön ..., aber du weißt, Mutter ist auf meine Hilfe angewiesen, und mit nichts darf ich Vaters Zorn hervorrufen.«

Ich war von Mitleid ergriffen, doch dann kam mir eine tröstende Idee: »Hör, Asano, ich erzähle dir die Predigten, lehre dich die Lieder und Gebete.«

So hielten wir es lange Zeit.

Einmal legte Asano sofort nach der Begrüßung ihre Hand auf meinen Arm. »Bitte, Sophie, heute darf ich zuerst von meinem Erlebnis erzählen, ja?«

»Aber gerne, ich platze vor Neugier.«

»Du, unser Gott ist auch allmächtig, er hat es bewiesen. Mein Schwesterchen ist wieder gesund.«

Sicher legte ich die Stirn in Falten, schaute mit verständnislosem Blick. Wusste ich, von welchem Gott sie sprach?

Sie sah mich an, nahm sich dann die Zeit, in Einzelheiten zu berichten: »Bei uns im Haus wohnt der Gott der Kinder. Bei euch auch?«

Ich schüttelte den Kopf. »Noch nie davon gehört.«

»Ja, ja, ihr seid Christenleute, gehst auch nur bei solchen ein uns aus. Doch jetzt hör: Bei jeder Geburt richtet meine Mutter eine heilige Ecke ein, im Haus. Sie steckt getrocknete Kräuter in eine Kalebasse, füllt sie mit Wasser auf. Daneben stellt sie einen Tonkrug mit Palmwein. Ein Heiler kommt und segnet diesen Platz, denn dort wohnt von jetzt an der Gott der Kinder. Nach dem täglichen Bad wird das Baby mit dem Kräuterwasser eingerieben. Das bietet ihm Schutz vor bösen Geistern, missgünstigen Menschen, sagt Mutter.«

»Das ist Heidenglaube, schimpft immer der Evangelist«, rief ich aus.

Asano blickte mich strafend an, wollte nicht unterbrochen werden.

»Mein Schwesterchen, das Baby, wurde krank. ›Hol den Heiler‹, hörte ich die anderen Frauen zu Mutter sagen, ›er soll Verbindung zu dem Gott der Kinder aufnehmen. Vielleicht haben wir ihn nicht gebührend verehrt.‹ Als er kam, spickte ich, von Neugier getrieben, durch eine schmale Ritze in den Raum, lauschte unter dem Fenster. Er forderte Palmwein. Mutter hatte vorgesorgt, eine volle Kalebasse stand bereit. Bevor er eine Tonschale damit füllte, nahm er selbst eine gehörige Kostprobe, schluckte genüsslich. Einer Dose entnahm er zwei Schneckenhäuser und setzte sie nebeneinander auf die Oberfläche des Palmweins. Er trat näher zu Mutter, versperrte mir dadurch mit seinem Körper den Blick. ›Schau, die treiben auseinander‹, hörte ich des Heilers Stimme sagen. Und weiter: ›Dein Kind ist fieberheiß. Die Schneckenhäuser bringen es ans Licht: Du selbst hast die Krankheit zu verantworten, denn du lebst in Unfrieden mit deinem Ehemann.‹ Ah, Sophie, als ich das hörte … Ich kochte vor Wut. Diese Anklage! Ich krallte meine Finger in die Lehmwand, um nicht hineinzustürmen und Mutter schützend beizustehen. Es ist Vater, jawohl, es ist der Vater, der so schimpft, streitet, murrt, uns schikaniert. Doch Männer kritisiert man nicht. Mutter sprach leise, ich konnte ihre Worte nicht verstehen. Eine Pause entstand. Der Heiler brachte die Schneckenhäuser wieder zusammen, denn ich hörte ihn erneut ausrufen: ›Die trifften noch immer auseinander! Was verheimlichst du? Denk an dein Kind!‹ Nun klang Mutters Stimme hastig, seltsam fremd in meinem Ohr. Die Arme, für was alles bekannte sie sich schuldig? ›Genug!‹ Der Heiler war in höchste Freude ausgebrochen. ›Der Gott des Kindes hat uns erhört. Schau auf die Schneckenhäuser. Sind sie nicht dicht nebeneinander?‹ Sophie, kaum hatte der Heiler das Haus verlassen, begann das Schwesterchen zu weinen, nein, es schrie. Was tut ihm weh? Verzweifelt standen wir herum.«

Asano lachte.

»Weißt du, was ihm fehlte? Muttermilch! Es trank gierig, als hole es Versäumtes nach, lächelte uns an und schlief ein. ›Ist dieser Gott nicht mächtig und stark?‹, fragte Mutter die anderen Frauen. Sie ging zu der heiligen Ecke, vergoss ein wenig von dem kostbaren Palmöl, verstreute eine kleine Menge Salz, aus Dankbarkeit. Sophie, nenn es Heidenglauben, meinetwegen.«

Kapitel 3

Das Fest der Jugend – Mathias – Feldarbeit – Hunger – Die Mbororo – Die höhere Mädchenschule – Der Evangelist – Die Jugendgruppe – Der Tag, an dem ein Mann an Vaters Tür klopfte

»O Cameroon, thou cradle of our fathers, proudly rally to defend your liberty«, schmetterten wir nach Leibeskräften. Der Text ging uns längst flott von den Lippen, die Melodie klang uns seit Wochen im Ohr. Dennoch trieb uns die Lehrerschaft an, forderte, unser Gesang müsse noch beschwingter, noch hoch gestimmter aus unseren Kehlen erschallen. »Seid euch bewusst, wir singen die Hymne unserer Nation, eines unabhängigen Kameruns, endlich frei von Unterdrückern, Ausbeutern, Fremdherrschaft. Das Joch der Kolonisation ist überwunden. Hebt stolz eure Köpfe, euer Selbstbewusstsein muss sichtbar, hörbar werden. Euch gehört die Zukunft!«

Noch probten wir Gesang und Marsch, defilierten vorbei an Gehöften nahe der Schule. Manch einer stolperte über die eigenen Füße, eifrig bemüht, sich dem Gleichschritt anzupassen. Die Menschen in Häusern und Gärten unterbrachen ihr Tun, eilten zum Weg, feuerten uns durch Zurufe an.

Das sehnlich erwartete Ereignis: der 11. Februar, das »Fest der Jugend.« Der Präsident Adamou Ahidjo hatte es ausgerufen, denn die junge Generation und deren Zukunft liege ihm, wie uns die Lehrer versicherten, im hohen Maße am Herzen.

Aufbruch zum Festplatz. Gemeinsam mit den anderen Schulkindern unseres Gehöfts machte auch ich mich auf den Weg. Gemäß den Anweisungen der Mütter führten wir die Erst- und Zweitklässler bei der Hand, um Stürze in Dreck und Staub abzuwenden. Wir waren neu eingekleidet. Erst in den heutigen Morgenstunden hetzte ein Sohn des Schneiders vorbei, übergab mit der flüchtigen Erwähnung »Vater hat die ganze Nacht durchgearbeitet …« den Stoß Hemden, Hosen und Kleider – unsere Schuluniformen. Die Modelle blieben unverändert, auch nach der Unabhängigkeit.

Verzückt betrachtete ich das leuchtende Blau des neuen Stoffes. Er lag fest, solide in meiner Hand. Wie ausgeblichen und lappig, eben verwaschen, wirkte dagegen mein Kleid, das ich noch gestern in der Schule getragen hatte.

Mutter verteilte Kleingeld. Grobgliedrige, kräftige und zarte, kindliche Hände streckten sich ihr gleichermaßen eilfertig entgegen. Wer wollte sich nicht sein Fest mit einem Stück Zuckerrohr versüßen? Ich blinzelte Mutter zu, sie verstand meinen Dank. Der Wert der Münze übertraf meine Erwartungen.

Auf dem Festplatz herrschte Gedränge, ein wuselndes Durcheinander von Blau und Khaki. Die Erwachsenen, Väter und Mütter, Onkel und Tanten, Großeltern, wurden von uns Schulkindern an den Rand gedrängt. Die Ehrentribüne füllte sich. Der Bürgermeister, Schuldirektoren, Parteiführer… »Alles neu ernannte Köpfe«, hörte ich Erwachsene flüstern. Die Damen an ihrer Ehemänner Seite boten eine bunte Kleiderschau. »Oh!«, entfuhr es mir. Die Pracht hielt meinen Blick gefangen.

Der erste von – wie der Verlauf erwies – zahlreichen Rednern ergriff schließlich das Wort. Er begrüßte die »ehrenwerten Gäste« gemäß ihres Rangs, nannte sie bei Titel und Namen …, schloss leidenschaftslos mit: »Liebe Schülerinnen und Schüler!«

»Die Unabhängigkeit ist erlangt!« Der plötzliche Überschwang in seiner Stimme rüttelte wach, veranlasste zu stürmischem Applaus, zu Freudenrufen. »Die Zeiten wurden Geschichte, in denen fremde Herrscher uns Kamerunern in unserem eigenen Land unbotmäßige Zwänge auferlegten. Dazu zählt auch die Pflicht, ihren Feiertag, den 24. Mai, zu dem unsrigen zu erheben, den Union Jack zu hissen und ›God save our gracious Queen, long live our noble Queen‹ zu singen. Liebe Landsleute, ich frage euch, was haben wir Kameruner gemein mit diesem Tag, dem

Empire Day, wie die Briten ihn nennen? Was verbindet uns mit dem Geburtstag einer längst verstorbenen Frau namens Victoria, einer Herrscherin, die gefeiert und bewundert wurde, weil sie zu ihrer Regierungszeit ein britisches Weltreich errichtete. Doch wie, mit welchen Mitteln? Ich sage es euch, indem sie wehrlose Völker wie das unsrige unterdrückten und ausbeuteten. Nichts haben wir gemein, nichts verbindet uns, gar nichts«, schrie der Redner, außer sich vor Wut. Es gelang ihm, die Gemüter zu erhitzen. Jeder versicherte nochmals mit Nachdruck seinem Nachbarn, dass wirklich keinerlei Gemeinsamkeit bestand.

»Doch, liebe Landsleute«, seine Stimme klang nunmehr entspannt, ausgeglichen, gar versöhnlich, »unklug wäre, anklagend zurückzuschauen. Eine Verschwendung unersetzbarer Zeit. Hüten wir uns vor Müßiggang, richten wir unseren Blick nach vorn. Eine neue Ära hat begonnen, die der Selbstbestimmung. ›Das Fest der Jugend!‹ Für wahr, ich versichere euch, unser hochverehrter Präsident Amadou Ahidjo versäumt keine Gelegenheit zu betonen, dass ihm die heutige Jugend, Jungen wie Mädchen gleichermaßen, ganz besonders am Herzen liegt. Stellt nicht die Gründung dieses Tages, den wir heute feierlich begehen, meine Behauptung unter Beweis? Eigentlich verwunderlich für eine Gesellschaft, in der dem Alter, der Weisheit, der Lebenserfahrung alle Hochachtung und Ehrerbietung gebührt. Unsere achtbare Tradition, sie soll niemals angetastet werden. Doch warum dann diese Wertschätzung, diese Beachtung der Jugend, werdet ihr mit Recht fragen? Diese Schülerinnen und Schüler, die in Kürze an dieser Tribüne vorbeimarschieren und ›Wir dienen einem Kamerun von morgen‹ singen werden, sind in der Tat die Garanten unserer Zukunft, ja, sie sind auserwählt, das allgemeine Volkswohl von morgen zu bestimmen. Wie das? Ich sehe eure fragenden Gesichter. Unser Land braucht ausgebildete, fähige, engagierte Menschen, um den enormen Mangel an Fachkräften zu decken. Moment, ich erkläre … Lehrer zum Beispiel sind Fachkräfte, sie haben gelernt, Schulkindern lesen, schreiben und rechnen beizubringen. Dieser Lehrerschaft gilt mein gestrenger

Appell: Seid leidenschaftlich in eurem Beruf, seid den euch Anvertrauten ein Vorbild an Pflichterfüllung und Wissbegierde; sie werden sich mitreißen lassen. Macht sie zu Neugierigen, die ›alles wissen wollen‹, ich meine nicht Gerede und Geschwätz, nein, sondern erzieht sie zu Menschen, die nachfragen: ›Wie funktioniert diese Welt?‹

Eifer ist zum Beispiel Voraussetzung, um den Beruf des Arztes zu wählen. Ärzte braucht unser Land, denn Gesundheit ist die Basis für Schaffenskraft.

Eifer ist zum Beispiel Voraussetzung, um den Beruf des Ingenieurs zu wählen. Ingenieure braucht unser Land, um den Anschluss an die moderne Welt zu finden, um unsere eigene Produktion aufzubauen, ich meine die eigene Herstellung von Radios, Stoffen, Nähnadeln … Industrie bringt Arbeitsplätze und dadurch vielen Menschen Brot. Wollen wir ewig rückständig und abhängig bleiben?

Eifer ist zum Beispiel Voraussetzung, um den Beruf des Politikers zu wählen. Auch Politiker braucht unser Land. Sie pflegen die Verbindung zu den Menschen in Dörfern und Städten, jeden Alters, erfragen deren Nöte, um Bedingungen zu schaffen, dass sich jedermann in unserem Land zu seinem Besten entfalten kann, gemäß seiner Fähigkeiten.

Nun, wer arbeitet, will essen! Der Bauch erhebt seinen Anspruch, mit gutem Recht. Wer nennt mir schmackhafteres, sättigenderes aus unserer Küche, als Couscous und Mchama, zubereitet mit viel Palmöl, gewürzt mit hot pepper? Alles dies Erzeugnisse unserer fruchtbaren Erde.«

Ein Raunen ging durch die Menge, als prickle die Köstlichkeit spürbar auf jedermanns Zunge. »Der redet uns hungrig«, hörte ich manche sagen.

»Nicht als Letzte, nicht als Geringste erwähne ich diejenigen, die Tag für Tag bei sengender Hitze wie auch bei strömenden Regen ihre Rücken beugen werden, um zu säen, zu jäten, zu ernten, damit wir alle reichlich unsere Teller füllen können. Nein, es ist Hochachtung und Dank im Voraus, die ich euch entgegenbringe. Aber, hört, auch ihr müsst Eifer an den Tag legen, denn die Methoden unserer Landwirtschaft sind verbesserungswürdig; dafür, zukünftige Bäuerinnen und Bauern, seid aufgeschlossen!

Eifer und Verantwortungsbewusstsein sind im höchsten Maße auch Voraussetzungen, um Präsident einer Nation zu sein. Lang lebe unser ehrenwerter Präsident Ahmadou Ahidjo. Sein oberstes Gebot ist, Gerechtigkeit walten zu lassen. Ungerechtigkeit schafft Unfrieden, hindert Entwicklung. Er ist erfüllt von Zukunftsvisionen, sodass jedes Schulkind, jede Frau, jeder Mann dieses Landes, gleich ob Bäuerin, Ingenieur, Arbeiter, Arzt … von der Gewissheit erfüllt sein kann, mein Präsident und die Personen, die ihn vertrauensvoll umgeben, haben meine Nöte, meine Zukunft, mein Wohlergehen im Blickfeld. Lang lebe Kamerun, lang lebe unser ehrenwerter Präsident Ahmadou Ahidjo!«

Endlich, auch der letzte Redner fand seinen Schlusspunkt. Unterdessen waren meine Beine schwer, bewegten sich mühsam, als zöge ich sie aus knöcheltiefem Schlamm. Kopf und Körper aufgeheizt, die Kehle trocken. Hastig schuppsten uns nervös gewordene Lehrer in die Reihen. Trommelwirbel. Schon setzten wir uns in Bewegung, die Hymne unserer Nation auf den Lippen. Der Aufmarsch, vorbei an der Ehrentribüne, war kurz, für die Ersten nicht die Dauer zweier Strophen.

Schatten! Erfrischung! Wo verkauft jemand Zuckerrohr? Bei Festen aller Art mangelt es nie an jungen Mädchen und Frauen, die diese Gaumenfreude zum Verkauf anbieten. Wählerisch suchten wir nach den saftigsten Stücken. Gut bedient, ließ ich mich im Schatten nieder, einen Kreis von Freundinnen und Geschwistern um mich geschart. Wir genossen das Fest, besonders diesen erholsamen Augenblick, schnatterten vergnügt durcheinander.

»Mathias, hierher!«, rief mein Bruder einladend einem Jungen zu. Ich schaute auf. Ach, er…, auch mir war er kein unbekannter, wahrscheinlich niemanden in unserer Schule, überragte er doch beim morgendlichen Appell die Kameraden seiner Klasse um mehr als Haupteslänge. Wie kann es anders sein, Größe und

Alter machten ihn zum unaufhörlichen Opfer von Spöttelei. Am heutigen Festtag zählte er zu den auffallend wenigen, die keine neuwertige Uniform trugen. Fehlte den Eltern das Geld?

Plötzlich überwältigte mich ein unbehagliches, ja unerträgliches Gefühl. Ich genierte mich vor diesem großen Jungen, ertrug schwerlich seinen Blick, mit dem er uns zuschaute, wie wir genüsslich den süßen, erfrischenden Saft aus dem Mark des Zuckerrohrs sogen. Und dann erklang mir Mutters Stimme im Ohr, nachdrücklich, als stünde sie hinter mir: »Wer zwei Röcke hat, der gebe dem, der keinen hat; und wer Speise hat, tue auch so.«

Verwirrt betrachtete ich mein angelutschtes Naschwerk. Das kann ich unmöglich anbieten. Entschlossen stand ich auf, kramte nach meiner übrig gebliebenen Münze, kaufte ein Stück Zuckerrohr, reichte es Mathias. Danke, Mutter, hast du den Bedarf geahnt?

Erstaunt sah er mich an.

»Nimm!«

Zögernd griff er zu, wie von Zweifeln geplagt. Befürchtete er Hinterhältigkeit meinerseits? Doch plötzlich huschte ein Lächeln über sein Gesicht, das, für einen kurzen Augenblick nur, Herzensfreude und innigen Dank ausdrückte.

Aufmerksame Blicke verfolgten unser Tun, wortlos, ohne Bemerkung.

Den Moment allgemeinen Schweigens brach Grace: »Der Empire Day mit den Sportwettkämpfen: Hochsprung, Weitsprung, 100-Meter-Lauf … war auch stets ein spannendes Erlebnis.«

»Fußball, Handball, Basketball«, vervollständigte David die Liste der Disziplinen.

»Erinnert ihr euch noch an die lohnenden Preise?«

»Aber, ja!« Eine einhellige Antwort.

Des Nachts lag ich wach, durchlebte in Gedanken immer wieder den gleichen Moment, der nicht länger währte als das Zucken eines Blitzes am Himmel: der Ausdruck in Mathias' Augen als stummer Dank. Meine Geste ihm gegenüber war gering, ein

Stück Zuckerrohr im Wert der kleinsten Münze unserer Währung. Lieber Gott, sage mir, ist Freude schenken so einfach? In diesen Nachtstunden blieb er mir die Antwort schuldig, ließ mich am Morgen mit der gleichen Frage erwachen.

Zur Klärung bezog ich Mutter mit ein. Sie hörte mir zu, schwieg danach geraume Weile. Plötzlich nahm sie mich in die Arme, drückte mich fest an sich. »Oh, mein Kind, welch glücklicher Tag. Der Herr hat dich reich beschenkt. Bot er dir nicht eine außerordentliche Möglichkeit, eine Erkenntnis für das Leben zu gewinnen? Längst hast du die Botschaft verstanden, sie ist dir keine Frage mehr. Doch weil du mich bittest, höre auch von mir: Freude bereiten fordert keine Mittel. Du führst die geringe Münze an. Der Wert zählt nicht. Mathias war durstig, müde durch das Herumstehen, wie ihr alle, besaß jedoch kein Geld für eine Erfrischung. Er verlor kein Wort. Doch dein Erkennen seiner Lage, dein Sich-in-ihn-Hineinversetzen, überraschte ihn, machte ihn glücklich und dankbar.«

Ein kurzes, aber nachhaltiges Gespräch. In meiner Erinnerung halte ich es mir lebendig, schätze es wie ein geliebtes Schmuckstück. War es für mich zukunftsprägend? Ohne Zweifel! Auch wenn mein Werdegang nicht nach meinem, sondern nach Gottes Willen verlief. An jenem Morgen habe ich das wahre Wesen meiner Mutter erkannt, ihre Beliebtheit bei der Dorfbevölkerung verstanden. Sie hat ein Empfinden für die Nöte anderer. Ich meine nicht die offensichtliche Not mancher Familien, die, »die zum Himmel schreit«, die vermag sie schwerlich zu lindern. Nein, sie weiß Bescheid um die geheimen Herzenswünsche, die kleinen Dinge.

Nur ein Beispiel: Händler ziehen mit Stoffen, Kleidern, Faden, Nadeln oder mit Nägeln, Draht, Schlössern, je nach Fachbereich, von Dorf zu Dorf, von Haus zu Haus. Ihre Ware auf dem Kopf hoch aufgetürmt, über Schultern und Arme gehängt, legen sie täglich weite, ermüdende Fußmärsche zurück. Mutter lässt keinen weiterziehen, ohne zu fragen: »Mister, schon was gegessen heute?«

Nach dem Fest hatte der Schulalltag wieder begonnen. Appell am Morgen: Hymne singen, Fahne hissen … Ich warf einen Blick hinüber zu dem Standplatz der unteren Klassen. Jawohl, dort stand Mathias, mit seiner Größe nicht zu übersehen. Mangelte es seiner Familie an Geld, ihn früher zur Schule zu schicken? Vielleicht zählte sein Vater auch zu den starrköpfigen, zeitfremden? Oder hinderten ihn andere missliche Umstände?

Er ist doch ein Junge. Höre ich nicht tagtäglich von den Erwachsenen, dass Väter und Mütter sehr auf ihre Söhne setzen. Erhofft wird von ihnen eine gesegnete Versorgung im Alter. Sie haben doch erkannt, na ja, bis auf Ewiggestrige: Eine Schulbildung führt zum Beruf, zum Geld verdienen. Bestätigung erfahren sie außerdem von einem unbeirrten Fortschrittsglauben an das neue Kamerun, den sie sich einander bei jeder Gelegenheit versichern. »Obwohl«, stellte Vater neulich gegenüber seinen Freunden nüchtern fest, »mein Leben hat sich seither noch nicht verändert.«

Zuweilen war ich erfüllt von Lebensfreude, sagte mir: »Sophie, du gehst zur Schule, darfst dich als wahrhaftig glücklich schätzen.«

»Töchter heiraten, ziehen fort. Von ihnen hast du nichts als den Brautpreis.« So urteilten noch immer die Mehrzahl der Väter, die Stimme fest von Überzeugung, auch in einem freien Kamerun. John, mein Schwager, mein erster Lehrer, mein einstiger Fürsprecher gegenüber Vater, liebte hitzige Diskussionen im Kreise von Männern mit einer solchen »Weltanschauung«, wie er es nannte. Kam mir die Zeit gelegen, war ich Teilnehmerin, hielt mich unauffällig im Hintergrund, hörte gespannt zu.

John zückte einen Zeitungsabschnitt, den er stets bei sich trug, las ihn vor, übersetzte in unsere Sprache: »Was wir verwerfen müssen, sind rückständige Grundsätze, die uns einengen, überlebte Ansichten, die die volle Entfaltung der Frau beeinträchtigen.« Und weiter: »Kamerun zählt auf seine Jugend, um eine große und starke Nation zu werden. Unsere Töchter werden uns nicht enttäuschen. Ihr alle, ob ihr in Handel, Landwirtschaft oder öffentlichen Dienst eintretet oder ob ihr einfach Hausfrauen in eurem Heim sein werdet, ihr alle sollt durch ehrliche und gewissenhafte Arbeit euren Beitrag zum Aufbau des Landes leisten.«

»Nun«, Johns Stimme klang herausfordernd, angriffslustig, »wer äußert solche Worte? Wer erdreistet sich, uns ›rückständige Grundsätze‹ und ›überlebte Ansichten‹ gegenüber Frauen zu unterstellen? Sind sie nicht die Mütter unserer Kinder? Und wer nimmt sich außerdem noch das Recht, uns aufzufordern, diese zu verwerfen?«

»Der Präsident!«

»Ahidjo!«

Zurufe von allen Seiten, sie waren einer Meinung. Er vertrat die »moderne Zeit« und durfte sie hemmungslos fordern.

John lächelte, schüttelte verneinend den Kopf.

»Der Pfarrer!« Eine Stimme aus dem Hintergrund. Amüsierte Heiterkeit.

Ja, oder vielleicht doch … Wettert Hochwürden nicht gegen Polygamie und droht mit dem Fegefeuer?

»Was ich euch vorlas, war die Überzeugung einer Frau.«

Brummen, Flüstern, Zischen folgte dieser Eröffnung.

John verstärkte seine Stimme, behielt das Wort: »Ich übersetzte aus der Rede von Madame Ahidjo, Ehefrau unseres hoch geschätzten Präsidenten, aus Anlass der Einweihung einer Sekundarschule, einer Bildungsstätte nach dem Abschluss der Dorfschule – für Mädchen«, fügte er so nebenbei, fast als Randbemerkung, hinzu.

Schweigen.

John blickte überrascht in die Runde, schüttelte ungläubig den Kopf. »Na, gut! Ich muss gestehen, nach dieser Eröffnung war ich auf einen Protestschrei von euch vorbereitet, beispielsweise: Ungehörig – für Mädchen? Und kein anderes Vorhaben ist drängender? Ein Krankenhaus, eine Straße …? Überhaupt, entwickelt es sich dergestalt, unser zukünftiges Kamerun: Ein Land, in dem die Frauen die Macht übernehmen, das Sagen haben? Uns befehlen?« John hob beide Arme, als müsse er eine aufgebrachte

Menge beschwichtigen und sagte. »Nein, nein, das werden wir Männer nicht zulassen. Will zum Beispiel ein Präsident sein Amt an seine Ehefrau abgeben? Eine Frauenherrschaft wäre so misslich für den Fortschritt wie unsere jetzige, männliche Vorrangstellung. Doch ehrlich, wie steht es um unsere Frauen, seit alters her? Bekennen wir ohne Hehl, beim Palaver der Herren haben die Frauen zu schweigen? Was geben wir auf ihre Meinung? Beziehen wir sie ein bei Entscheidungen, die sie mitbetreffen? Die bereden wir mit unseren Männerfreunden. Begehren sie auf, erfahren sie von so manchem Ehemann: Habe ich einen hohen Brautpreis bezahlt, die überhöhten Forderungen deiner Familie erfüllt, um mir ein querköpfiges Weib ins Haus zu holen? Gelüstet uns nach jungem Blut, suchen wir eine ›Zweite‹, zur Überraschung der ›Ersten‹ … Sagt, Freunde, erzähle ich Unwahrheiten? Das Leben bringt es tagtäglich ans Licht: Die Ungerechtigkeiten sind vielfältig, die Frauen mitsamt ihren Kindern in Not und Verzweiflung bringen.«

Genug für heute. Die Männer wollten auseinander. Nun verspürten sie Lust, sich gegenseitig in kleinen Gruppen, zu zweit, zu dritt, die Köpfe heiß zu reden. »Eiferer«, hörte ich einen Graukopf sagen. Ahnte er, dass Johns Kampfgeist noch längst nicht erschöpft war?

Seit Stunden schon sollte ich in tiefem Schlaf versunken sein. Der kommende Tag forderte Tatkraft, Frische. Doch was tun gegen tanzende Gedanken, die sich nicht bändigen, nicht sammeln ließen, sondern einen Wunschtraum spannen? John hatte ihn mir in den Kopf gesetzt, damals ausgesprochen als Anreiz, Verlockung gegenüber Vater. Der Wortlaut klingt mir noch heute im Ohr, höchstwahrscheinlich auf Lebzeiten: »Wie fändest du es, Papa, wenn deine leibliche, mit Verstand gesegnete Tochter die erste Lehrerin deines Dorfes wäre?« Eine wohl gestellte Frage, um Vaters Zustimmung zu erreichen. Doch stand auch Johns Überzeugung an meine Fähigkeit, eine Aussicht auf Verwirklichung dahinter?

Ahnte er überhaupt, dass seine damals ausgesprochene Idee noch in mir lebte, ständig geschürt wurde von seinen offenkundigen Auslegungen über »die Entfaltung der Frau«? Mit seiner Erklärung musste ich mich gedulden. Vorerst wahrte ich diesen Wunschtraum in meinem Herzen, hütete ihn als mein Geheimnis, aus Sorge, irgendwer könnte ihn schnell zerstören. Wüsste ich dann, wie mit dieser gescheiterten Hoffnung weiterzuleben?

Noch nie sah ich Madame Ahidjo auf einem Foto, doch in meiner Vorstellung entwarf ich ein lebendiges Bild von ihr, in einer leidenschaftlich von mir erhofften Szene. Eröffnung einer Sekundarschule für Mädchen, und wie willkommen, in Reichweite dreier Dörfer, für mich zu Fuß zu erreichen: Madame Ahidjo steht zur Rede bereit, um sie herum scharen sich geladene und ungeladene Gäste. Ihr Blick schweift suchend über deren Köpfe, bleibt haften auf uns Mädchen, und an uns richtet sie auch ihr Wort … Ich stehe mitten unter ihnen, den künftigen Schülerinnen. Wir haben die Kleider aus dem leuchtenden blauen Stoff unserer Grundschulzeit bewusst abgelegt, tragen jetzt mit Stolz die Farbe hellblau … Nach einem leisen Seufzer »Oh, wäre das schön!« muss ich wohl vom Reich der Wachträume in die Welt der unbewussten Träume übergetreten sein.

»Sophie!« Meine Mitschülerin stupste mich am Arm. Ich schreckte auf. War ich tatsächlich eingenickt? Die letzte Nacht war kurz, übermütige Fantasien hatten mir den Schlaf geraubt. Dazu herrschte im Klassenzimmer schweißtreibende Schwüle. Die Regenzeit kündigte sich an. Seit Tagen schon türmten sich des Nachmittags schwarze, bedrohliche Wolkenberge am Himmel auf, Donner grollten, Regen fiel irgendwo …

Wir saßen auf Bänken, dicht an dicht gedrängt, unsere Körper heizten sich gegenseitig auf. Müde, durstig, gereizt wartete ich auf den Gong, das Zeichen für die Mittagspause. Ich eilte sofort zum Bach. Er plätscherte hinter dem Schulgebäude gemächlich dahin, löschte mit seinem klaren, kühlen Wasser tagtäglich Schülern und Lehrern den Durst.

Ich hatte meinen bevorzugten Platz, weiter oben, dort tummelten sich weniger Schüler. Der Zugang war bequemer, nicht so matschig. Das Wasser hüpfte übermütig über die Steine. Immer wieder füllte ich meine zusammengelegten Hände, einer aufgeschnittenen Kalebasse gleich, mit dem erfrischenden Nass, schüttete es mir über den erhitzten Kopf, in das verschwitzte Gesicht, bevor ich meinen unmäßigen Durst stillte.

Plötzlich sagte eine Stimme hinter mir: »Hallo, Sophie!«

Ich schrak zusammen, war zu beschäftigt gewesen, um auf nahende Geräusche zu achten.

Wer stand da: David und Mathias. Geniert, weil mein Kleid, meine Haare, mein Gesicht vor Wasser trieften, schaute ich zu Boden. Die beiden brachen in herzhaftes Lachen aus.

»Setzen wir uns!«, schlug David vor, »hier auf die flachen Steine, im Schatten.« Sein Blick fiel auf mein noch unberührtes Essenskörbchen, blieb daran haften. »Schon erfahren, dass ein knurrender Magen nicht gerne lernt?«, fragte er, verschmitzt lächelnd.

Ich verstand sein Verlangen, und was seine Weisheit betrifft, die unterbreitet mir Mutter fast täglich und packt reichlich ein, eigentlich über meinen Hunger hinaus. Heute fand ich drei Süßkartoffeln, eingewickelt in ein Stück Bananenblatt, und in einer ausgedienten »Bonvita«-Dose leckeres Blattgemüse. Wir teilten.

Die Jungs aßen mit solchem Heißhunger, dass ich erstaunt fragte: »Richten euch eure Mütter kein Essen für den langen Schultag?«

David hob bedauernd die Achseln: »Doch! Vergessen.«

Unwillkürlich schaute ich zu Mathias, eine Erläuterung erwartend.

Ein Anflug von Verlegenheit huschte über sein Gesicht. Es bereitete ihm erkennbare Mühe, sich zu erklären: »Weißt du, ich wohne bei meiner Schwester, sie ist reich an Kindern, alle ausgestattet mit gesegnetem Appetit.«

David erkannte die Nöte seines Freundes, kam ihm zu Hilfe: »Ist doch einfach, Sophie, wenn am Morgen alles aufgefuttert wird, bleibt nichts mehr zum Mitnehmen.«

Warum kocht die Frau nicht größere Portionen, war mein unmittelbarer Gedanke. Bedenke, Sophie, vielleicht herrscht Entbehrung, Knappheit im Hause.

Der Gong ertönte, Beginn des Nachmittagsunterrichts. Mir blieb keine Zeit, weiter über Mathias' Notlage nachzusinnen.

Noch vor der Morgendämmerung herrschte Treiben in allen Häusern des Gehöfts. Einstimmig von allen drei Müttern wurde der heutige Samstag als ein gestrenger Arbeitstag angeordnet. In Gemeinschaft sollten von Frauen und Kindern für jeden Haushalt ein Feld mit Yams angelegt werden. »Seid ihr Raubkatzen, die ihre Mägen nur mit Fleisch füllen?«, fragte Mutter Anna ihre zwei Söhne, als diese es wagten zu sagen, dass sie eigentlich lieber auf Rattenjagd gehen wollten. Auch für sie gab es kein Davonmachen. Die Zeit drängte, denn täglich waren die ersten Regengüsse zu erwarten. Bereits von diesem Nass sollten die jungen Triebe zum Leben erweckt werden.

Die Arbeit wurde zugeteilt, je nach Muskelkraft und Fähigkeit, und sofort in Angriff genommen, die Morgenkühle ausnutzend. Runde Erdhügel mussten aufgehäuft werden. Welche Anstrengung. »Höher! Sie müssen mir bis zur Hüfte reichen«, forderte Mutter mit Berechtigung, denn in ihnen sollen sich schwarze Wurzelknollen entwickeln, lang wie ein Kinder-, dick wie ein Frauenarm.

Unterdessen stand die Sonne senkrecht. Die erschöpften Körper sehnten sich nach Entspannung, Flüssigkeit und Nahrung. Jeder suchte sich sein Fleckchen Schatten, streckte sich aus.

Ich fand meinen Platz neben Mutter. Ein geschenkter Augenblick, den ich dankbar aufnahm, um ihr ungestört mein Erlebnis mit Mathias zu berichten. »Sag«, fragte ich sie danach, »hier um uns herum gibt es noch ausreichend freies Land, man muss es nur bearbeiten, ich meine, vom Busch befreien und bestellen. Warum also müssen manche Menschen Hunger leiden? Sind die fauler als wir? Sind das die Müßiggänger, vor denen der Redner am ›Tag der Jugend‹ warnte?«

»Oh, Ayei Tong, kann ich urteilen, ohne die Familie zu kennen? Schau, die Arbeit, die wir heute leisten, drei Yamsfelder anlegen, erfordert zahlreiche zupackende Hände. Du weißt ja, Feldarbeit ist Frauensache, Kinder helfen. Männer roden den Busch, aber würde einer von ihnen danach die Hacke ergreifen, ›das Feld seiner Frau‹ für die Einsaat vorbereiten, gar Unkraut jäten, könnte er sich Anspielungen, stichelnde Bemerkungen seitens seiner Freunde nicht erwehren: ›Was macht dich zur Weibsperson?‹ Selbst das eigene Geschlecht würde mit der Frau, die des Mannes Hilfe bei der Feldarbeit annimmt, nicht schonender verfahren: ›Hast du einen Knecht angestellt?‹ Du sagst, Mathias' Schwester ist mit Kindern gesegnet. Sie alle fordern Fürsorge und, noch klein, leisten sie sicher keine allzu großen Dienste. Ob die Frau zu den Müßiggängern gehört? Vermutlich mangelt es ihr eher an Zeit, an Kraft für ausreichende Feldarbeit. Wo sind die helfenden Mitehefrauen, Schwestern, Freundinnen?«

Mutter schaute mich fragend an. Ich zuckte mit den Achseln.

»Mein Kind, gewiss ist, in diesem Hause herrscht Entbehrung. Die Gründe hierfür sind uns unbekannt. Wir sind Christen, ein Spruch der Bibel lautet: ›Wer seine Ohren verstopft vor dem Schreien des Armen, der wird einst auch rufen, und nicht erhört werden. Verstehst du?«

Wir schwiegen eine beträchtliche Weile. Wie im Selbstgespräch fuhr sie fort: »Unser Leben liegt in Gottes Hand. Der Herr könnte uns Missliches aufbürden. Ein Leid zufügen, das auch uns eines Tages schreien lässt, in der Hoffnung, erhört zu werden.«

Der Sinn ihrer Botschaft ging mir zu Herzen. Doch ratlos fragte ich mich: Und was kann ich nun für den armen Mathias tun?

In mein Nachdenken hinein fragte Mutter: »Ayei Tong, hast du je Hunger gelitten?«

»Ja, schon … Manchmal, auf dem Heimweg kann ich es kaum erwarten, nach Hause zu kommen, in die Küche zu eilen, um wenigstens ein paar Bissen zu essen.«

Mutter schüttelte den Kopf. »Nein, das ist ein zeitweiliges Magenknurren, vorübergehend, das meine ich nicht. Sondern bist du je hungrig zu Bett gegangen, weil keine Yams, Süßkartoffeln oder Bananen im Hause waren?«

»Oh, nein, Mama, niemals! Nicht dass ich mich erinnere.« Dass mich je ein solcher Abend erwarten könnte, hatte noch nie meine Gedanken beschäftigt. »Unsere Familie hat also hinreichend zu essen, jeder wird täglich satt. Können wir eine Portion für Mathias erübrigen?«

»Ja, ja, Mama! Ich könnte mich einschränken«, rief ich eilfertig aus, »aber wird er es annehmen, von mir als Mädchen?«

»Da bin ich sicher, Hunger überwindet Schranken.«

Mutters Vorschlag stimmte mich beschwingt, machte mich frohen Mutes. Kenne ich mich nicht? Ein schlechtes Gewissen hätte mich umgetrieben, mir den Appetit geraubt bei dem Gedanken, da steht ein Hungriger auf dem Pausenhof herum, während ich genüsslich meinen Magen fülle.

»Genug gefaulenzt!« Mutter erhob sich, scheuchte mit klatschenden Händen die im Schatten Dösenden auf, trieb sie zur Weiterarbeit. Ich war voll Schaffenslust, gesellte mich zu den Jungen, die nun mit ihren Macheten in die Niederung geschickt wurden, um in dem Feuchtgebiet die langen Wedel der Raphia-Palme zu schlagen. Befreit von ihren Blättern werden sie zu meterlangen Stangen.

»Antreten!«, kommandierte einer der Großen. Je nach Körpergröße und Statur bekamen wir eine gebündelte Anzahl davon auf den Kopf gehoben. Einer hinter dem anderen stiegen wir in Kehren den steilen Weg hinauf zum Feld. Ein Balanceakt, der Geschicklichkeit und Übung voraussetzte.

Dort verrichteten unterdessen die Mütter ihren Teil der Arbeit. Auf dem höchsten Punkt eines jeden Erdhügels gruben sie, nicht sehr tief, ein zurechtgeschnittenes Stück Yamswurzel aus der Ernte des Vorjahres ein. Natürlich musste es ein Auge aufweisen. Da heraus würden Triebe wachsen, die ab einer bestimmten Höhe suchend umhertasten, bis sie sich der neben ihr eingerammten Stange gewahr werden, sie umklammern, daran hochranken.

Getan! Geschafft! Die Tagesarbeit war vollbracht! Uff... Erleichtertes Aufatmen. Schweißperlen standen auf jeder Stirn.

»Schnell, schnell, sammelt Macheten und Hacken ein. Macht euch der Stolz blind und taub? Schaut die Wolken an, hört das Grollen!« Wahrlich, ein berechtigter Aufruf zur Eile.

Auf dem Heimweg schwatzten wir übermütig durcheinander, vielleicht um die Schwere der Glieder zu vertreiben.

»Warum feiert unser Dorf eigentlich kein Yamsfest?« Mutter Helene erntete Gelächter für diese Frage.

»Ach, ihr Unwissenden!«, schmollte sie. »Das Yamsfest feiert man in manchen Dörfern, weit weg, der aufgehenden Sonne zu. Mein Vater war dort unterwegs. Man begeht es im Oktober, im ›Monat der Yamsernte‹. Der Chef und seine Berater bestimmen den genauen Erntezeitpunkt. Ihnen werden feierlich die ersten Knollen zubereitet. Erst danach ist den Frauen erlaubt, auf ihre Felder zu gehen, um zu ernten.«

»Wahrlich, ein Fest des Feierns wert«, fügte Mutter ernst hinzu, »bietet uns doch die Ernte, trocken gelagert, ein ganzes Jahr lang reichlich Nahrung.«

Eine Sturmböe trieb uns in das Gehöft. Sie eilte der schwarzen, bedrohlichen Gewitterwand voraus. Staub wirbelte auf, tanzte in der Luft, drang uns in die Augen. Schon fielen Tropfen, prasselten auf uns hernieder, schwer, kühl. Ich breitete die Arme aus, empfing die Erquickung mit offenen Händen wie ein Geschenk, drehte mich um mich selbst. Alle taten es mir nach, zuerst die Kleinen.

Der Regen währte nicht lange, plötzlich herrschte wieder Stille. Der Wind hatte die Wolken weiter getrieben.

»Einen Moment!« Mutter bat uns zu verweilen. Sie faltete die Hände, richtete ein Gebet an den Schöpfer aller Dinge. Ihm bekundete sie unseren tiefen Dank für diesen Regenguss, mit dem er unsere heute geleistete Arbeit auf so wunderbare Weise mit seinem Segen bedachte. Nach monatelanger Trockenheit konnten nunmehr Samen wieder keimen, Setzlinge Wurzeln schlagen, Büsche und Bäume Blüten ansetzen, Menschen und

Tiere klare Luft atmen… Ihre Erkenntlichkeit kam aus vollem Herzen, ich hörte es an ihrer Stimme.

Mit klopfendem Herzen schaute ich dem heutigen Schultag entgegen. Eine brennende Frage quälte meinen Kopf: Welche Worte wähle ich, um Mathias die mitgebrachte Portion anzubieten? Sage ich kurz: »Hier ist Essen für dich!« Nein, dieses Vorgehen wäre unangemessen, zu unvermittelt, zu schroff. Aber wie dann? Gereizt zogen meine Finger an den kleinen Zöpfchen meiner Haartracht. Dann hatte ich sie, die Idee. Ja, warum nicht? Ich werde David einbeziehen. Den Schulweg lege ich gewöhnlich mit Freundinnen zurück, auf deren Klatschgeschichten wollte ich auch heute nicht verzichten. Sofort nach dem Ankleiden eilte ich zu David hinüber. »Kommt beide zu den Steinen am Bach«, bat ich ihn.

Der Gong ertönte. Mittagspause. Ich trödelte bewusst, ordnete Schulhefte, die eigentlich geordnet waren, schlenderte langsamen Schrittes zu »unserem« Platz. Beide waren da, erfrischten sich gerade am kühlen Wasser des Bachs. Ganz selbstverständlich setzten wir uns, jeder auf seinen angestammten Stein. David und ich breiteten das Mittagessen aus, und wir aßen zusammen wie drei Geschwister, aneinander gewöhnt von klein auf. Jeder gab zum Besten, was ihm in den Sinn kam: Blößen und Großtaten von Mitschülern, Ungeschick und gestrenge Strafmaßnahmen der eigenen Lehrer.

Dann, mitten im Kauen, den Mund voll gestopft mit Kochbananen, fragte mich David: »Im Übrigen, weißt du, dass Mathias bei den Mbororo lebte?«

»Ehhh? Bei den Mbororo? Lebte, das klingt nach einem längeren Aufenthalt bei ihnen, Wochen, Monaten…« Die Mitteilung war für mich so befremdend, setzte mich für einen Moment so in Erstaunen, dass ich nur stammelnd reagieren konnte.

»Für Jahre sogar! Als Hütejunge für ihre Rinderherden«, ergänzte Mathias, der sich über mein Bestürzung köstlich amüsierte.

Ich fasste mich. Meine Verwirrung war der Neugier gewichen. Unzählige Fragen drängten sich mir auf, doch sie zu stellen, dafür blieb heute keine Zeit. Die Pause war zu Ende.

»Bis morgen, Mathias!« Verstand er, dass wir abermals gemeinsam essen werden? Meine Zweifel wurden zerstreut durch ein leises »Danke, Sophie« und einem gefälligen Blick.

Die Mbororo! Was weiß ich schon von ihnen, außer dass sie auf den grünen Grashügeln fernab unserer Dörfer zu Hause sind, Rinder züchten. Und warum kam es mir so unvorstellbar vor, als ich hörte, dass Mathias mit ihnen lebte? Vielleicht erkenne ich den Grund: Sie sind von anderer Art, uns fremd. Bereits ihr äußeres Erscheinungsbild. Die Männer haben feine Gesichtszüge, sind hoch gewachsen, schlank. Ihre Haare sind großlockiger, nicht so kraus wie unsere. Sie tragen Gewänder, wie überlange Hemden, in leuchtenden, hellen Farben und reiten auf Pferden zu den Märkten, um einzukaufen. Eine Frau habe ich noch nie zu Gesicht bekommen. Wie könnte ich auch? Erwarte ich von ihnen, dass sie ein Pferd besteigen?

Es wurde zur Regel: In der Mittagspause trafen wir uns am Bach zur gemeinsamen Mahlzeit. Mutter zeigte sich freigiebig. Mathias würdigte ihre Fürsorge, bat mich fast täglich, seinen Dank an sie weiterzuleiten.

Trog mich mein Gefühl? Nein, sicher nicht. Mathias tat sich schwer, sich mir gegenüber nicht in der kleinsten Weise erkenntlich zeigen zu können, mittellos wie er war. Dann entdeckte er meine Wissbegier, mein ausgeprägtes Interesse an seinen Erlebnissen bei den Mbororo. Bereitwillig und mit klaren Worten gewährte er mir von nun an Einblick in sein Leben mit diesen Menschen in der »Fremde«, die mit einem Fußmarsch erreichbar war.

Ursprünglich waren die Mbororo ein wanderndes Hirtenvolk. Ihre Vorfahren lebten in einem fernen Land. Dem kehrten sie mitsamt ihren Herden den Rücken, weil große Dürre herrschte, es folglich an Wasser und Futter für ihre Tiere mangelte. Sie folgten einem Gerücht, dass sich irgendwo in südöstlicher Richtung weite, fast immergrüne Berge erheben. So kamen sie nach Kamerun und ließen sich allerorts nieder, wo sie ideales Weideland fanden. So auch bei uns im »Grasland«.

Ihre Gehöfte liegen verstreut in der Landschaft, so bedacht, dass jede Sippschaft hinreichend Weideland nutzen kann. Sie leben in Rundhütten, die sie kunstvoll aus Gras, solide und wasserdicht, erstellen. Ihren wertvollen Besitz, Pferde und Rinder, halten sie des Nachts wohl behütet in einem eingezäunten Gelände, in unmittelbarer Nähe ihrer Wohnstätten.

Wo immer die Mbororo als Wanderhirten umherzogen, ihr Gott Allah und sein Prophet Mohammed haben sie stets begleitet. Strenggläubig befolgen sie die vorgegebenen Regeln ihres heiligen Buches, den Koran.

Fünfmal am Tag verneigen sie sich, jeder auf seinem eigenen Teppich kniend, in Richtung ihrer Gottheit, aber nie bevor sie sich das Gesicht, Hände und Füße gewaschen haben. Und sie leisten Abbitte für begangene Sünden, einen ganzen Monat lang, dem neunten, Ramadan, in ihrem Kalender. Sie fasten von Sonnenaufgang bis Sonnenuntergang, was auch heißt, mit keinem Tropfen Wasser die Kehle befeuchten, egal wie heiß die Sonne brennt. Am Freitag, ihrem heiligen Tag, vertiefen sie sich ins Gebet auf dem Platz vor ihrem kleinen Gotteshaus, aber nur die Männer und Söhne. Die Frauen beten zu Hause.

Mathias' Schilderungen hielten mich gefangen. Voll Erstaunen nahm ich all das Fremde, diesen unvertrauten Lebensstil in mich auf.

»Gut, die Männer züchten Rinder, besuchen allein ihr Gotteshaus. Ihre Frauen jedoch, sie sind sicher damit beschäftigt, ihre Felder zu bestellen, in der gleichartigen Weise wie wir es tun?«

Mathias schüttelte den Kopf. »Nein, Sophie! Du vergisst, dass die Mbororo ursprünglich Wanderhirten waren. Sie zogen herum. War eine Weide abgegrast, eine Wasserstelle versiegt, gingen sie mit Hausrat und Kindern weiter, noch bevor der gesäte Mais oder die Yamsknollen hätten geerntet werden können. Nein, diese Frauen haben nie gelernt, eine Hacke zu handhaben.«

»Ja, aber essen sie tagein tagaus nur das Fleisch ihrer Rinder?«

Mathias lachte, freute sich an meiner kindlichen Denkweise, die ich augenblicklich selbst erkannte. »Glaubst du, die Mbororo sind arm, im Gegenteil ... Sie verkaufen ihr Vieh für teures Geld und kaufen ein, was sie zum Leben brauchen, und stellen außerdem Hütejungen an«, fügte er noch hinzu, ein schelmisches Lächeln im Gesicht.

»Ach, ja, Mathias!« Endlich bot sich die Möglichkeit, ihm die brennendste aller Fragen zu stellen: »Wie kamst du zu ihnen?«

»Sophie, du bist bereits forsch wie eine Marktfrau«, bemerkte er, sein Tadel war gespielt. »Nun, gut: Zu jener Zeit lebte ich bei meinem Onkel, half seinen Frauen bei der Feldarbeit. Am Markttag begleitete ich sie, trug stets einen ebenso schweren Korb auf dem Kopf wie sie. Die Mbororo waren ihre verlässlichsten Kunden, deckten sich mit Yams, Cassava, Taro und Blattgemüse bei ihnen ein, anderenorts mit Salz, Palmöl, Gewürze, Tee, packten die Einkäufe auf ihre Pferde und ritten die Hügel hinauf davon ... Während die Tanten ihrem Geschäft des Verkaufs nachgingen, vergaß ich mich beim Fußballspiel. Mit anderen Jungs jagte ich über das Spielfeld, schrie lauthals Anweisungen für die Unfähigen und beleidigte diejenigen, die nicht in meinem Sinne reagierten. Unser Ball war eirund, ein Knäuel aus Fasern des Stammes einer Bananenstaude und erwies sich als wenig strapazierfähig. ›Sie suchen dich‹, rief mir das Mädchen eines benachbarten Marktstandes zu. Unwillig verzichtete ich auf die sich mir bietende Torchance, überließ den Ball einem anderen. Die Tanten unterhielten sich gerade mit zwei Mbororo. Als ich näher kam, richteten sich alle Augenmerke auf mich. Ich schaute zu Boden. Die Männer begrüßten mich mit Handschlag, eine Anerkennung, die mich vollends verwirrte. ›Bist du stark und kannst kräftig zupacken?‹, wollte der eine wissen. ›Ja‹, bestätigten die Tanten einstimmig. ›Hast du Angst vor Rindern?‹, fragte mich der andere. ›Nein‹, sagte ich mit fester Stimme. Die Erwachsenen verhandelten unter sich. ›Du kannst gehen.‹ Ich wandte mich wieder dem Spielfeld zu. Kopfschüttelnd murmelte ich vor mich hin: Bot sich mir je Gelegenheit, deren Tieren nahe zu kommen? Als mein Fuß den Ball berührte, war das Ereignis schon vergessen.

Auf dem Heimweg erst besann ich mich wieder der beiden Männer. Ich fragte nach bei den Tanten. Sie wechselten verstohlene Blicke, dann fasste sich die eine ein Herz und klärte mich auf, warum für mich das Leben eines Hütejungen nichts als Vorzüge biete. ›Die zahlen Geld und bieten gutes Essen. Denk nur, Fleisch essen, bis es dir zum Hals herauskommt‹, wusste die Andere schwärmerisch zu ergänzen.

So zog ich Tage später mit den Mbororo auf die Grashügel. Welch Überraschung: Dort traf ich auf noch andere Jungs aus den verschiedenen Dörfern der Umgebung. Fortan lebten wir tagtäglich mit den Rindern. Wir führten sie zur Wasserstelle. Die Mittagssonne machte Mensch und Vieh schläfrig. Dösend lagen wir im Gras, ruhten uns aus, um gegen Abend wieder heimwärts zu ziehen. Anstrengender war das Leben in der Trockenzeit. Wir mussten die Herde weit umhertreiben, da das Futter rar wurde und manches Wasserloch austrocknete.«

»Hat dir das Leben gefallen, ich meine, so tagtäglich mit den Rindern herumziehen?«

»Ja, schon. Anfangs hatte ich Scheu vor ihnen, fand sie unberechenbar. Allmählich wurde ich mit den Tieren vertraut und, du glaubst es nicht, jedes von ihnen hat seine eigene Wesensart. Die Mbororo behandeln sie liebevoll«, er lachte, »geben ihnen Namen, besonders denen mit weißen Flecken am Kopf. ›Die tragen Masken‹, sagen sie. Und wie sie über die Gesundheit ihrer Herden wachen! Wir Hütejungen erhielten strenge Anweisungen. Wehe dem, der sie missachtete! Jeden Morgen, ohne Ausnahme, mussten wir das Fell der Rinder nach Zecken absuchen. Zeckenbisse verursachen Fieber. Bemerkten wir ein Tier mit hängenden Ohren, müdem Gang und dem eigenartigen Schnüffeln, mit dem sie Luft durch die Nase sogen, schickte uns der Herr sofort in die Niederungen, um bewährte Heilkräuter zu suchen. Angst vor gegenseitiger Ansteckung der Tiere treibt sie zu schnellem Handeln. Nach ihren Erzählungen verarmte schon mancher stolze Besitzer innerhalb weniger Tage, wenn eine Seuche ausbrach.«

Mathias' Bericht fesselte mich. Welcher Mensch in meiner Umgebung hatte Ortsfremdes erlebt und es mir berichtet? Wie genoss ich die Momente, dazusitzen, ihm zuzuhören.

»Und nun vermisst du das tägliche Fleisch?«, fragte ich. Ein neues Stichwort.

»Ach, die Tanten lockten mich mit dieser Verheißung.«

»Erzähl!«

»Falsche Versprechen. Geschlachtet wurde nur an Festtagen, am Ende des Ramadan oder bei der Namensgebung eines Neugeborenen. Dann strömten die Menschen herbei, von all den Gehöften nah und fern. Wir aßen gut und viel, tranken dazu Wasser und Milch.«

»Wasser und Milch? Ein Fest ohne Palmwein?«, fiel ich ihm ungläubig ins Wort.

»Das verbietet ihnen ihre Religion.«

»Ah«, sagte ich nur, denn etwas anderes erstaunte mich zutiefst: »Männer trinken Milch, wie Babys an der Mutterbrust?« Ich schaute Mathias entgeistert an.

Der verlor die Beherrschung, krümmte sich vor Lachen. Er konnte sich gar nicht wieder fassen.

»Die Menschen berauben das Jungtier um einen Teil seiner Nahrung, sie melken die Mutterkuh. Trotzdem mangelt es dem Kälbchen an nichts«, versicherte er mir, »es soll ja wachsen, ein stattliches Tier werden.«

Es erzählte weiter: »Frauen, immer zusammengeschlossen in Gruppen, nie allein, besuchen die nahe liegenden Dörfer, verkaufen dort Milch. Überhaupt! Ja, hör, wie völlig anders die Mbororo-Frauen leben. Feuerholz sammeln, Wasser holen, einen Sprung zur nächsten Nachbarin, das kürzeste Verlassen des eigenen Hauses erfordert die Genehmigung ihres Mannes. Doch eine Frage an ihn stellen, verlangt eine demütige Haltung. Respektvoll knien sie sich an seiner Seite nieder, ziehen den Schleier tiefer ins

Gesicht, senken ihren Blick, legen die Hände bittend ineinander, dann erst bringen sie vor, was sie zu sagen haben. Der Mann entscheidet, sie folgen ohne Widerrede. Unvorstellbar für einen Mbororo, dass sich seine Frau mit ihrem Hocker unter dem Arm, ihrer Ernte auf dem Kopf, des Morgens zum Markt aufmacht, sich dort nieder lässt, auf Kunden wartet und sich den ganzen Tag den Blicken der neugierigen Männer und deren Anzüglichkeiten aussetzt.«

Eigenartig: Als wäre Mathias' Schilderung eine Selbstverständlichkeit, entrüstete ich mich nicht, ja, verlor kein Wort über die unterwürfigen Forderungen der Männer an ihre Frauen. Vielleicht doch noch ganz Kind interessierte mich vielmehr, wie die Frauen ihre Zeit verbringen, ohne Feldarbeit, ohne Markttage – und die Herden schienen auch nicht ihre Sache zu sein.

Mathias zuckte mit den Achseln. »Sie bedienen ihre Männer! Auch wir Hütejungen wurden beköstigt, gut behandelt wie eigene Söhne.«

Ich ließ es dabei, dachte, vielleicht fehlt ihm der Einblick in das tägliche Leben der Frauen.

Wie oft noch sollte ich mich Jahre später an Mathias' Darstellungen des Lebens bei den Mbororo erinnern.

»Eines Tages hast du die Mbororo und ihre Tiere verlassen.«

»Ja, ich wollte zur Schule. Weißt du, kam ich ins Dorf, begegnete Freunden von früher, fühlte ich mehr und mehr: Ich werde zum Außenseiter. Sie sprachen über Dinge, die mir fremd waren, taten sich wichtig mit ihrem Englisch und dem Einmaleins. Von meinen Erfahrungen mit Rindern wollte niemand etwas wissen. Als ich mein Anliegen dem Onkel vortrug, lachte er mich aus. Die Tanten witzelten: ›Bist bald ein gestandener Mann und willst dich mit Knirpsen auf die gleiche Schulbank setzen!‹ Meine Schwester nahm mich auf, sie wohnt in der Nähe der Schule. ›Was kann ich dir schon bieten?‹, klagte sie händeringend bei meiner Ankunft. ›Ich erwarte nicht viel‹, beruhigte ich sie. Mein Entschluss stand fest. Not und Spott dürfen ihn nicht zum Scheitern bringen, das schwor ich mir.«

Oh, Mathias … Plötzlich drängte es mich, ihn zu bestärken, ihm Mut zuzusprechen. Zu deutlich erinnerte mich seine Geschichte an mein eigenes zähes Ringen, damals mit Vater. Ich suchte nach Worten, fand sie nicht. Dann zweifelte ich: Braucht er meine Aufmunterung, meinen Zuspruch? Den eines Mädchens? Wirkt er doch so standhaft, so unerschütterlich.

Die mir eines Nachts in meinem Traum so wunderbar erschienene höhere Mädchenschule, nahe dem Dorf gelegen, zu Fuß erreichbar, wurde nicht gebaut, nicht zu jener Zeit. Die Lehrer informierten uns, die Abgangsklässler der Grundschule: Die nächste weiterführende Schule für Mädchen war in der großen Stadt, in Bamenda, weit entfernt, fast eine Tagesreise. Glücklich diejenige, die bei Verwandten Aufnahme fand. Üblicherweise lebten die Schülerinnen in der Schule, schliefen in großen Sälen, aßen in der Kantine. Mitzubringen waren eine Matratze, ein Kopfkissen, eine Zudecke, ein abschließbarer Koffer für die privaten Dinge, Geld für Schulgebühren, Bücher, Hefte. Der Evangelist im Dorf bot seiner Tochter diese Möglichkeit. Als Einziger.

Mein Glückstraum war zerronnen, die Wirklichkeit hatte ihn zerstört. Mein Herzenswunsch blieb unerfüllt. Eine schmerzliche Erkenntnis, doch ich musste sie annehmen, war sie auch bitter, unbekömmlich, wie ein Zuviel von Mutters Kräutersaft gegen Fieber. Ich ertrug stumm meine Niedergeschlagenheit, machte keine Worte, führte keine Gespräche. Worüber auch? Hätte ich Ansprüche erheben sollen, Forderungen stellen? An wen? An Vater? Diese Kampfansage hätte ich bereut und gleichzeitig meinen Ruf als gehorsame Tochter verwirkt. Eine Ungehörigkeit, die niemand verzeiht. An Vaters »Nein« war nicht zu zweifeln.

Eine Frage des Geldes? Nur bedingt, nach meinem Ermessen. Vater war Besitzer einer Kaffeefarm, hatte als tatkräftiger Mann noch vielerlei Einkünfte.

Und Mutter? Eine kluge, weit blickende Frau. Mein Hunger nach Bildung, meine Strebsamkeit überforderte selbst sie jedoch. Eine Tochter als Lehrerin übertraf ihre Vorstellungen, entsprach nicht dem Bild, das ihr von meiner Zukunft vor Augen schwebte. »Das Zwergeichhörnchen ist gerade so groß wie seine Brutstatt. Erkennst du die Schläue des Tieres, es schützt mit seinem Körper den Nachwuchs. Ayei Tong, warum willst du ein größeres Nest bauen als die anderen Mädchen?«, fragte sie mich bekümmert. »Bedenke die Gefahr, die du heraufbeschwörst, in der Familie, ja selbst im Dorf: Missgunst, Neid, Feindseligkeit!«

Lange Zeit zählte ich auf John, meinem einstigen Fürsprecher, der eigentliche Urheber meines Traumes. Ihm schenkte ich meine uneingeschränkte Anerkennung, dem Förderer der Mädchenbildung, und wie nannte ihn seine damalige Zuhörerschaft: den »Eiferer« für die »Entfaltung der Frau«. Unterdessen war er zurückhaltender, friedfertiger geworden. Hatte er Protest, gar Zurechtweisung erfahren? Dennoch hoffte ich, er würde sich für mich einsetzen, sich für mich stark machen, dachte, mein weiterer Schulbesuch läge ihm am Herzen.

»Das Wasser fließt nicht ab und lässt den Fisch zurück«, sagen die Erwachsenen und meinen, echte Freunde lassen einander nicht im Stich. Doch John legte mir kurzweg dar: »Dein Vater ist ein liebenswürdiger, freigiebiger Mann. Wäre es nicht undankbar, sich ihm zu widersetzen?«

Ich verstand. John bekam mehr als eine Kalebasse Palmwein von ihm ab. Doch musste er auch Vaters Spöttelei ertragen. Hörte ich nicht schon zu ihm sagen: »Du hast nur deinen Kopf geschult, mit dem Wissen der Weißen voll gestopft, aber deine Armmuskeln verkümmern lassen. Schade! Deine Frau hätte mehr Palmöl für die Soße.«

Ich durchwachte endlos lange Nächte, weinte, dachte an Elisabeth, die Tochter des Evangelisten, fragte mich zum unzähligsten Mal: Warum war es ihr gegönnt und mir versagt? Haderte mit Gott dem Gerechten: War ich nicht die bessere Schülerin?

Dann eines Tages: Wieder stand ich auf, müde die Glieder, schwer der Kopf, trübe die Augen. »Oh, Sophie«, stöhnte ich. »Du bist krank, der Körper schmerzt, das Herz tut weh. Muss dieses Befinden ewig fortdauern, wird es kein Ende nehmen?«

Plötzlich begriff ich, erschrak zutiefst: »Es ist der Neid, der mich zermürbt, der mich auffrisst!«

»Eine böse Krankheit kann tödlich sein«, so Mutters Worte, die sie oft gebraucht. War ich auf dem Weg, diesem Leiden zu verfallen? War ein Zurück bereits zu spät?

Oh, ein weiteres Entsetzen erfasste mich. Hatte nicht der Allmächtige Gott selbst zu Moses gesagt: »Lass dich nicht gelüsten deines nächsten Hauses… noch alles, was dein Nächster hat.« Ohne Zweifel, das gerade tat ich. Folglich war mir eine göttliche Strafe gewiss. Ich hielt zitternd die Hände vors Gesicht, als erwartete ich sie sogleich wie ein Blitzschlag.

Doch halt, vielleicht…? War das ein rettender Gedanke? Missgönne ich wirklich Elisabeth ihren Erfolg? Im Grunde – nein. Ich wollte ja nicht an ihrer Stelle gehen, sondern…, ja, mit ihr. An meine Anklage, ich wäre die bessere Schülerin, wollte ich mich in dem Moment nicht erinnern.

Mich drängte, Versöhnliches zu tun. Ich sann nach, zerbrach mir reiflich den Kopf, fand endlich eine Möglichkeit.

Der Weg war weit vom Dorf zur Straße, dort, wo der Bus nach Bamenda vorbeikam. Ich gesellte mich zu der Gruppe der Freundinnen, die Elisabeth die Ehre der Begleitung gaben, hob mir ihre schwerste Tasche auf den Kopf. Die Wartezeit dauerte Stunden, doch wir gestalteten sie kurzweilig. Dann plötzlich nahte ein ratterndes Ungetüm, hielt, nahm Elisabeth mit ihrer Habe auf, ließ uns in einer Staubwolke zurück. Ich rieb mir die Augen.

»Ashia – sorry«, sagten die Freundinnen teilnahmsvoll. Es blieb mein Geheimnis, dass nicht der Staub meine Augen rötete, sondern echte Tränen.

Verstört blinzelte ich in den taghellen Morgen. Verschlafen! Verflixt, ich komme zu spät! Mit einem Satz war ich auf den Beinen.

»Oh, nein!« Ich sank zurück aufs Bett. »Sophie, bringe es endlich in deinen Kopf. Deine Schulzeit ist zu Ende, abgeschlossen. Nun ist belanglos, ob du früher oder später aufstehst.«

Was hält schon der heutige Tag für mich bereit? Ich werde mich nützlich machen, Mutter zur Hand gehen. Fehlt es an Arbeit? Sie zeigt sich hocherfreut über meine Gesellschaft, meine Mithilfe. Die Jüngsten des Gehöfts, die Kinder der Mütter Anna und Helene, klammern sich an mich, finden ihre Freude an mir. Ich singe ihnen vor, lehre sie beten, spiele und lache mit ihnen, tröste sie. Plagt mich Müßiggang? Nein, mein Tag ist ausgefüllt. Sollte ich, wenn nicht glückselig, so doch von meinem derzeitigen Leben angetan sein?

Derweil quälten mich Sorgen: mein erworbenes Wissen. Wird es in Vergessenheit versinken? In welcher Zeit verlernt man fehlerfrei zu schreiben, fließend zu lesen, ja, im Kopf zu rechnen? Liegt es nicht an mir?

Ich holte die Bibel hervor, das einzige Buch des Hauses. Las, studierte die Textstellen, die der sonntäglichen Predigt zugrunde lagen, schrieb sie gewissenhaft auf leergebliebene Seiten eines ausgedienten Schulhefts. Endlich eine Beschäftigung, die mich aufrüttelte, belebte, mich in den Eifer versetzte, mit dem ich einst meine Schularbeiten erledigte. Ein Tun, das sich wenig später als förderlich erwies.

»Jeden Tag meines Lebens will ich sagen zu dem Herrn: Lehre mich, ich bitte dich, dir mein Herz zu geben«, sang die Gemeinde, ein Lied von vier Strophen. Nanu? Man schaute einander verwundert an, fragte sich: Warum stimmte der Evangelist das Lied nach dem letzten Vers noch einmal an? Irrte er sich? Schon wollten einige amüsiert den Nachbarn anstoßen, doch sie stockten mitten in der Bewegung.

»Lehre mich, ich bitte dich«, nun fuhr der Arm des Predigers mit ausgestrecktem Zeigefinger in die Höhe, seine Stimme schwoll an, »Ihm mein Herz zu geben ...«

Er schöpfte Atem. »Habt ihr die Veränderung des Textes bemerkt?«

Mit einem vielstimmigem »Ja« bekundeten die Zuhörer ihre Aufmerksamkeit.

»Was soll sie besagen?« Herausfordernd richtete er seinen Blick auf die Gläubigen.

Diese verharrten in Schweigen, wussten sie doch, die Antwort, die möchte sich ihr werter Evangelist nicht versagen.

Sie erfolgte umgehend: »Das ist ein Wunsch, eine Bitte, vielleicht sogar eine Forderung, ausgesprochen von unseren Söhnen und Töchtern, gerichtet an uns Eltern. Lehret uns, wie wir Gottes angenommene Kinder werden. Können wir uns ihrem Bittgesuch verschließen? Gott würde uns mit Verachtung strafen. Wollen wir uns seinen Zorn zuziehen?

Entrüstetes Gemurmel.

Der Evangelist stellte sich in Pose, verkündete stolz: »Unsere Gemeinde wird eine Jugendgruppe gründen.«

Ich bin dabei, entschied ich übereifrig, ohne Überlegung, ohne genaue Erläuterungen. Angespannt, mit klopfendem Herzen rutschte ich auf die äußerste Kante der Kirchenbank, beugte mich vor, wollte besser verstehen, achtsam zuhören.

Der Evangelist gab Aufschluss über das Vorhaben: »Willkommen sind die Jugendlichen unseres Dorfes, doch sie müssen guten Willens sein. Wir wollen Spaß miteinander haben, gemeinsam Schönes erleben, den Herrn mit Gesang und Ehrfurcht loben, doch auch ernsthaft die Heilige Schrift studieren. Niemand soll ausgeschlossen sein, auch diejenigen nicht, die im Lesen und Schreiben noch nicht sehr erfahren sind, doch sie müssen aufmerksam zuhören können und bereit sein, ihren Verstand zu schulen. Ein jeder muss die Bereitschaft zeigen, den wesentlichen Sinn unseres Miteinanders zu erfassen. Ich erkläre es mit den Worten Jakobus: ›So ist auch der Glaube, wenn er nicht Werke hat, tot in sich selbst…‹ Jede Gemeinschaft besteht aus starken und schwachen Mitgliedern. Wobei wir heute noch stark, morgen schon zu den Schwachen zählen können. Ein Christ muss die Notlage des anderen erkennen, ihm hilfreich zur Seite stehen, mit tröstenden Worten und gefälligen Taten.«

Von nun an sehnte ich ihn herbei, den Höhepunkt der Woche, den Samstagnachmittag. Der Evangelist selbst nahm die Organisation in die Hand, bewies sich als wahres Talent der Gestaltung. »Wer von euch ist ohne besondere Begabung?« Sein Blick wanderte erwartungsvoll in die Runde, von einem zum anderen.

»Besitze ich eine Fähigkeit, die andere nicht ebenfalls aufweisen?«, fragte ich mich. Mir fiel nichts ein.

Fast alle hoben den Finger.

Er lachte. »Ich beweise euch das Gegenteil. Der Schöpfer hat jeden von uns mit besonderen Eignungen bedacht.« Und tatsächlich, ob Junge oder Mädchen, jeder fand in unserer Gruppe seine Verantwortung.

Der Evangelist lehrte uns neue Lieder. »Wer besitzt die beste Singstimme, ein musikalisches Gehör?«

Wir wählten aus. Zwei Sängerinnen und ein Sänger schulten fortan unseren Chor. Trommelschläge und Rasseln, kleine, mit Bohnen gefüllte Kalebassen erzeugten den Rhythmus, der das Blut in den Adern wallen ließ, der Temperamente weckte. Selbst eigene Lieder schrieben wir, erdachten uns dazu Melodien.

Diese Tatkraft beschied uns einen unvergesslichen Höhepunkt: Bei einem Gesangswettbewerb des Distrikts gehörte unsere Gruppe zu den Siegern. Stolz empfing uns zu Hause eine applaudierende Menschenmenge, Gläubige und Nichtgläubige. Auch unsere Kirchengemeinde zollte uns Lohn für diese Leistung. Unsere Melodie drang in die Ohren, wurde bei jedem Gottesdienst gesungen und oft auch anderorts.

Wir wählten Verantwortliche für Spiele und Sport. Beim Fußball genoss der Evangelist, sich auszutoben, tollte mit uns herum, jagte dem Ball nach, vergaß für gewisse Zeit seine Hochwürde.

Manch einer von uns beherrschte ein Handwerk, vielleicht vom Vater erlernt. So lehrten wir uns gegenseitig mancherlei Fertigkeiten: Taschen aus Bastfasern weben, Körbe flechten, Hocker aus Bambus herstellen.

Auch mir bewies der Evangelist eine ausgeprägte Stärke. »Deine Kenntnisse sind von unschätzbaren Wert für unsere Gruppe«, ließ er mich wissen und übertrug mir der Leitung der Bibelstunden. Ein Auftrag, der mich beflügelte, mit Glückseligkeit und Arbeitseifer erfüllte. »Befiel dem Herrn deine Wege …« Fürwahr! Mein einsames Studium der Heiligen Schrift, es war ja nur als Maßnahme gegen das Vergessen gedacht, erwies sich nunmehr als entscheidend.

Die erste Stunde stand bevor. Das Thema hierfür beschäftigte seit langem meinen Kopf. Der Evangelist hatte es vorgegeben: »So ist auch der Glaube, wenn er nicht Werke hat, tot in sich selbst …«

Zu Hause angekommen, las ich sofort den ganzen Text, Jakobus 2, Vers 15: »Wenn ein Bruder oder eine Schwester Mangel hätte an Kleidung und an der täglichen Nahrung und jemand unter euch spräche zu ihnen: Geht hin in Frieden, wärmt und sättigt euch, ihr gäbet ihnen aber nicht, was der Leib nötig hat – was könnte ihnen das helfen? So ist auch der Glaube, wenn er nicht Werke hat, tot in sich selber.«

Jawohl! Ich sprühte vor Willenskraft, nahm es auf als einen göttlichen Auftrag. Jedes Mitglied unserer Gruppe solle sich diesen Vers ins Herz schreiben und danach handeln.

Welche Freude, welche Genugtuung: Meine Zuhörer ließen sich begeistern, mitreißen. Nun, wie und wem können wir dienlich sein, natürlich nur mit dem Einsatz unserer Muskelkraft, denn Geld besaßen wir keines? Gemeinsam überlegten wir. Tatsächlich, es fielen uns Dorfbewohner ein, die der Hilfe bedurften, vornehmlich Alte und Kranke. Wir besuchten diese Menschen in Not, sammelten für sie Feuerholz, holten Wasser, halfen bei der Feldbestellung und Ernte. Und manch einer von uns schmeichelte zu Hause der Mutter, brachte mit, was dort entbehrlich war: Kochbananen, Bohnen, Yamswurzeln …

»Unser Gotteshaus nimmt uns nicht mehr auf«, stellte der Evangelist eines Sonntags fest, als er eine Anzahl seiner Gläubigen stehend entlang der Seitenwände betrachtete. Sein Gesicht wurde nachdenklich. Es herrschte Stille. »Wir erweitern unsere Kirche!« Sein Ausruf, so laut, kam so plötzlich, dass einige Zuhörer der vorderen Reihen zusammenzuckten. »Jawohl!«, setzte er nach und schlug, um seine Entschlossenheit zu demonstrieren, mit der flachen Hand auf die Kanzel, die unter dieser respektlosen Behandlung beträchtlich wankte.

Unsere Gruppe begann mit der Herstellung von Lehmbausteinen. Unaufgefordert schlossen sich uns Helfer an. Später meldeten sich Männer, die das Handwerk des Bauens beherrschten. In entsprechendem Abstand um unser altes Kirchlein herum zogen sie die Mauern hoch. Klein und geduckt stand es in der Mitte, diente bis zu seinem Abriss, als unser neues, viele Gläubige fassende Gotteshaus fertig gestellt war.

Ich fand Gefallen an diesen Beschäftigungen. Sie nahmen mich in Anspruch, forderten mich heraus. Blieb mir noch Zeit, an meine Zukunft zu denken? Worüber sollte ich mir auch den Kopf zerbrechen? Mein Leben wird verlaufen, wie das eines jeden Mädchen im Dorf. Früher oder später wird ein Mann mit einer Kalebasse Palmwein unter dem Arm an Vaters Tür klopfen. Vater wird mich fragen: »Frida, willst du die Kalebasse öffnen?« Noch habe ich keine Eile. Noch warte ich nicht ungeduldig wie die Freundinnen. »Der Mann, viele Kinder«, für sie war das unerschöpfliche, ihre Köpfe beherrschende Thema.

Dann kam der Tag, an dem ein Mann an Vaters Tür klopfte.

Vater ließ seine Frauen, ließ mich rufen.

Ich trat ein, blieb erstarrt auf der Stelle stehen. Mir stockte der Atem. Schweiß trat mir aus allen Poren. Ich begann zu zittern, fürchtete, meine Beine würden versagen.

Vater gegenüber saß Mathias, neben sich eine große Kalebasse mit Palmwein.

»Setzt euch!«

Die Frauen rückten die Hocker zurecht, auch ich ließ mich nieder. Starrte zu Boden.

Vater räusperte sich. »Frida, der junge Mann ist mit einer Kalebasse Palmwein gekommen. Willst du sie öffnen und einschenken?«

Tränen traten mir in die Augen, rannten über mein Gesicht. Ich vergrub es zwischen den verschränkten Armen. »Nein, nein,

nein«, schrien Stimmen in mir, wild durcheinander, abermals: »Nein, nein, nein!«

Zeit verging.

»Frida, der Palmwein verliert seine Süße. Willst du die Kalebasse nicht öffnen?«, mahnte Vaters sanfte Stimme, so gütig, wie ich sie noch nie zuvor vernommen hatte. Seine Geduld versicherte mir, er wird mich zu keiner Entscheidung zwingen.

Langsam schüttelte ich den Kopf, ohne aufzuschauen.

»Danke, Mathias! Wir werden guten Geschmack an deinem Wein finden«, bemerkte Vater in ruhigem Ton, »noch nie kehrten Gäste mit ihren Geschenken zurück in ihr Zuhause.«

»Blupp!« Vater zog den Stöpsel heraus. Dann vernahm ich das gluckernde Geräusch des Eingießens. Er würdigte gebührend die Güte, fragte nach dem Hersteller. Danach unterhielten sich die beiden, wo im Dorf und außerhalb die besten Palmen wachsen und welcher Zapfer unter dem Verdacht eines Panschers steht. Ein Männergespräch. Mathias' Stimme wirkte fest, ganz ungezwungen.

Ich spürte eine Berührung am Arm, spähte unter meinen schützenden Armen hervor, mit halbem Auge. Mutter reichte mir einen Becher: »Trink!«, raunte sie mir zu.

Nach angebrachter Zeit erhob sich Vater. Dankte Mathias für den Besuch. Man begleitete ihn hinaus. Ich schlich mich hinter ihren Rücken davon.

Ziellos irrte ich umher, noch immer völlig verstört von dem Ereignis, das aus heiterem Himmel auf mich eingestürmt war. Welche Richtung ich auch einschlug, überall stieß ich auf Menschen. »Nein! Ich will allein sein!« Missmutig stampfte ich auf, kämpfte mich dann durch unwegsames Gelände. Wo ist ein einsamer Platz?

Ich fand ihn hinter schützenden Bananenstauden, setzte mich dort auf einen vom Sturm abgerissenen Ast eines Kolabaumes. Endlich konnten sich mein aufgewühltes Gemüt beruhigen und meine Gedanken sich sammeln: War es falsch von mir, die Kalebasse zu verweigern? Nein, nein ... Sophie, beginne nicht zu zweifeln, bleibe unbeirrt. Hätte ich einen vollen Becher Palmwein halb leer getrunken und an Mathias weitergegeben, wäre dies ein Beweis unseres gegenseitigen Einverständnisses zur Heirat gewesen. Nur ein Hahn hätte eine Eheschließung noch verhindern können. Aber Vater, da zeigt er sich als wahrer Christenmensch, hält nichts von solchen Praktiken: Bei einer Begegnung beider Familien übergibt der Bräutigam seinem Schwiegervater Palmwein und einen lebenden Hahn. Das Stück Federvieh wird herumgereicht, geschlachtet, gerupft. Die Anspannung aller steigt, manch einer, oftmals nicht nur der zukünftige Ehemann, kann seine Nervosität kaum verbergen, besonders im entscheidenden Moment: Der Hahn wird geöffnet. Alle Blicke sind fixiert auf ein Körperteil, die Hodensäcke. Sind sie gleich groß und weiß? Jaaa! Freudenrufe, Umarmungen, Glückwünsche … Ist das nicht der Fall, tritt beklemmende Stille ein: »Der Hahn hat die Heirat nicht bestätigt!« Trotzdem wird er nicht verschmäht, sondern in der mit hot pepper zubereiteten Soße zu Kochbananen von den Mitgliedern beider Familien aufgegessen, mit mehr oder weniger Appetit.

»Ach, Mathias!« Ich klagte vor mich hin. »Du bist mir ein guter Kamerad, ein wahrer Freund … Doch bitte, bitte, verstehe, ich kann nicht das Leben mit dir teilen, nicht als deine Frau. Es ist traurig, aber was kannst du mir bieten? Nichts als Armseligkeit, Entbehrung, Not. ›Großer Mangel lässt kein Haus bauen‹, hörte ich Leute sagen. Sicher, ein Haus könnten wir bauen, Baumaterial finden wir im Busch. Arbeit scheue ich nicht. Doch ein Haus braucht auch Hausrat, Kinder, Nahrung … und Schulgeld. An meinen Kindern möchte ich meinen einstigen Traum verwirklicht sehen, der mir versagt blieb. Sie sollen Lehrerinnen und Lehrer werden.«

Kapitel 4

Der Mann meiner Wünsche – Florence Nightingale – Im Kloster

Hielt ich mich voll Selbstverständlichkeit als ein Kind des Glücks? Jedenfalls zu jener Zeit hatte ich daran keinen Zweifel: Ein Mann wird in mein Leben treten, ein würdiger Vater für unsere Söhne und Töchter, die uns dereinst kundig und geschult mit Stolz erfüllen werden. Ich sah es als Frage der Zeit, der Geduld. »Befiehl dem Herrn deine Wege und hoffe auf Ihn; er wird's wohl machen.«

»Sie sprachen zu dritt bei Vater vor, Brüder. Der Älteste sprach für den Jüngsten, der wolle sich nun ebenfalls verheiraten, Kinder haben. Personen ihres Vertrauens hätten ihnen unsere Familie empfohlen. Ihr Besuch sei eine erste Kontaktaufnahme, doch sogleich möchte er betonen, sein Bruder sei ›Driver‹ in fester Anstellung.«

Ich hatte die Männer nicht kommen, nicht gehen gesehen. Niemand rief mich während ihrer Aufwartung. Ich hörte nur Mutters kurzen Bericht.

»Driver«, sagte ich nachdenklich, zog dabei das Wort übertrieben in die Länge.

»Der bringt Geld ins Haus«, wusste sie eilfertig zu ergänzen.

Aha, sie hielt Fürsprache für diesen Bittsteller! Wollte sie mit dieser Verlockung ein Feuer in mir entfachen? Es zündete nicht.

»Ein Fahrer also ... Welche Strecke?«, fragte ich nach.

Einzelheiten entzogen sich Mutters Kenntnis.

Sonderbar, ich hatte eine Vorstellung von Ausübenden dieses Berufs, obwohl ich noch nie einem begegnet war. Unser Dorf war zu jener Zeit nur auf Pfaden zu erreichen. Aussagen von Erfahrenen, von diesem oder jenem, da und dort, müssen dieses

Bild geprägt haben: »Driver« leben fern ihrer Familien, sind unterwegs auf kurzen Strecken, immer hin und her, oder auf Fahrten bis in den Südwesten, die Tage dauern. Rastlose Menschen. Und lasterhafte Zungen behaupten, Fahrer pflegten Liebschaften an jedem Stopp.

Eine Hochzeit kam nicht zustande.

»George fand Gefallen an dir!«

Voll Erstaunen betrachtete ich das Gesicht unseres Evangelisten. Er war ein spaßiges Geschöpf, trieb gern seinen Ulk, brachte Menschen zum Lachen. Ein Scherz also?

Trotz meines Zweifels rann mir ein Schauer wohliger Wärme den Rücken hinab. Eingestanden, auch ich war von George angetan, beeindruckt von seiner Emsigkeit, seiner Art, zu Kindern zu sprechen, seiner klangvollen Singstimme. Wir hatten am Tag zuvor ein Fest gefeiert. Dazu hatten wir ihn, ebenfalls Evangelist, mit seiner Jugendgruppe eingeladen. Nun waren wir mit Aufräumarbeiten und Reinigung beschäftigt. »George sucht eine Frau«, hörte ich noch, doch im gleichen Moment bat mich ein Junge: »Bitte, Sophie, pack mal mit an«, auf ein paar Kirchenbänke deutend, die er an ihre angestammten Plätze zurückstellen wollte.

»So, die Ordnung ist wieder hergestellt!« Zufrieden betrachteten wir unser Werk, klopften uns den Staub aus den Kleidern. Nun drängten wir in Grüppchen zusammen. »Ein gelungenes Fest!« Mit lebhaften Gesten und viel Erheiterung tauschten wir unsere Eindrücke aus. Auch ich äußerte meine Meinung, weniger eifrig als gewöhnlich, denn meine Gedanken schwirrten um George.

»Ist der begehrte Zeitpunkt, der erträumte Moment gekommen? Ein Evangelist, ein Diener Gottes!«, jubelte es in mir. Ihm schenke ich mein Herz, ohne Bedenken, ohne zu zögern. Ein begnadeter, liebenswürdiger Mann. Schon spann ich selige Träume, konnte mich der Versuchung nicht widersetzen. Unsere Kinder… Kein Zweifel, gleich mir, wird auch er nur einen Herzenswunsch hegen: unseren Söhnen und Töchtern höchstes Wissen angedeihen zu lassen. Schon sah ich uns als Elternpaar, leichten Herzens auf Prunk und Verschwendung verzichten, bei Versuchung uns gegenseitig mahnen: »Denk an die Kinder, das Schulgeld ...«

»Wann kommt George wieder«, erkundigte ich mich bei unserem Evangelisten. Klang meine Frage wirklich so kühl, so beiläufig, wie beabsichtigt?

Offenbar nicht. Er durchschaute meine Gefühle, zwinkerte mir schelmisch zu. Ertappt! Scham erhitzte mein Gesicht.

»Weißt du, Sophie, George ist ein Unglücksmensch«, erklärte er.

Seine Stimme, voll Anteilnahme, ließ mich aufhorchen. Ich war gespannt, voll Neugier, mehr von George zu erfahren.

»Das Verlangen seiner Frau richtete sich nicht auf das, was sie im Hause hatte. Sie lief davon.«

Was meinte er? Mein noch kindlicher Verstand war überfordert. Fragend schaute ich ihn an, eine Erklärung erwartend.

»Ja, so drücken sich die Leute aus, wenn eine Frau Ehebruch begeht.«

Schlug mir jemand ins Gesicht? Mit ganzer Kraft? So schmerzhaft, qualvoll fand ich diese Offenbarung. Ausgeträumt! Ich kenne die Geschichten, Leute erzählen sie zur Genüge, diese und ähnliche: Eines Tages kehrt die Frau zurück, voller Reue und guten Beteuerungen. Unter dem Druck der Familien nimmt der Mann sie wieder auf. Und ich? Ich würde davongejagt. Denn kann ein Evangelist zwei Frauen in seinem Hause dulden, wo er doch Sonntag für Sonntag gegen Vielweiberei von der Kanzel wettert?

Vorweihnachtszeit. Die Kaffeebeeren in Vaters Farm waren reif. Flammend rot strahlten sie in der Sonne, drückten mit ihrer Last die Zweige nach unten. Die ganze Familie, Jung und Alt, wurde zur Ernte aufgerufen.

Danach folgte die wahre Plackerei, eine Schweißarbeit. Jeder bekam seine Steinplatte, legte Beeren darauf und bearbeitete sie mit einem faustgroßen Stein in kreisrunden Bewegungen. Das Fruchtfleisch wurde entfernt. Vater träumte von einer Entfleischungsmaschine. »Hexenwerk der Weißen«, schwärmte er. »Dieses Zauberding verringert Mühe und Arbeitszeit in ein Nichts.« Mit der ausgestreckten Hand fuhr er sich über den Mund, unterstrich mit der bekannten Geste die Geringfügigkeit des Aufwands.

Uns fehlte seinerzeit die Kraft der Vorstellung. Jahre später präsentierte er uns ein solches Wunderding, setzte uns mit dessen Leistungsfähigkeit in höllisches Erstaunen. Er mietete es in der Kooperative. Kein leichtes Unterfangen, denn die Nachfrage war groß. Die Beeren reiften bei allen Kaffeebauern innerhalb weniger Tage.

Ein Segen, ein solches Gerät, ohne Zweifel. Doch unvergessen bleiben mir trotz allem die Zeiten, als wir, Groß und Klein, auf dem Hof zusammensaßen, jeder auf seinem angestammten Platz. Wir Kinder wetteiferten, überboten uns an Leistung; die Frauen hatten ihren Rhythmus. Gab es Momente der Stille, des Schweigens, der verlorenen Gedanken? Unvorstellbar! Ohne Ende wurde gesungen, gelacht … und wer wusste nicht eine Geschichte zu erzählen, die einem selbst oder diesem oder jenem widerfahren war? Und wehe dem, der sich vor der Arbeit drückte, heimlich davonstehlen wollte. Vater reagierte mit Strenge, duldete nur Pipipausen.

Die entfleischten Kerne mussten, auf Matten ausgelegt, in der Sonne trocknen, bevor wir sie zur Kooperative brachten. Dort wurde Vater der Gegenwert seiner Ernte gutgeschrieben. Er konnte nach Bedarf Geldbeträge abheben. Verführerisch war das Warenangebot des großen Ladens der Kooperative. Er bot begehrenswerte Dinge zum Verkauf: Werkzeuge, Wellblech, Zement, Stoffe, Salz …

Einmal, es war nach dem Ende meiner Schulzeit, begleitete ich Vater, natürlich nicht allein, kräftige Schultern junger Männer waren nötig, die Ernte, gefüllt in Säcke, bis zur großen Straße zu tragen. Dort warteten wir geduldig auf eine Fahrgelegenheit.

Der Leiter der Kooperative war ein geschäftiger Mann, ein Sachkundiger seines Berufs. Er begrüßte Vater mit Handschlag als Anerkennung unserer Arbeit. »Eure Kaffeebohnen sind sauber, ohne Reste von Fruchtfleisch und anderem Dreck. Ihr solltet mal sehen, was so mancher abliefert. Zuweilen finden wir sichtbare Zeichen, dass die Matten mit den zum Trocknen ausgelegten Kaffeebohnen auch als Spielwiese für Ziegen und Hühner dienten.« Fragen nach dem Wohlergehen der Familie wurden ausgetauscht. Der Leiter machte ein bekümmertes Gesicht. »Ich habe da ein Problem ...« Er zog Vater zur Seite, sie führten ein nicht enden wollendes Gespräch.

Tage später bat mich Vater zu sich. Ohne Worte zu verlieren, fragte er mich rundheraus: »Wenn der Leiter der Kooperative mit einer Kalebasse Palmwein käme, würdest du sie öffnen?«

»Ist er nicht verheiratet, ein Mann in diesem Alter, in solch einer Position?«, platzte ich heraus, ohne Überlegung, ohne Scheu.

»Ja, schon, Sophie ..., er ist verheiratet.« Vaters Stimme klang ungewöhnlich sanft. » Seine Frau bekommt keine Kinder.«

»Nein, ich würde mich weigern«, sagte ich mit Entschiedenheit. »Ich ...« Gerade noch konnte ich zurückhalten, was mir bereits auf den Lippen lag: Ich will mich nicht versündigen, als zweite Frau. Vater gegenüber wäre eine solche Äußerung einer Frechheit gleichgekommen.

»Deine ablehnende Antwort habe ich erwartet«, sagte Vater, lächelte dabei. »Den Leiter habe ich über meine Zweifel nicht im Unklaren gelassen. Ich erklärte ihm, dass ich zwar mein Haus mit drei Frauen teile, das habe das Leben so mit sich gebracht, trotzdem sei ich ein gläubiger Christ. Aus Ehrfurcht vor Gott könne ich dich nicht in eine polygame Ehe zwingen. Ich werde ihn persönlich aufsuchen.«

»Der Leiter hatte nämlich Vater gefragt, wer in unserer Familie die Entscheidungen treffe. Das heißt: ›Mein Freund, kannst du nicht Druck auf deine Tochter ausüben?‹« Dies erfuhr ich nicht von Vater, sondern Mutter raunte es mir zu.

Ich sandte unzählige Gebete an den lieben Herrgott, dankte ihm von ganzem Herzen, mir einen Vater geschenkt zu haben, der seinen Glauben lebte. Kannte ich nicht zahlreiche Mädchen, die von ihren Familien ins Unglück, in die Misere getrieben worden waren, nur weil ein einträglicher Brautpreis gelockt hatte? Und in meinem Fall: Ein Leiter einer Kooperative klopft nicht alle Tage an die Tür.

Die Zeit verging, mein Warten währte. Noch gleichmütig anfangs, bis nach Jahr und Tag meine Gedanken sich mit fortwährendem Grübeln beschäftigten: Wann endlich kreuzt er meinen Weg, der Mann meiner Wünsche, meiner Vorstellungen? Um mich alsbald zu fragen: Wird er mir je begegnen? Oder stellt Gott mich auf die Probe, prüft meine Geduld, mein Vertrauen? »Befiel dem Herrn deine Weg, hoffe auf Ihn, er wird's wohl machen!« Was hat Er vor mit mir? Welchen Weg hält Er für mich bereit, etwa nicht den von mir erträumten?

Schon trafen mich Gespött und Sticheleien. Mütter großer Kinderscharen fragte unverhohlen: Willst du als alte, gebrechliche Frau von Gaben und Gefälligkeiten fremder Leute abhängig sein? Klatschsüchtige bezichtigten mich des Hochmuts und des falschen Stolzes. Heiden warfen mir vor, ich erzürne Götter und Ahnen. Was sollte ich tun? Schwankend zwischen Hoffnung und Verzweiflung blätterte ich in der Bibel, las da und dort, im Alten, im Neuen Testament. Wusste ich, wonach ich suchte? Nach Antworten, Hinweisen, Zeichen, Angaben von Wartezeiten, Geduldsproben …? Mehrmals schon fasste ich den Entschluss, dem Schicksal ergeben, den nächsten Bewerber zu heiraten, sei er wie er will. Nur Stunden später verwarf ich einen solchen Vorsatz wieder.

Mutter wurde krank. Unruhig wälzte sie sich im Bett, heiß und schweißnass am ganzen Körper, dennoch geschüttelt von Kälte, geplagt von stechenden Schmerzen im Kopf. Sie verkannte schon die Wirklichkeit. »Das Fieber.« Wen von uns erfasst es nicht von Zeit zu Zeit? Doch warum brachten diesmal die bewährten Aufgüsse aus Wurzeln, Blättern, Rinden keine Besserung? »Ins Hospital der Weißen«, entschied die Familie, aufs Äußerste besorgt. Meine Augen schwammen in Tränen. Ein weiter Weg, doch die Leute waren erfahren im Krankentransport, damals, als Autos unser Dorf noch nicht erreichten. Hastig nagelten junge Männer Raphia-Latten zusammen. Behutsam betteten wir Mutter auf die Trage. Vier Halbwüchsige legten sich die überstehenden Endstücke auf die Schultern. Die Zeit drängte. Unterwegs betete ich um Mutters Leben.

Angekommen. Vor dem Hospital herrschte heilloses Gedränge. Die Menschen wichen zur Seite, erkannten den »dringenden Fall«.

»Solch ein Heer von Kranken?«, fragte ich Mutter Helene erstaunt.

»Ja, und ihre Angehörigen.«

Natürlich! Auch wir zählten neun Personen, alles Mitglieder unserer Familie.

Eine Schwester, gekleidet in makelloses, blendendes Weiß, nahm uns in Empfang. Eine von uns, eine mit unserer Sprache. Ich starrte sie an, kam nicht umhin, verfolgte jede ihrer Bewegungen. Sie maß die Hitze in Mutters Körper, das Fieber. »Malaria!«, murmelte sie, eilte davon, kam mit einem weißen Doktor zurück. Er befühlte Mutters Stirn, gab der Schwester Anweisungen über Art der Behandlung, Anzahl der Tabletten.

Die Männer kehrten ins Dorf zurück, wir Frauen blieben: Mutter Helene, Mutter Anna, zwei Nachbarinnen und ich. Wir standen herum, von Sorge gequält, ließen Mutter nicht aus den Augen. Die Schwester maß regelmäßig das Fieber. »Es sinkt«, sagte sie nach ewiger Zeit des Wartens, des Bangens, der Angst. Durften wir schon wirklich hoffen? Wir taten es und verspürten plötzlich Hunger. Eine Kranke, dem Herrgott dankbar für die Linderung ihrer Schmerzen, lieh uns ein paar Münzen. Ich kaufte Bananen. Unzählige junge Mädchen und Frauen saßen vor dem Eingangstor, boten zubereitete Speisen, aber auch Yamsknollen, Blattgemüse, Gewürze … und Feuerholz zum Verkauf, denn viele Angehörige kochten auf arrangierten Feuerstellen im

Hospitalhof für sich und ihre Patienten das Essen. In der Eile hatten wir Geld, Töpfe sowie alles andere Nötige vergessen. Einer Engelserscheinung gleich erlebten wir Leas Kommen. Plötzlich trat sie in den Krankensaal, gefolgt von ihren Kindern. Jedes trug einen Topf mit Speisen auf dem Kopf.

Die Nacht verging auf unbequeme Weise. Abwechselnd saßen die Frauen auf Mutters Bettkante oder legten sich auf das am Boden ausgebreitete Tuch. Ich kauerte in der Hocke, den Rücken an die Wand gelehnt. Die Luft war kaum zu atmen, Dünste und Düfte zu vieler Menschen. Mehrmals ging ich nach draußen.

»Deine Mutter?«, fragte mich die Dienst habende Schwester, mit dem Kopf in Richtung Krankensaal weisend.

»Ja.«

»Kannst nicht schlafen? Willst was lesen?«

»Gern, ja, bitte«, stammelte ich, hocherfreut über die Zerstreuung.

Sie brachte mir eine Zeitschrift, abgegriffen, Jahre alt: »Neues Afrika«.

»Da«, sie deutete auf einen Artikel und verschwand. »Und der Dritte hatte ein Herz, aufgezeichnet von Alain de Mazery.« Ich setzte mich in den Lichtkegel der Glühbirne an der Außenwand und las:

»Lange Zeit ist es her. Ein Häuptling hatte drei Söhne: der eine besaß die Schönheit der Sonne, der andere die Weisheit des Regens, und der dritte hatte ein Herz. Der Häuptling war weise und suchte den Besten als seinen Nachfolger. Allen Dreien stellte er die Frage: ›Geschmeidig und stark, voller Furcht und Mut, Tiefe und Schönheit zugleich, immer auf Reisen, singend und tanzend, hier und dort, trägt das Leben. Es gibt nichts Kostbareres auf der Welt. Wer ist dieser Schatz?‹

Lange dauerte die Überlegung. Am folgenden Vollmond kamen alle zusammen.

Der Älteste spricht: ›Mein Vater, ist es nicht die Sonne? Geschmeidig dringt sie durch Blätter und Blumen, niemand kann sie fassen; stark: Der Mensch vermag nicht das kleinste Stück von ihr loszulösen. Die Sonne flieht voller Furcht vor der Nacht, am Morgen aber stärkt sich ihr Mut, wenn sie den Himmel neu gewinnt. Ihre Schönheit strahlt derart, dass man sie nicht von Antlitz zu Antlitz anschauen kann, und wer kennt ihre Tiefe? Immer auf Reisen geht sie von Land zu Land, von Wohnung zu Wohnung. Ihre goldenen Strahlen singen die Freude des Himmels und tanzen auf Erden. Ist es schließlich nicht sie, die der Welt Wärme des Lebens bringt? Ein unbezahlbarer Schatz! Ist es nicht die Sonne, mein Vater?‹

Der Häuptling lächelte. ›Und du?‹, fragte er den Zweiten.

›Mein Vater, ist es nicht das Wasser? Wer kennt die Geschmeidigkeit des Flusses, der Liane ähnlich, und wenn der Regen fällt, durchdringt er alles. Stark? Du kannst es schlagen oder brechen, es geht seinen Weg, ohne Schaden zu nehmen. Voller Furcht flieht es vor dir, du vermagst ihm kaum zu folgen, aber groß ist sein Mut, wenn die Zeit da ist, die Äcker zu überschwemmen. Wer hat die Kraft, ihm zu widerstehen? Schön unter den Schönen, immer gleich und stets sich verändernd, strahlend und anziehend, wenn die Nacht ihre Sterne hineinsät. Wer kennt den Grund des Meeres? Horche auch auf den Gesang des Regens, wenn er über die Blätter gleitet, auf das gedämpfte Tam-Tam der Wasserfälle und, weiter in der Ferne noch, die Klage des Baches. Höre und sieh es tanzen, von einem Stein zum andern, die Ufer an sich drückend und davon fließend in die Ferne, um im Kreise wiederzukehren. Immer auf Reisen, jetzt hier und bald dort. In ihm finden sich die Tropfen zusammen wie die Familienmitglieder im Dorf. Wer könnte ohne ein wenig Wasser leben? Menschen, Pflanzen, Tiere, alle müssten zugrunde gehen. Ist es nicht das Wasser, mein Vater?‹

Der alte Häuptling lächelte. ›Und du?‹, fragte er den Dritten.

›Die Sonne mag sterben, das Wasser dahinschwinden: Es bleibt die Mutter!‹«

Gerührt und aufgewühlt legte ich den Kopf auf die verschränkten Arme, weinte hemmungslos, befreite mich von den quälenden Ängsten um Mutters Gesundheit. Mit einem Herzen, erfüllt von Dankbarkeit, war ich eins mit dem himmlischen Vater: Ihr Heimgang wäre viel zu früh gewesen. Noch fühlte ich mich hilflos, dem Leben nicht gewachsen ohne die Nähe, die Güte, die Weisheit der lieben Mutter, fürwahr dem Kostbarsten auf dieser Welt. Dank dir, Häuptling, für diese Erkenntnis.

Ein weiteres Erlebnis hielt mich gefangen, wollte mich nicht mehr loslassen: das Tun und Wirken einer Krankenschwester. Sie pflegte, linderte Schmerzen, tröstete, machte Hoffnung... Welch großartige Aufgabe, welch herausfordernder Dienst!

Plötzlich sah ich das Bild einer Frau vor mir, zuerst undeutlich, dann scharf. Ihr Foto war abgebildet in dem Schulbuch der letzten Klasse. Eine Weiße, eine Engländerin. Ja, auch nach der Unabhängigkeit dienten uns die Lehrbücher der einstigen Kolonialmacht, für Neue fehle der jungen Nation die Geldmittel, hieß es damals. Wir, die Schüler, lasen die Lebensbeschreibung dieser fremden Frau. Wie hieß sie noch? Ach, vergessen. Ich musste lächeln, denn in Erinnerung blieben mir die Wortwechsel, das Hin und Her, wir Mädchen gegen die Jungs. Waren sie doch nicht davon abzubringen, die Geschichte sei erfunden. Ihre Behauptung, eine Weibsperson besäße niemals und nirgendwo den Mut, die Kraft und den Willen für solche Heldentaten, wie zum Beispiel Verwundete vom Schlachtfeld bergen und sie zu pflegen. »Sie folgte Gottes Ruf, wurde gestärkt durch Sein Wort«, setzten wir dagegen. Plötzlich verspürte ich großes Verlangen, diesen Bericht eines längst vergangenen Lebens noch einmal zu lesen. Doch das Schulbuch gab ich damals weiter. Vielleicht, so hoffte ich, besaß es meine frühere Lehrerin noch. Natürlich unterrichtete sie heutzutage mit anderen Büchern.

»Sophie!«, begrüßte mich Madam Awara und schloss mich in ihre Arme. Freude des Wiedersehens leuchtete aus ihren Augen.

Ich war nicht minder aufgeregt, vor meiner einstigen Lehrmeisterin zu stehen.

Sie interessierte mein Werdegang. Meinen ausgeträumten Traum, Lehrerin zu werden, bedauerte sie von Herzen. Natürlich verschwieg ich ihr mein seitheriges, ungeduldiges Warten auf den untadeligen Ehemann als Vater meiner zukünftigen Kinder, weihte sie vielmehr ein in meine noch unklaren Vorstellungen als Krankenpflegerin. »Da war doch diese Weiße, eine Engländerin, die verletzten Soldaten in irgendeinem Krieg Beistand leistete?«

Madam Awara verstand sofort: »Du meinst Florence Nightingale.« Sie holte ein Buch, ich erkannte es wieder, mein altes Lesebuch.

Wir steckten die Köpfe zusammen, vertieften uns in den Text, in ein Leben voll Tapferkeit und Entschlossenheit.

Plötzlich hielt ich inne, mir stockte der Atem. Erneut las ich den einen Satz, erschauderte, Hitze stieg mir in den Kopf. Ist das der Weg? Wie ein Blitz durchfuhr mich der Gedanke. Fürwahr, lässt mir Gott durch diese Frau die Botschaft senden? Erneut ließ ich Florences Worte auf mich wirken: »Meine Phantasie ist von allem Unglück hier auf Erden so erfüllt, dass es meiner Ansicht nach nur noch eines gibt, was sich lohnt: anderen zu helfen und Mitgefühl zu erweisen …«

Madam Awara war mein Taumel, meine innere Aufwallung nicht entgangen. »Willst du dein Leben in die Dienste der Hilfsbedürftigen, der Leidenden stellen«, fragte sie mich leise.

»Ja, mit Gottes Hilfe!«, hörte ich mich sagen. Entschlossen, festen Willens, als hätte ich diese Entscheidung seit langer Zeit wohl erwogen.

Nach einer Weile fragte sie mich mit behutsamer Stimme, als fürchtete sie, mich in meinem Nachdenken zu erschrecken: »Hast du schon von dem Kloster gehört? Es liegt in Richtung Norden, ungefähr eine Tagesreise von hier.«

Was wusste ich? »Christinnen leben zusammen, nicht wahr?« Ich hatte nur eine vage Vorstellung.

»Weiße Schwestern haben diese Einrichtung gegründet, und einige leben noch immer dort in der Gemeinschaft von Frauen. Sie dienen Gott, ihrem Herrn, widmen sich dem Gebet und ihrer

Arbeit. Sie führen eine Krankenstation und ein Waisenhaus, ein Heim, in dem Kinder, die keine Familie mehr haben, aufwachsen können. Auf Feldern bauen sie an, was sie zum Leben brauchen.«

Auf dem Heimweg nahm ich weder Menschen wahr, kaum achtete ich auf die Unebenheiten des Weges. Ich war wie benommen von dieser Eröffnung und von dem Weg, den mir Gott so deutlich gewiesen hatte. Wie wird meine Familie diese Entscheidung aufnehmen? »Wappne dich, Sophie, es wird ein harter Überzeugungskampf durchzustehen sein«, sagte ich mir, »sie werden dich nicht ohne weiteres ziehen lassen.« Doch ich fühlte eine seit langer Zeit nicht mehr gekannte starke Willenskraft in mir. Am Abend schon würde ich mich Mutter anvertrauen.

Wir saßen um das Feuer. Draußen herrschte längst stockfinstere Nacht, doch Ruhe wollte im Gehöft nicht eintreten. Immer wieder kam jemand herein, besprach Belangloses mit uns, um sich dann mit nochmals so vielen Worten zu verabschieden. Ich wurde immer unruhiger, musste mich zwingen, meine Ungeduld zu verbergen.

Endlich trat Ruhe ein. Mutter stand auf, streckte sich, sagte gähnend: »Ayei Tong, gehen wir schlafen.«

»Bitte, Mutter, ich möchte dir berichten, was mir heute widerfahren ist. Ich kann nicht warten ...«

Sofort ließ sie sich wieder auf ihren Hocker nieder, sah mich ernst an, fragte mit ängstlicher Stimme: »Was ist passiert? Sprich!«

Ich legte beruhigend meine Hand auf ihren Arm, lächelte sie an. »Gott hat mir meinen Weg gewiesen.« Nun vertraute ich ihr an, welch unsägliche Angst ich während ihrer Krankheit ausgestanden hatte und mit welchem Dank ich nach ihrer Genesung erfüllt war. Ich erzählte von meiner Bewunderung für den Beruf der Krankenschwester und dass mir die Geschichte einer Engländerin wieder eingefallen war. Bei Madam Awara hatte ich sie nochmals gelesen und war auf den Satz gestoßen, auf die Botschaft, die mir Gott durch diese Frau gesandt hatte, und den Hinweis der Lehrerin auf diese christliche Gemeinschaft, der ich beitreten, in der ich leben wollte. Den Zettel mit der Botschaft hatte ich bei mir, las sie Mutter vor.

Mutter lachte: »Du hast Ideen, mein Kind.«

Dass sie mich nicht ernst nahm, gab mir einen Stich ins Herz.

»Wie stellst du dir ein Leben als Frau vor ohne Kinder? Vereinsamt, verlassen … Für die Kinderlose tanzt man keinen Totentanz, sagen die Leute. Du weißt, die Totenfeier ist Sache der Nachkommen.« Sie ließ mir keine Zeit zu antworten, sondern fuhr mit gestrengem Ton fort: »Zu meiner Zeit haben die Väter die Ehemänner für die Töchter ausgesucht, und die Töchter trauten sich keine Widerrede. Vater hat dir jedoch die Entscheidung überlassen. Du hast alle Freier abgelehnt. Er hat es geduldig hingenommen, eine großartige Haltung, die sucht seinesgleichen. Und nun diese Idee! Lass ihn das ja nicht zu Ohren kommen. Er könnte einen Mann aussuchen und dich zwingen …« Das war ihr letztes Wort für diesen Abend.

Ich quälte mich durch schlaflose Stunden und stand doch am Morgen voller Zuversicht auf: Notfalls würde ich heimlich davonlaufen. Das war meine Entscheidung der vergangenen Nacht.

Vater kam meine Idee natürlich zu Ohren – und nicht nur ihm. In kürzester Zeit wusste es nicht nur jedes Mitglied unserer Großfamilie, sondern ebenfalls die geschwätzigen Nachbarinnen. Scheinbar betrachtete Mutter mein Vorhaben als eine so flüchtige Idee, dass sie, was ich ihr anvertraute, nicht für sich behielt. Nun stand ich im Kreuzfeuer aller.

»Wenn deine Mutter ins Kloster gegangen wäre, wo wärest dann du?«

»Die weißen Schwestern gehen nach Europa, bringen dort ihre Kinder zur Welt. Nur die Schwarzen führen sie hinters Licht, machen sie unfruchtbar, zwingen sie zur Kinderlosigkeit.«

»Du behältst deiner Mutter vor, dass sie deine Kinder badet«, was einem Vertrauensbruch gleichkam.

Eine Nachbarin verbot mir sogar, wenn ich ins Kloster ginge, an ihrer Beerdigung teilzunehmen.

Zu all den Vorhaltungen schwieg ich, rechtfertigte mich nicht. Je härter die Angriffe wurden, eine harte Bewährungsprobe, desto fester wurde mein Entschluss. Ich betete inbrünstig zu Gott und bat um die Kraft, nicht wankelmütig zu werden.

Wo erhalte ich weitere Informationen über das Kloster? Welches sind die Bedingungen zum Eintritt? Man könnte mich abweisen, aus vielerlei Gründen. Einer könnte sein, dass ich Protestantin bin, die Schwestern im Kloster dagegen Katholikinnen. Doch beten wir nicht alle zu einem Gott? Aber Menschen können kompliziert sein.

Eines Tages hatte ich die Idee, die weißen Schwestern in Mbengwi um Rat zu fragen. Sie arbeiteten in einem Heim, in dem Leprakranke ein Zuhause gefunden hatten. Lepra, so lernte ich einst in der Schule, entstellt die Gesichter, verstümmelt Hände und Füße. Die Kranken, die Unreinen genannt, werden aus der Gemeinschaft gedrängt aus Angst, böse Geister seien im Spiel.

Unter irgendeinem Vorwand ging ich nach Mbengwi, um eine der weißen Schwestern anzusprechen. Ich erzählte ihr von meiner Entschlossenheit, in ein Kloster einzutreten, meine Familie aber dagegen sei.

»Da bist du leider nicht die Einzige«, sagte sie seufzend.

Ich hatte meine Fragen gut vorbereitet. Wichtig war mir zu wissen, dass mich die Ordensschwestern nicht abweisen würden.

»Nein, nein! Gehe mein Kind, wenn es dich treibt. Njinekom ist das nächstgelegene Kloster. Die Reise ist lang bis dorthin.« Sie beschrieb mir den Weg.

Nun wollte ich mit dem Aufbruch nicht mehr länger warten. Dass ich meine Familie, vor allen Dingen meine Mutter, heimlich verlassen musste, ich tat es mitten in der Nacht, brach mir fast das Herz. Immer und immer wieder wiederholte ich, sicher viele hundert Male während der Reise: Und wer Häuser oder Brüder oder Schwestern oder Vater oder Mutter oder Kinder oder Äcker verlässt um meines Namen willen, der wird's hundertfach empfangen und das ewige Leben ererben.

Erst am Abend, rechtzeitig vor Einbruch der Dunkelheit, stand ich vor den Pforten des Klosters, nicht zweifelnd an meinem Unternehmen, aber doch mit klopfendem Herzen. Was wird mich erwarten hinter diesen Mauern? Wie wird man mich behandeln? Welche Arbeiten habe ich zu leisten?

Eine Schwester öffnete, begrüßte mich aufs Herzlichste. Sofort wollte ich meine ganze Geschichte erzählen, aber sie gebot mir Einhalt. »Du bist weit gereist«, sagte sie. Diese Tatsache war nicht zu leugnen, ich war von Kopf bis Fuß mit einer gehörigen Schicht Staub bedeckt. »Was du zu sagen hast, hat Zeit bis morgen.« Sie ging mir voraus, öffnete eine Tür. »Hier im Gästehaus kannst du dich waschen. Ich bringe dir eine Lampe und zu essen. Danke Gott, dass er dich begleitet und beschützt hat, dann geh zu Bett. Der Herr wird über deinen Schlaf wachen.«

Ich schaute mich um. Die Nacht hüllte das Zimmer bereits in Dunkelheit. Ich ließ mich auf einen Hocker fallen, fühlte die Müdigkeit in allen Gliedern. Ich schreckte auf, als mich ein Lichtschein traf. Die Frau lachte, stellte Lampe und einen Teller Essen auf den Tisch, verließ mit einem freundlichen »Schlafe gut« das Zimmer. Ein Eimer Wasser stand bereit. Ich wusch mich, legte mich ins Bett, vergaß dem Herrgott zu danken; mit einem flüchtigen Gedanken an Mutter schlief ich ein. Das Essen ließ ich unberührt.

Immer wieder schreckte ich auf. Doch zu meiner Verwunderung herrschte absolute Stille. Der Motorenlärm des Busses schien mir noch immer im Kopf zu hallen.

Als ich am Morgen erwachte, galt mein erster Blick dem Stand der Sonne. »Uii, es ist schon spät«, murmelte ich missbilligend. Ich schaute mich im Zimmer um, die Wände strahlend weiß, weiß wie die Blüten des Kaffeestrauches. Das Betttuch weiß. Sofort prüfte ich, ob es mir am Vorabend gelungen war, allen Staub der Straße vom Leib zu waschen. Jawohl, erleichtert atmete ich auf. Und da stand noch das unberührte Essen. Ich werfe es nach draußen, Hunde werden es fressen, dachte ich leichthin. Doch dann bekam ich Gewissensbisse, es könnte mich jemand beobachten … Ich setzte mich hin, löffelte die kalten Yamsstücke und das Blattgemüse in mich hinein. Es bekam mir gar nicht gut.

Es klopfte. »Ich bin Schwester Ruth«, stellte sich die Frau vor, die mich auch am Vorabend empfangen hat. »Die Oberin möchte dich sehen.«

Ich folgte ihr. War mir die Aufregung anzumerken?

Ein heilloser Schreck durchfuhr mich, als ich das Zimmer betrat, in das mich Schwester Ruth führte. Da saß nicht nur die Oberin, sondern eine ganze Runde Frauen unterschiedlichen Alters, alle gekleidet in der gleichen Tracht. Verängstigt setzte ich mich auf die äußerste Kante eines Stuhls, sah auf meine Hände, die zitternd in meinem Schoß lagen.

»Willkommen, mein Kind!«, sagte eine freundliche Stimme.

Ich hob leicht die Lider, um zu erkunden, wem sie gehört.

»Nun sind wir gespannt, was du uns zu erzählen hast.«

Ich öffnete den Mund, wollte sprechen, doch die Aufregung verschlug mir die Stimme. Gleich wird sie mich zurechtweisen, mich zur Eile mahnen, doch nichts dergleichen. Alle warteten geduldig. Ich fasste mir ein Herz, versuchte es noch einmal, und siehe da, Worte und Sätze drangen an mein Ohr, das war meine Stimme. Ich erzählte meine ganze Geschichte …

»›Derjenige, der mir folgen will, nehme sein Kreuz‹, sagte Jesus. Fürwahr, Sophie!« Die Oberin sah in die Runde, fragte die Schwestern: »Hat sie nicht Mut und einen unerschütterlichen Glauben bewiesen, um gegen alle Widerstände, allein den Weg zu uns zu finden? Als Protestantin …«

Ihr beipflichtend, erhoben sich alle spontan von ihren Stühlen, lachten, applaudierten, umarmten mich, eine nach der anderen, ausnahmslos. Ich war aufgenommen, fühlte mich wohl und geborgen. Es jubelte in mir.

»Als Protestantin«, die Oberin wurde wieder ernst, »musst du den Katechismus, das Lehrbuch der katholischen Religion, studieren, beherrschen und danach leben lernen, aber ich nehme an, du wirst dich mit Freude daranmachen. Übereile nichts, Sophie, lass dir Zeit, dich an unsere Gemeinschaft, an unser Leben, an die

Arbeit zu gewöhnen. Jeder von uns wird dir dabei behilflich sein.«

Ich wollte mir Zeit lassen, doch die Neugier trieb mich an, alles zu erkunden, zu erfragen, zu erfahren.

Schwester Esther nahm mich unter ihre Fittiche. Zu meiner Freude und Überraschung stellte sie mir sechs Mädchen, alle ungefähr in meinem Alter, vor. Sie kamen ins Kloster aus Gründen wie den meinen: in festem Glauben an Gott, aus Liebe, dem Nächsten zu dienen, um zu lernen … Wir schliefen in einem Raum, diskutierten strittige Fragen, wurden uns hilfreiche Freundinnen, aber mit Dorothy fühlte ich mich ganz besonders verbunden.

Eines Morgens wurde ich zur Oberin gerufen. Ein Zittern überfiel mich. Noch trug ich die Angst in mir, meine gesamte Familie vor den Pforten des Klosters vorzufinden, um mich mit wilder Entschlossenheit zurückzuholen. »Der Katechist nimmt dich mit ins Dorf, zum Unterricht«, erfuhr ich. Erleichtert atmete ich auf.

»Ich lehre Gottes Wort für diejenigen, die die heilige Taufe oder die erste Kommunion empfangen wollen«, berichtete er mir stolz auf dem Weg. »Und du, du bist Protestantin?«

Ich nickte.

»Eine Protestantin in einer katholischen Gemeinschaft – mutig! Na ja, es ist der gleiche Vater, der über uns alle wacht. Die Oberin kann streng sein, gib dir Mühe.«

Vor der kleinen Kirche erwartete uns eine Gruppe von Menschen jeden Alters, Frauen, Männern, Jugendliche und Kinder. Der Katechist wurde mit ehrfurchtsvollem Respekt begrüßt und ich, da ich mich in seiner Begleitung befand, ebenfalls. Während des Unterrichts blätterte ich in dem von mir zu erlernenden Katechismen, drei Büchlein, gestaltet in Frage und Antwort. »Diese Herausforderung nehme ich an«, sagte ich mir, voller Überzeugung.

Noch vor Aufgang der Sonne versammelten wir uns täglich. Diese Morgenandachten genoss ich besonders. Es gefiel mir, den Segen und die Kraft für den noch vor uns liegenden Tag zu erbeten. Unser Gesang zum Lobe des Herrn vertrieb die Gedanken an die Mutter, die mir oftmals des Nachts den Schlaf raubten. Zürnt sie mir, versucht mich gar zu vergessen? Oder denkt sie voll Liebe an ihre Ayei Tong, sorgt sich? Ich hätte es gerne gewusst.

»Du bist für die Hilfe im Gemüsegarten eingeteilt, da bleibt dir Zeit zum Studium des Katechismus.«

Gut gemeint! Ich hoffte, Schwester Esther konnte mir die Enttäuschung nicht anmerken, fieberte ich doch voll Ungeduld dem Einsatz auf der Krankenstation entgegen.

»Warum bist du so ungeduldig?«, tadelte mich Dorothy, doch sie tröstete mich sogleich: »Sie werden dich mit allen Arbeitsbereichen vertraut machen. Danach überlegen wir gemeinsam, wo du am förderlichsten bist, je nach Fähigkeiten und Interesse. So lief es bei mir. Jetzt helfe ich den Schwestern im Waisenhaus, eine Arbeit, die ich mir am sehnlichsten wünschte.«

Doch auch im Garten fand ich meine Freude. Das war nicht Feldarbeit, wie ich sie im Dorf mit den Frauen und Geschwistern jahraus, jahrein tätigte. Ich lernte akkurat Beete anlegen, staubfeine Samenkörnchen säen, kleine Pflänzchen pikieren, gießen während der Trockenzeit, um dann bis dahin mir unbekannte Gemüse wie Kohl, Kopfsalat, Karotten, Tomaten, Zwiebeln, Kartoffeln …, »whiteman's tchop«, Essen, der Weißen, zu ernten und zu kosten. »Ein Verdienst von Schwester Elizabeth, sie hat diesen Garten angelegt, Leute ausgebildet. Längst ist sie nicht mehr hier«, wurde mir erklärt.

Der ersehnte Tag kam, an dem mir blütenweiße Kleidung für die Arbeit in der Krankenstation überreicht wurde. Ich platzte fast vor Stolz, verbarg es aber hinter einer dem Klosterleben angemessenen Bescheidenheit. Ach, wenn mich doch nur Mutter sehen könnte! Gerechterweise dankte ich auch von ganzem Herzen Florence Nightingale: Ohne dich, liebe Frau, könnte ich diesen erhebenden Moment nicht erleben, würde wahrscheinlich noch immer mit wachsender Ungeduld auf den Vater meiner Kinder warten.

Mit jedem Tag wuchs meine Begeisterung für diesen Beruf. Ich lernte Fieber messen, Puls fühlen, Medikamente reichen, Wunden reinigen, Verbände wechseln ... und verinnerlichte die goldenen Regeln der Sauberkeit: Hände waschen, Bestecke sterilisieren ... Es war so wunderbar zu erleben, wie sich Fieber senkt, sich Wunden schließen, Knochen zusammenwachsen und wie sich die Kranken und ihre Lieben an die kleinste Besserung klammern und wie jeder Funke Hoffnung neue Lebensfreude erwachsen lässt. Und fast immer bemerkte ich freudige Eile, wenn ein Patient gesund entlassen wurde.

Traurige Momente blieben nicht aus. Verborgen weinte ich bittere Tränen, wenn Kindern oder jungen Menschen nicht mehr zu helfen war. Gewöhnt man sich an den Tod, der in einem Krankenhaus fast täglich zu Gast ist, sich seine Opfer holt? Vielleicht mit dem festen Glauben an das ewige Leben. »Herr, lehre uns bedenken, dass wir sterben müssen, auf dass wir klug werden.«

»Sie brachten den Kranken zu spät, erst als nichts mehr zu retten war«, klagten die Schwestern und der Arzt fast täglich. Und jedes Mal wurde ich daran erinnert, unter welch beschwerlichen Bedingungen wir Mutter ins Krankenhaus brachten.

Des Abends nach der Andacht saßen wir Mädchen beieinander, jede berichtete von der Arbeit des Tages. Oft reichte kaum die Zeit, um alle Erlebnisse zu schildern, denn Müdigkeit überfiel uns früh. Manchmal wurde auch aus irgendeinem Anlass eine Erinnerung wach an ein Ereignis in der Schulzeit, in der Familie, im Dorfleben. So lernten wir so nach und nach unsere Herkunft und unsere unterschiedlichen Wege bis ins Kloster kennen.

An einem solchen Erzählabend erfuhren wir Dorothys Geschichte: »Ich komme aus ärmlichen Verhältnissen. Meine Eltern konnten uns zehn Kinder kaum ernähren. Sie waren froh über jeden Sohn, der bei Verwandten oder Freunden unterkam und sich mit dem Wiederverkauf von irgendwelchen Kleinigkeiten durchs Leben schlug. Und sie hießen jeden Ehemann für eine ihrer Töchter willkommen, dem sie einen entsprechenden Brautpreis abfordern konnten. Irgendwann war ich an der Reihe. Der

Freier war alt, hatte schon drei Frauen. Nach der Anzahl seiner Kinder habe ich nie gefragt. Ich verlor nicht mein Herz an ihn, aber was sollte ich tun? Er brachte Stoffe und Palmöl für Mutter und Tanten, gab Vater Geld: die Anzahlung des Brautpreises. Das Versprechen war besiegelt. In meiner Verzweiflung vertraute ich mich dem Priester an. ›Wenn du überzeugt bis, dass du keinem Ehemann, sondern dem Herrn Jesus dienen willst, kann ich dir einen Rat geben.‹ Er erzählte mir von diesem Kloster. Nur meine Schwester Sarah weihte ich in meinen Fluchtplan ein, aber Vater wusste, dass ich nichts unternehme, ohne sie zu informieren. Er drohte ihr mit Prügel, und da gab sie das Geheimnis preis. Eines Tages stand er da, begleitet von seinen zwei Brüdern. Man führte sie zur Schwester Oberin. Dort verhandelten sie stundenlang. Ich habe nie erfahren, worüber. Beim Abschied verlangte er nicht nach mir.«

Dorothy schwieg, und wir hingen unseren Gedanken nach. Jede von uns kannte zahlreiche solcher Schicksale: Mädchen werden zu Heirat gezwungen, aus Habgier der eigenen Familie.

»Meinst du, die Oberin hat deinem Vater Geld gegeben, damit er dem enttäuschten Freier seine getätigten Ausgaben erstatten kann?«

Dorothy zuckte mit den Achseln. »Beide, Vater und Freier, ließen mich danach in Ruhe«, sagte sie nur.

Großer Markttag im Dorf, stets ein Ereignis, dem alle beiwohnen wollten. Auch Dorothy begleitete ihre Waisenkinder dorthin. Ich schloss mich der Gruppe gerne an, wenn die Zeit es mir erlaubte. Wir alle genossen das bunte Treiben, den Trubel, das menschliche Durcheinander ... und wussten, denn es wurde schon Gewohnheit, eine kleine Münze unseres Taschengeldes reichte aus, um für uns alle Zuckerrohr zu kaufen. Der süße Genuss ließ uns schon lange Zeit vorher das Wasser im Mund zusammenlaufen.

Wieder einmal bummelten wir so vorbei an den Marktfrauen mit ihren Auslagen: Wurzelknollen, Kochbananen, Gemüse, aber auch Schoten, Samenkapseln, Rinden und Wurzeln zum

Würzen der Soßen, zum Heilen von Krankheiten und zum Vertreiben böser Geister. Darüber hinaus gab es viel zu bestaunen: Stoffe, Schuhe, Blech- und Emaillegeschirr, Plastikeimer. Kalebassen und Tongefäße wurden langsam verdrängt.

Plötzlich rief eine aufgeregte Stimme hinter mir: »Sophie, Sophie, bist du es?«

Erschrocken blieb ich stehen. Wer kann das sein? Jemand aus der Kirchengemeinde würde mir nicht auf diese Art und Weise nachrufen, fuhr es mir durch den Kopf.

Ich hatte Recht. Es war ein Händler aus meinem Heimatdorf, und als ich ihn begrüßte, traten noch weitere Männer und Frauen hinzu. Sie umringten mich, freuten sich herzlich, mich nach so langer Zeit hier auf diesem Markt entdeckt zu haben. Den Meinen ginge es gut, nur sorgen sie sich über meinen Verbleib und über mein Wohlergehen. Aber nun sahen sie ja, dass ich bei bester Gesundheit war, und das wollten sie gerne meine Familie nach ihrer Rückkehr wissen lassen.

Freude erfüllte mich: Es geht ihnen gut, sie sind wohlauf, bei bester Gesundheit. Hab Dank, du himmlischer Vater! Welche Bürde hatte auf mir gelastet, die Ungewissheit über ihr Befinden. Erst jetzt, im Moment der Erleichterung, wurde mir die Schwere bewusst.

Doch auch ein anderes Gefühl stieg in mir auf: Angst. Diejenigen, die mich so wohlwollend angeschaut hatten, sichtbar von echter Wiedersehensfreude gerührt, welche Geschichten würden sie meiner Familie erzählen? Gerüchte würden im Dorf die Runde machen, hinter vorgehaltenen Händen, mit gedämpften Stimmen: Hast du schon gehört? Ein jeder wohl eigene Weisheiten zu dem Gehörten hinzufügen, gemäß seiner Anschauung. Und Vater und Mutter? Ließen sie sich beeinflussen, reizen und zu eventuellen Handlungen aufstacheln?

Mein Unbehagen erwies sich als berechtigt. Am nächsten großen Markttag schon suchte mich der Händler auf. Er betrat den Krankensaal, wohin er sich nach mir durchgefragt hatte. Ich half gerade der Schwester, ein Kind mit schweren Brandwunden zu verbinden. Es war über ein Holzscheit an der offenen Feuerstelle gestolpert, der Kochtopf ins Wanken gekommen und kochendes Wasser hatte sich über sein Bein ergossen. Der Händler stand wartend neben der Tür, begrüßte mich danach mit anerkennendem Kopfnicken. »Du hast schon viel gelernt!« Er überbringe Grüße von meiner Familie und die dringende Bitte meiner Mutter, zurückzukommen.

»Ist sie krank?«, fragte ich erschrocken.

»Nein, es ist nur«, er drehte verlegen seine Mütze in den Händen, »ihre Geduld sei zu Ende ...«

»Was heißt das, Mutter, deine Geduld sei zu Ende?« Ich saß auf meiner Bettkante, in mich zusammengesunken, todunglücklich. Und zum wievielten Male schon murmelte ich diese eine Frage vor mich hin, um dann stets nur eine einzige Antwort zu finden: Sie holen mich mit Gewalt ... und sperren mich ein. Eine Vorstellung, die mir fast die Sinne raubte, mich lähmte, unfähig machte für die Betreuung der Kranken. Ich ahnte, ein Ereignis bahnte sich an.

In meiner Verzweiflung vertraute ich mich der Schwester Oberin an und erfuhr Trost im gemeinsamen Gebet. Wir baten Gott um die Kraft, um die Hindernisse auf dem Weg, den Er mir selbst gewiesen hatte, zu überwinden. Die innere Unruhe ließ nach.

So erschrak ich auch nicht, als ich eines Tages eine freundliche Männerstimme vernahm. Ich jätete gerade Unkraut im Gemüsegarten, ein ruhiger Ort, den ich liebte, wo ich meine Gedanken schweifen lassen konnte ... »Thank you, Sister, thank you.« Sie musste ihn hierher geführt haben. Ein Zittern durchlief meinen Körper, vor Überraschung, nicht aus Angst.

Langsam hob ich den Kopf. Er stand schon vor mir: Mathias. Wir reichten uns die Hände, lächelten, befangen, aber doch voll Wiedersehensfreude. Unsere letzte Begegnung lag Jahre zurück.

»Mit welcher Botschaft kommst du?« Sogleich schalt ich mich für diese Frage. Zurückkommen, was sonst? – ihr zwingendes Geheiß.

»Deine Familie bittet dich um einen Besuch.«

Konnte ich meinen Ohren trauen. »Einen Besuch?«, fragte ich zweifelnd, das Misstrauen in meiner Stimme war nicht zu überhören.

»Ja, so hat es mir dein Vater aufgetragen, dir zu sagen.«

»Das ist Mathias, der Mann, der mich heiraten wollte. Mein Vater schickt ihn …« So stellte ich Mathias der Schwester Oberin vor und erklärte ihr, dass mich meine Familie zu einem Besuch bittet.

»Das klingt nach Versöhnung, Sophie. Zweifle nicht an ihrem guten Willen, folge ihrem Ruf. Gott ist dein Begleiter.«

Nach der Morgenmesse des nächsten Tages schon, ausgestattet mit dem Segen für die Reise, verabschiedete ich mich. »Eine Woche, nicht länger«, versprach ich. Eine Versöhnung mit der Familie, welch herrlicher Gedanke, einem großartigen Geschenk gleich! Frohen Herzens, wie auf Wolken, hüpfte ich den Hügel hinab. Auf dem Dorfplatz traf ich mich mit Mathias. Wir zwängten uns in eines dieser klapprigen Fahrzeuge.

Kapitel 5

Der Tod meiner Schwester – Wieder zu Hause –
Der Brautpreis – Der Bauch flach, platt, leer

Lange nach Sonnenuntergang erreichten wir das Dorf. Trotzdem mussten wir uns nicht durch dunkle Finsternis tasten, ein fast voller Mond warf seinen Schein auf die Wege, machte sie mir wieder ganz vertraut. Ich fand Mutter vor der erloschenen Feuerstelle sitzend, in nachdenklicher Haltung. Worum kreisen ihre Gedanken? Zweifelt sie an meinem Kommen?

Als ich eintrat, sprang sie auf, umarmte mich mit männerstarken Armen. Wahrlich, sie muss noch kraftvoll ihre Hacke schwingen, leistet noch tapfer ihre Feldarbeit. »Thank you ..., you don come fine! Thank you! Welcome!« Sie hüpfte aufgeregt um mich herum, betastete mein Gesicht, meine Arme, meine Beine – all dies Gesten überschwänglicher Freude. Ich stand da, gerührt, den Tränen nahe.

Angelockt von Mutters Ausgelassenheit, drängte die ganze Familie heran, die Kleinkinder sichtbar aus dem Schlaf gerissen. Auch Nachbarn stellten sich ein. Vater brachte Mimbo, die Mütter überboten sich mit den verschiedensten Speisen. Ein Fest meines Besuches zu Ehren. Ich genoss es.

»Oh, ihr Lieben, lasst ihr mich ohne Widerstreit erneut ziehen?« Ein Gedanke, den ich sofort verdrängte. Nicht jetzt! Niemand stellte eine Frage, machte auch nur eine Bemerkung, die meinen Aufenthaltsort, die mein Leben der vergangenen Zeit, die meine Zukunft betrafen. Mir war es recht, ich war benommen vor Müdigkeit.

Die Zeit verging, unterhaltsam, kurzweilig, ständig umringt von den Meinen, die mich teilhaben lassen wollten an dem, was ihnen oder anderen während meiner Abwesenheit widerfuhr:

Schulkinder präsentierten mir stolz ihr erlerntes Wissen in Wort, Schrift und Rechenkunst, wurden stiller, antworteten zögernd auf Rückfragen nach ihren Schwächen. Die Erwachsenen gingen bis in Einzelheiten bei ihren Schilderungen über Streitigkeiten unter Nachbarn, Krankheiten, Ehebrüchen und immer wieder und überall Tod durch Hexerei. Sie alle brachten mich auf den gegenwärtigen Stand der Familien- und Dorfgeschichte. War ich je fort von hier?

Doch mich befragte noch immer niemand. Haben sich alle abgesprochen? Entgegnet man auf diese Weise nicht den Strafgefangenen? Entlassen aus dem Gefängnis werden sie in der Gemeinschaft aufgenommen, niemand rührt an ihrem Missgeschick, geht darüber hinweg, erspart ihnen somit peinliche Erklärungen. Oder…? Oder glauben sie gar, ich hätte meine Zeit im Reich des Teufels verbracht und ihr geringstes Interesse könne sie in seine Fänge treiben? Nur die Kleinsten im Gehöft, die noch Unbedarften, bedrängten mich mit der Frage: »Du gehst doch nie mehr fort, oder?«

Übermorgen werde ich reisen. Mit diesem Vorsatz stand ich an jenem Tag auf, fest entschlossen, es heute Mutter mitzuteilen. Ein Tag, der zu werden versprach wie jeder andere und doch so schicksalhaft in mein Leben eingriff.

Trephina, meine Schwester, war drei Jahre älter als ich. Sie wurde die zweite Frau eines Nicht-Christen im Nachbardorf, Mutters Geburtsort. Als sie dorthin heiratete, waren die Bewohner sehr erfreut, hatten sie doch die »verlorene Tochter« zurück. Trephina war Mutter eines zweijährigen Sohns und erneut guter Hoffnung. Ich wollte sie unbedingt noch besuchen, war sie mir doch eine liebe Schwester.

An jenem Tage nun, die Sonne hatte den Höchststand noch nicht überschritten, betrat ein junger Mann unser Gehöft. Er hätte eine Botschaft zu überbringen: Trephina sei krank.

»Ernsthaft?«, fragte Mutter erschrocken.

»Jede Krankheit kann sich schnell verschlimmern«, erwiderte er statt einer Auskunft.

Das klang Besorgnis erregend.

»Wir brechen sofort auf«, war das allgemeine Einverständnis unter den Frauen. Ich gesellte mich zu ihnen. Wir gingen schweigend, doch schnellen Schrittes. Die Sorge trieb uns an, jede wusste: Schicken sie einen Boten, handelt es sich um ernsthafte Krankheit, nicht um Unpässlichkeit.

Wer hörte das Wehklagen zuerst? »Trephina«, schrie ich auf, mich durchfuhr ein Schmerz, als hätte man mein Herz zweigeteilt. Ich rannte los, ließ die Frauen zurück. »Nein, nein, nein«, flüsterte ich im Rhythmus mit dem Pochen des Blutes in meinen Adern, und doch kannte ich die unbegreifliche Gewissheit. Mit jedem Schritt schwoll die Hemmungslosigkeit des Klagens an. Dann stürzte ich auf das Anwesen, ins Haus. Ich hob das Tuch, das sie bedeckte, betrachtete ihre noch mädchenhaften Gesichtszüge. Trephina, meine geliebte Schwester! Ich warf mich auf die Knie, betete zu Gott: Bitte, gewähre ihr das ewige Leben.

Mutter, die Tanten, Lea, Nachbarinnen, Freundinnen … drängten herein. Sie tanzten den Trauerschritt, deuteten auf die Tote, auf den gewölbten Bauch. Gequälte Schmerzensrufe drangen aus ihren Mündern. Der Anblick des vergangenen, noch so jungen Lebens erschütterte sie zutiefst. Ihr Groll richtete sich gegen Gott und die Ahnen gleichermaßen. Wie konnten sie einen solchen Tod zulassen? Bebend vor Zorn rissen sich die Frauen die Kleider vom Leib, warfen sich in den Staub. Männer schlugen mit Macheten auf Bananenstauden ein. Gefasstere boten ihnen Einhalt. Ich brach einen Zweig des Strauches, dessen Blüten glutrot in der Abendsonne leuchteten, hielt ihn mit meinen gefalteten Händen, weinte still vor mich hin. So hatte ich Trauer bei den Schwestern im Kloster erfahren.

Ich war unwissend, ganz und gar unvertraut mit dieser bestimmten Auslegung der Tradition, begriff erst, als die Streitigkeiten im vollen Gange waren. Der Tod einer Schwangeren, eine böse, eine schicksalhafte Angelegenheit: Ein Fluch würde über diesem Hause liegen. Die Frau müsse im tiefen Busch, an einem unbekannten Ort also, von einer bestimmten Person begraben werden, sonst würden der Verwünschung weitere Opfer anheim fallen. So die Auffassung der Schwiegerfamilie.

Üblicherweise werden verstorbene Ehefrauen im Gehöft des Mannes beigesetzt. Mein Vater, die Mütter, wir Geschwister wollten Trephina auf unserem Gehöft, versehen mit dem christlichen Segen, bestatten. So die Streitpunkte.

Es berührte mich unangenehm, angesichts einer Toten solche Auseinandersetzungen zu führen. Nach lang anhaltenden, leidenschaftlichen Diskussionen, bei der jedermann seinen Beitrag für entscheidend hielt, wurde Mutters Vorschlag angenommen: Wir setzten Trephina auf dem kleinen Friedhof neben unserer Kirche bei. Ein Katechist predigte Gottes Wort, ein Chor sang geistliche Lieder.

Kaum waren die Choräle verklungen, begannen die Gerüchte. Hexerei wäre im Spiel, niemand zweifelte daran. Nicht die Christen, nicht die Heiden. Jeder hatte seine eigene Meinung, doch am Ende einigten sie sich auf einen Übeltäter – den Ehemann. Doch er blieb von Rache verschont, wurde weder öffentlich beschuldigt, noch entehrt, erntete eher Mitleid, denn Trephinas Tod war ein Missgeschick, keine Absicht. Er hätte den Geist eines Tieres in sich, stark, kräftig …

Als Jäger streifte er durch den Busch, erjagte, was ihm seine Hunde in Reichweite hetzten. »Diesmal war es ein Kleintier, trächtig, verletzt am Ohr. Ich ließ es laufen. Es wird überleben, seine Jungen zur Welt bringen, Beute für später. Konnte ich ahnen, dass der Geist meiner Frau in diesem Tiere lebte und es die Verletzung nicht überlebt?« Trephina litt an Ohrenschmerzen, bevor sie starb.

All die Geschichten, die die Gemüter der Bewohner beider Dörfer beherrschten und erregten, kümmerten mich nicht. Mein Kopf quälte sich mit anderen Gedanken. Der Tod meiner Schwester. So jung, nicht viel älter als ich … Ich hielt Daniel, ihren Sohn, an meiner Seite, drückte ihn an mich, als dieses Entsetzen, dieses heillose Durcheinander im Gehöft herrschte. Diese selbstverständliche Fürsorge ließ in den Köpfen der Männer und Frauen meiner Familie eine Hoffnung keimen, ja, ein Druckmittel entwickeln, das mich wieder an sie binden sollte, wie ich später leidvoll erfuhr. Am Horizont sah ich grauschwarze Gewitterwolken aufsteigen und ahnte, dass mich schwere Regentropfen, gar Hagelkörner treffen werden. »Sophie, sei beharrlich«, schwor ich mir. »Stell dich dem Unwetter, es wird vorüberziehen.«

Von Mutter kam die erste Bemerkung: »Trephinas Vermächtnis an dich«, sagte sie und strich ihrem Enkelsohn zärtlich über das Haar.

Von nun an fühlte ich mich wie ein gehetztes Tier, bedrängt von allen Seiten, ohne Ausnahme. Zuerst die Frage, die mit dem größten Unverständnis gestellt wurde: »Warum willst du keine Kinder?« Jeder wollte sie aus meinem Munde beantwortet hören.

»Es gibt Menschen, die verzichten freiwillig auf die Ehe um des Himmelreichs willen. Wer es fassen kann, der fasse es!«, so zitierte ich die Bibel, um dann zu erklären: »Ich habe mich entschlossen, in der Gemeinschaft gottesfürchtiger Schwestern zu leben, die sich dem Dienst am Nächsten, am Ärmsten, am Hilfsbedürftigsten verschrieben haben.«

Niemand wollte mich verstehen. »Warum willst du unser Dorf verlassen? Pflegst irgendwo fremde Menschen, während wir, darunter deine eigene Familie, an Krankheiten leiden, vorzeitig sterben? Sind wir dir gleichgültig? Sind wir es nicht wert, geheilt zu werden? Müssen es Fremde sein, um ins Himmelreich zu kommen?«

»Und Daniel? Ist er nicht hilfsbedürftig? Du musst heiraten, Kinder haben, Daniel ein Zuhause schaffen. Das bist du Trephina schuldig.« Alle diese Vorhaltungen wurden mit bösen Stimmen vorgebracht, ungnädig. Der mutterlose Daniel war ihr Vorwand, ich wusste es. Ist nicht in jeder Großfamilie Platz und Liebe für ein Kind?

Noch hegte ich die große Hoffnung, sie mit Jesus' eigenen Worten zu bekehren, suchte nach immer anschaulicheren biblischen Texten, um meinen Auftrag, Gottes Bestimmung verständlich zu machen, bat den Himmlischen Vater in inständigem Gebet um Stärke und Überzeugungskraft. Aber die Meinigen verschlossen ihre Ohren, schenkten mir kein Gehör.

Verzagt und mutlos gestand ich mir eines Abends unter Tränen ein, dass mein Widerstand erlahmt, meine Zuversicht geschwunden sei. Mehr und mehr gelang es ihnen, mir einzureden, dass ich Schuld auf mich lade, dass mich mein Gewissen ein Leben lang plagen werde, ließe ich Daniel zurück und ginge meiner Wege.

Eines Tages betrat der Evangelist unser Haus. Es war nicht mein väterlicher Freund von einst, der die Jugendgruppe geleitet hatte. Längst hatte ihn die Kirchenleitung woandershin versetzt.

Wer hatte diesen Diener Gottes ins Haus geladen? Für einen kurzen Moment flammte Hoffnung in mir auf. Ein vom Himmel gesandter Fürsprecher? Meine Hände begannen vor Aufregung zu schwitzen. Doch bereits seine ersten Worte ließen mich erkennen: Sie hatten ihn gekauft. Meine Familie hatte ihm ein Versprechen abgenommen …

Er äußerte unverhohlen sein Unverständnis, dass ich Nonne eines katholischen Klosters werden wollte, wo ich doch durch die Taufe den göttlichen Segen unserer Kirche erhalten habe.

Ich spürte Wut in mir aufkommen, bezähmte sie, sagte mit sanfter Stimme: »Falten nicht alle Christen ihre Hände und sprechen die Worte, die der allmächtige Gott uns vorgegeben hat: ›Vater unser, der du bist im Himmel …‹«

Statt darauf zu antworten, erklärte er mir, was es heißt, Vater und Mutter zu ehren, nämlich zu gehorchen, ihrem Willen zu entsprechen, »auf dass du lange lebest im Lande, das dir der Herr, dein Gott, geben wird«. Er hatte sich noch einen weiteren Satz zurechtgelegt: »Wer Vater oder Mutter flucht, der soll des Todes sterben.«

Ich war ergeben, blieb stumm, hatte nichts mehr zu sagen. Es ist entschieden: Ich werde nie mehr in mein Kloster zurückkehren, um mein Postulat zu beenden, nie als Novizin eintreten. Ich werde bleiben. Meine Familie, mein Dorf hat mich wieder, sie haben gewonnen. Vielleicht ist es Gottes Wille.

Ich kämpfte an gegen Wehmut und Heimweh zum Kloster, Traurigkeit und Trübsinn. War es Gottes Wille, der geschah, musste ich mein Schicksal gehorsam annehmen. So gelobte ich, Daniel eine liebevolle Mutter zu sein.

Doch bevor er zu mir ziehen konnte, galt es ein ernsthaftes Problem zu überwinden: seine Beschneidung. Unterschiedliche Traditionen begegneten sich. Bei uns werden Jungs zwei, drei Tage nach ihrer Geburt beschnitten, ohne Aufwand, Kulthandlungen und Feierlichkeit. Ganz anders in Mutters Dorf. Dort lassen sich die Familien mit diesem Eingriff Zeit, gedulden sich, bis die erforderlichen Gelder für eine Zeremonie, für ein Fest angespart sind.

Daniels Vater war mittellos, ja verschuldet. Die Totenfeier seiner Frau hatte mehr als die geringe Rücklage verschlungen.

Wir hätten Zeit verstreichen lassen können, doch unbeschnitten wäre Daniel in unserem Dorf zum Gespött der Kinder geworden, sprangen sie doch zu jener Zeit im kindlichen Alter noch nackt herum. Ja, was tun? Allgemeine Verlegenheit.

Das Problem weidete sich zum Dorfgespräch aus, erreichte auch die Ohren der Berater des Chefs. Sie baten den bedrängten Vater zu sich, betrachteten seine Lage von allen Seiten und fanden eine durchaus vertretbare Lösung: Beschneidung jetzt, Festlichkeit später.

Der dankte ihnen ihre Hilfsbereitschaft mit einer großen Kalebasse Palmwein. Sicher opferte er auch den Ahnen ihren Teil, auch sie um Verständnis bittend.

Nun wohnte ich wieder im elterlichen Gehöft, bestellte mit Mutter und den anderen Frauen und Mädchen die Felder, ging auf den Markt, folgte wie früher dem Rhythmus von Säen und Ernten. Des Sonntags besuchte ich den Gottesdienst in der Dorfkirche, sang im Chor... Daniel wich nicht von meiner Seite.

Ansonsten führte ich ein Leben, als hätte es die Zeit außer Haus, den Aufenthalt im Kloster nie gegeben. Immerhin, manchmal erfuhr ich Anerkennung, wurde in ein Krankenzimmer gerufen, nicht als Heiler, doch mit der Zeit genoss ich den Ruf, dass ich durch Pflege den Patienten Erleichterung verschaffen könne. Gelang mir dies wieder einmal, war ich hoch beglückt, fühlte mich hilfreich, nützlich. Doch stets auf dem Heimweg überfiel mich Wehmut; Bilder und Stimmungen huschten vorüber, meine Zeit auf der Krankenstation …

Gedanken an die Zukunft verdrängte ich, ja, ich erstickte sie im Keim. Zu oft schon hatte ich mich in Wunschträumen verloren, Pläne geschmiedet, Vorstellungen mit Willenskraft verfolgt … Dann hatten Gott und die Menschen anders entschieden. Jetzt ließ ich das Schicksal gewähren, wartete ab.

Mathias besuchte mich regelmäßig. Ich freute mich auf unsere Gespräche, genoss die Vertrautheit. Ein Freund, ein Kamerad aus der ach so seligen Schulzeit. Jeder wahrte seine Erinnerungen, auch die an die gemeinsamen Essen am Bach. Sein von mir vor Jahren abgewiesener Heiratsantrag wurde mit keinem Wort erwähnt.

Eines Tages brachte er mir eine Flasche Honig, selbst geerntet, erklärte er mit Stolz. Ein anderes Mal Buschfleisch, selbst gejagt … Ich wollte die Geschenke zurückweisen, fand sie zu wertvoll, zu großartig für mich. Mit solchen Gaben erfreut man die geschätzte Großmutter, die Tanten und Onkel, erklärte ich bestimmt, doch Mathias lächelte nur.

Von nun an kam er nie mehr mit leeren Händen, und ich fühlte mich geschätzt, umworben und genoss es mit wachsender Seligkeit. Der Tag war zu erwarten, an dem er mich fragen würde, ob wir ein gemeinsames Leben führen wollten.

Ich hatte mich entschieden, allerdings stellte ich eine Bedingung: Für eine Ehe wollte ich Gottes Segen, das heißt, eine kirchliche Trauung.

Mathias war einverstanden. Ein innerer Friede erfüllte mich. Die sehnlichsten Wünsche von Vater, der Mütter, der Tanten und Onkel, ja selbst der geschwätzigen Weiber des Dorfes würden sich nun erfüllen.

Mathias war noch immer arm, lebte von der Hand in den Mund. Doch anders als damals war ich von der festen Überzeugung beseelt: Wir schaffen es! Wir werden mit unermüdlichem Fleiß Landwirtschaft und Viehzucht betreiben … Oh, in meinem Kopf schwirrten viele Ideen. Zu meinem eigenen Erstaunen trieb mich noch immer der Ehrgeiz, einmal ein besseres Leben als die anderen Dorfbewohner führen zu können. Sein Geld richtig einsetzen, überlegt wirtschaften, war das nicht die Lösung?

Mathias lebte seither von der Jagd. »Doch wie hat sich seit unserer Kindheit die Natur verändert«, klagte er.

Früher ließ man das Gras der Hügel hoch wachsen, schnitt es bei Bedarf für das Decken der Häuser. Natürlich mussten die Dächer von Zeit zu Zeit erneuert werden, denn der Regen durchweichte die Halme, die Sonne bleichte sie aus, machte sie brüchig.

Dann brachten eines Tages die Weißen das Wellblech auf den Markt. Welche Arbeitserleichterung, welche Entwicklung? Jeder, der es sich leisten konnte und vom Fortschrittswillen getrieben wurde, griff begeistert zu. Einmal angebracht, vermag nur noch eine Sturmböe ungewöhnlicher Stärke die Metalltafeln abzuheben und wie Papier zu zerknittern.

Und das Gras? Seither wurde es jährlich großflächig abgebrannt, damit frisches, zartes Grün für die immer größer werdenden Rinderherden der Mbororo nachwuchs. Dem Buschfeuer fielen viele Tiere zum Opfer oder – rette sich, wer kann – flohen in andere Gebiete. »Auch der *Cutting-grass* ist selten geworden«, berichtete Mathias, »diese Ratten, die wir aus ihren Erdlöchern holten. Und weißt du noch, wie wir Kinder die Maisfelder und die Bananenstauden gegen diebische Affenbanden verteidigten?«

Ich wusste es wohl, erinnerte mich noch der Geschichten, die die Jäger erzählten: »Geriet ein Baboun in eine Falle, befreiten es seine Artgenossen. Starb es, begruben sie es, trauerten sieben Tage. Erst dann zogen sie weiter. Oder ein Red Monkey: Ein gefangenes Weibchen klatschte bittend in die Hände, zeigte auf seine Brust. Es stillte ein Junges. Der mitleidige Fallensteller ließ es frei.«

»Tja, der Brautpreis!«, stöhnte Mathias während einer seiner nächsten Besuche. »Die Jagd im Busch macht nicht reich. Von meinen Ersparnissen kann ich lediglich drei Hähne kaufen, damit gäbe sich keine Familie zufrieden.«

Ich schwieg, denn Mathias schnitt ein Thema an, das mir ebenfalls auf der Seele lastete. »Früher war der Brautpreis eine symbolische Geste«, erzählten die Alten, »ein Würdigung der Familie des Mannes an die Familie der Frau, ein Dank, dass sie die Tochter wohl behütet, ernährt und erzogen und bei Krankheit gesund gepflegt hatte. Die Tradition hat sich verändert. Waren es früher Geschenke wie Ziegen, Hähne, Palmwein, Öl und Salz, die die Familien wechselten, sind heute Geldscheine am begehrtesten.« Und die angehenden Ehemänner klagten jetzt: »Die Alten fordern am hemmungslosesten, machen den Schwiegersohn schon vor der Hochzeit zum verschuldeten Mann.«

Ratlos saßen wir beieinander. Weder von den Geschwistern noch von den Onkeln und Tanten konnte Mathias Hilfe erhoffen.

»Viele Junge verlassen das Dorf, arbeiten woanders, um schnell zu Geld zu kommen«, war ein Gedanke, der mir kam, dachte ich an ehemalige Klassenkameraden. Monatelang waren sie weg, kamen zurück, gingen wieder. Saisonarbeiter nannten sie sich, waren beschäftigt auf Tee- und Kaffeeplantagen oder sonst wo.

Plötzlich sprang Mathias auf, schnalzte mit den Fingern, schwieg noch, um meine Neugier zu steigern. Die rettende Idee – ganz sicher! »Ich habe einen Freund, der zapft und verkauft Palmwein in Santa. ›Guter Job‹, meinte er bei der letzten Begegnung. Sophie, heißt das nicht, er macht sein Geld! Nur Prahler schreien herum: ›Ich verdiene gut!‹, provozieren Neidhammel und Missgönner, doch mein Freund ist nicht so. Ihn suche ich auf, er wird mich aufnehmen, mich ins Geschäft einführen …«

»Ich gehe mit!«

Mathias schaute verdutzt, einen Augenblick nur, dann erstrahlte sein Gesicht. »Du willst wirklich …?«

Mit kräftigem Nicken bekundete ich meinen Willen.

»Prima, zu zweit werden wir schneller reich.«

Vom großen Reichtum träumte ich nicht, sprühte aber trotzdem vor Begeisterung. Mir wurde bewusst, seit dem Weggang vom Kloster hatte mir eine herausfordernde Aufgabe, ein Ziel vor Augen gefehlt.

»Aber der Junge …?« Mathias sah mich fragend an.

Mein Blick wanderte hinüber zu dem freien Platz, zum Fußballfeld, zu der sich kreuz und quer fortbewegenden Staubwolke und den Kindern mit dem nie verstummendem Geschrei, einem runden Etwas nachrennend, einem Knäuel, aufgewickelt aus den zähen Fasern des Bananenstrunks. Daniel mitten unter ihnen, störte als Kleinster mehr, als dass er Torchancen vorlegen konnte. »Wir nehmen ihn mit«, dachte ich als erstes. Doch im nächsten Moment wurde ich ernsthafter: »Er wird mich hindern, tatkräftig mit anzupacken. Hier ist er bei allen Müttern zu Hause, isst, wo er gerade Hunger verspürt, findet ein Bett, wo ihn der Schlaf übermannt. Ich werde ihn Mutter anvertrauen, sie liebt ihn innig, das Einzige, was ihr von Trephina geblieben ist.«

»Deine Mutter soll die einzige Person bleiben, die du in unsere Pläne einweihst.«

Ich war erstaunt, doch dann verstand ich, was er wollte: heimlich weggehen. Einige junge Leute vor uns hatten schon einen solchen Schritt gewagt. Sie wollten zusammenleben, der Mann blieb aber der Schwiegerfamilie noch den Brautpreis schuldig. Später, sagten sie sich.

Die günstigste Palmweinsaison stand vor der Tür. Warum zögern?

Schon ein paar Tage später machten wir uns auf den Weg. Mutter gab mir ihren Segen und ihr Wort der Verschwiegenheit, wenigstens für eine gewisse Weile. »Ayei Tong, meine geliebte Tochter, endlich hast du Vernunft angenommen …« Überglücklich ließ ich sie zurück.

Santa. Staubbedeckt entstiegen wir dem ratternden Gefährt, steif die Glieder, dröhnend der Kopf. Benommen, verloren standen wir am Straßenrand, inmitten pulsierenden Lebens. Läden, Werkstätten, Bars, Verkaufsstände, solide gezimmert oder notdürftig zusammengenagelt, reihten sich aneinander. Und überall wimmelte es von Menschen. Das war kein Dorf wie das unsrige.

Mein Blick ging über die Dächer hinweg, in die weitere Umgebung. Die Hügel erhoben sich nicht erdrückend nah wie bei uns Zuhause. Hier schienen sie wie von eines Schöpfers Hand in die Ferne geschoben. Dazwischen lag Farmland.

Verunsichert aufgrund des ungewohnten Lebens, schaute ich mich nach Mathias um, doch der blickte ebenso hilflos drein wie ich. »Besinn dich, Sophie«, ermahnte ich mich, »wir müssen das Zuhause des Freundes finden, ehe die Nacht all dies Unbekannte in tiefes Dunkel hüllt.« Ich bat Mathias, den Weg nach dem Viertel unserer Leute zu erfragen: In der Fremde wohnt man zusammen, Haus an Haus, spricht die gleiche Sprache, pflegt die gleichen Traditionen, hat gemeinsame Verwandte, Freunde … Auf diese Verbundenheiten stützt sich gegenseitiges Vertrauen.

Tony erwies sich als echter Freund. Er begrüßte uns mit überschwänglicher Freude, nahm uns bei sich auf.

Eine erwartungsvolle Unruhe, ein ungewohnter Tatendrang trieb uns am nächsten Morgen aus dem Bett. So früh schon nach der Reise, erstaunte sich Tony.

Er wusste von einem leer stehenden Häuschen. Ergebnis der Verhandlung: Die Miete konnte ich in der Bananenpflanzung des Besitzers abarbeiten. Welch glückliche Fügung, gleich am nächsten Morgen konnte ich beginnen. Ich entschied mich für die ersten Morgenstunden, der Hitze wegen.

Die Sonne brennt hier erbarmungsloser, stellten Mathias und ich übereinstimmend fest. Ich arbeitete mit der Machete, schlug die welken Blätter ab. Auch stemmte ich lange Bambusstangen, um die Pflanzen mit reifenden Früchten zu stützen, damit sie ihr Gewicht und der Wind nicht knickten. Die Ernte wurde mir ebenfalls auferlegt. Bayamseller (Frauen, die Ware ankauften und wieder verkauften) waren meine Kundinnen. Sie erwarben die Bananenbüschel, trugen sie auf dem Kopf zum Markt, um sie dort ganz oder in kleineren Portionen wieder zu verkaufen.

Mathias hielt eine Überraschung bereit. Bei meiner Rückkehr führte er mich stolz ins Haus, präsentierte mir ein Bett. Selbstgezimmert: Material Raphia-Latten. Nun lockte die Versuchung … Ich wagte sie nicht auszusprechen.

»Sollen wir gleich losgehen, eine Matratze kaufen?«, fragte Mathias sachlich, als wäre dies eine Frage der Zeit und nicht des Geldes. Er wartete nicht auf eine Antwort, sondern – gegen jede Vernunft – nahm mich bei der Hand und zog mich in Richtung Markt. Vergangene Nacht schliefen wir nur auf getrockneten Bananenblättern.

Tony hörte sich um, unter Freunden, bei Einheimischen, brachte unser Interesse an einer Raphia-Plantage unter die Leute. Noch bestand keine Aussicht. Wurde ich schon mutlos?

»Vertraue auf Gott!«, beschwor mich Mathias. »Vertraue auf Tony«, riet mir sein Freund, voll Zuversicht.

Ich ließ mich beschwichtigen, trösten. Doch in der Nacht starrte ich in die totale Finsternis, wälzte trübe Gedanken. »Ohne Einnahmen müssen wir zurück ins Dorf!« Diese Vorstellung brannte sich in meinen Kopf ein, bis ich mir fast sicher war, die Rückreise wäre schon morgen. Unterdessen schlief Mathias neben mir, bequem gebettet, sorglos dem Tag entgegen.

Im morgendlichen Sonnenschein erzählte ich ihm von meinen nächtlichen Ängsten. Er lachte mich aus, meinte tröstend: »Tony ist mein Freund, er lässt uns nicht verhungern. Notfalls bitten wir ihn um einen Kredit.«

So weit musste es nicht kommen. Noch im Laufe des Vormittags erschien Tony, führte zwei Männer zu uns, Vater und Sohn. Ich trug unsere vier Hocker vor das Haus. Sie setzten sich. Eine Männerrunde. – Frauen halten sich bei Geschäftsgesprächen im Hintergrund, doch stets nahe genug, um ihre Neugier zu stillen. So auch ich.

Ihre Worte drangen durchs Fenster. Austausch von Höflichkeiten, das Woher, die Familie, die Ernte, die steigenden Preise ... Nach einer angemessenen Weile richtete der Sohn das Wort an Mathias: »Brother, du möchtest eine Raphia-Pflanzung pachten?«

»Das habe ich im Sinn«, bestätigte Mathias höflich die Frage.

Die Verhandlung war eröffnet.

Nun ging es um Größe der Pflanzung, Anzahl der Palmen, Pachtbedingungen, Ausbeute ...

Mit diesen Themen war ich nicht vertraut. Mein Vater war Besitzer, sein eigener Herr. Doch was das Zapfen anbetraf, darin war ich kundig. Begleitete ich ihn doch, seit mich meine Beine trugen, ging ihm zur Hand bei Arbeiten, die meinem Alter entsprachen.

»Mathias und ich werden auf die gleiche Weise zapfen; es hat sich nichts geändert, nichts bis zum heutigen Tag«, da war ich mir sicher.

»O Sophie, deine Gedanken sind in die Kindheit abgedriftet, dabei wolltest du kein Wort verpassen.«

»Du weißt, Palmen, deren Wurzeln fast im Wasser stehen, bringen den meisten Lebenssaft. Meine Pflanzung zieht sich entlang eines Baches. Allerdings, ich hoffe ihr seid nicht fußkrank. Der Marsch dorthin ist erheblich.«

»Ach, Brother, glaube mir«, hörte ich Mathias sagen, »ich röste auch Schuppentiere.«

»Das ist gut!« Zum ersten Mal vernahm ich die Stimme des Vaters.

Jawohl, dachte ich, das ist die Sprache der Alten, in Bildern sprechen. Jeder weiß, Schuppen sind schwer abzusengen, diese Mühe scheut so mancher Faule. Aber leider, Schuppentiere sind längst rar geworden, Mathias' Jagderfahrungen zufolge.

Die Männer brachen auf.

Mathias wollte Entfernung, Lage und Zustand der Pflanzung in Augenschein nehmen, um dann vor Ort die letzten Übereinkünfte zu treffen. Dumm, von mir zu erwarten, aufgefordert zu werden, mitzukommen. Wären noch andere Frauen zugegen gewesen, hätten wir uns der Gruppe anschließen können, aber ich, als einzige …

Es half nichts, notgedrungen musste ich die innere Spannung ertragen und wartete. Die Stunden zogen sich hin wie eine Ewigkeit.

Dann endlich, Mathias bog um die Häuserecke. Was konnte ich an seinem Gesicht ablesen: Zufriedenheit? Missstimmung?

»Abgeschlossen!«, rief er mir quer über die Straße zu. »Der Vertrag ist abgeschlossen, für sechs Monate. Die Bedingungen scheinen günstig«, berichtete er lebhaft, ja begeistert, doch eine Spur ernsthafter fügte er hinzu: »Die Erfahrung wird zeigen, wie günstig sie sich erweisen. Der Erlös des Palmweinverkaufs eines Tages pro Woche gehört dem Besitzer, unser Pachtzins sozusagen. Natürlich hat er den Sonntag bestimmt.«

»Macht nichts, die Markttage machen durstiger, und nach getätigten Geschäften sitzt den Kunden das Geld lockerer in der Tasche.«

Wir verwirklichten unseren Traum, eine kleine Bar. Mathias zimmerte Bänke, platzierte sie vor unserem Haus. »Wie ein Lauffeuer wird sich herumsprechen, dass wir Qualitätswein ausschenken«, meinte er zuversichtlich.

»Und wer bedient?«

»Eine Frau, die wir anstellen. Dich kann ich auf der Pflanzung nicht entbehren«, entschied er.

Mir war es recht.

Später begriff ich, dass er schon damals vermeiden wollte, dass ich mich ohne seine Aufsicht zwischen trinkenden Männern aufhielt.

Einmal verlautbart, schon sprachen zahlreiche Frauen vor. Alle wollten ihr Geld verdienen, zumal mit leichter Arbeit wie dieser. Einige bezogen wir in die engere Wahl ein, entschieden uns zuletzt für Betty.

Sie bewährte sich, überredete mit lustigen Sprüchen die Kunden, einem weiteren Becher zuzusprechen. Betty fielen die Einnahmen des Montags zu.

Wir arbeiteten hart, Mathias und ich, schonten uns nicht, lebten sparsam, gönnten uns nur am Samstag eine Fleischration. Erntezeit des Kaffees: ich half auf den Plantagen, die reifen Beeren zu pflücken, verdiente ein Zubrot. Oh, es machte Spaß, Geld zu verdienen. Mathias schenkte mir das Vertrauen, es zu verwalten. »Hüte dieses Geheimnis«, bat er mich, »sonst trifft mich der beißende Spott meiner Freunde.«

Unsere Einnahmen legte ich sicher an, in einem »Meeting«: Gespart wurde in Gruppen. Der gewählte Kassenhalter forderte von jedem Mitglied wöchentlich oder monatlich eine vereinbarte Summe. Reihum nannte sich jeweils eine Person als glücklich, strich freudig erregt den Gesamtbetrag ein. Damit ließ sich dieser oder jener Wunsch erfüllen. Eine altbewährte und überall praktizierte Sparmethode, denn wer hatte nicht schon die Erfahrung gemacht: Zu Hause verwahrtes Geld zerrann unversehens zwischen den eigenen Fingern oder wurde von Langfingern entwendet.

War ich an der Reihe, trat ich mit der Auszahlung anderen »Meeting«-Gruppen bei, aber nicht ohne einen Teil davon ins Dorf zu schicken. Unsäglicher Stolz erfüllte mich, konnten wir vertrauenswürdigen Dörflern bei ihrer Rückreise Geld für Mutter und Daniel mitgeben. Endlich sah auch Mathias die Zeit für gekommen, sich seiner Schwester, die ihn trotz ihrer Armut aufgenommen hatte, erkenntlich zu erweisen. Aber unser unabdingbares Trachten galt einem angestrebten Ziel: die Summe für den Brautpreis für meine Familie zu erwirtschaften.

Die Männer meiner Familie erwarteten Hähne; das war Tradition. »Wir können sie aufziehen«, schlug ich vor, »statt sie für teures Geld zu kaufen.«

»Gute Idee«, lobte mich Mathias, »hoffentlich sterben sie dir nicht vorzeitig, im Jugendalter.«

»Hast du so wenig Vertrauen in meine Fähigkeit für eine Hühnerzucht?«, sagte ich schmollend. »Versuche dein Glück doch auch, damit gehen wir ganz sicher.«

Nun war es an ihm, erstaunt zu schauen, denn im Dorf ist Kleintierhaltung Frauensache.

Nunmehr herausgefordert, sagte er: »Warum nicht?«

So kaufte jeder sein Huhn, ich »Beauty – die Schöne«, er »Proudy – die Stolze«. Die Hähne der Nachbarschaft arbeiteten mit vollstem Einsatz, und alsbald saßen Beauty auf acht, Proudy auf zehn Eiern. Mathias war stolz wie der Hahn, dessen Nachkommenschaft Proudy nun ausbrütete. Doch leider überlebten von ihren zehn nur zwei, während Beautys Kükenschar alle Gefahren gut überlebte und geschlossen ins Erwachsenenalter eintreten konnte. »Der Mond scheint nicht in alle Wälder«, erklärte mir Mathias, was heißt, »wer Glück hat …« Doch ich wusste es besser: Ich sorgte für meine Küken, warf ihnen dieses, jenes zu. Sie strotzten vor Gesundheit, während Proudy auf die Krümel, Krumen und Körnchen der Straße im starken Existenzkampf mit den Vögeln angewiesen war. Auch mit unermüdlichem Scharren in der festgetretenen Erde fanden sie nicht die benötigte Anzahl Würmer. Mathias hatte seine Schar vernachlässigt. Doch ein Stolz vereinte uns: Alle Hähne, die wir später für den Brautpreis abgaben, waren Nachfahren dieser Zucht.

Der Pachtvertrag für die Pflanzung lief aus. Die große Trockenheit stand bevor, eine Zeit, in der sich der Lebenssaft in der Palme zurückzieht. Geringere Zapfmenge, geschmälerte Einkünfte. Wir planten unsere Rückkehr ins Dorf.

Gründe gab es mehrere. Welcher war der triftigste? Ich konnte ihn nicht benennen. Die Dringlichkeit wechselte je nach meiner Stimmung. An einem Tag trieb mich die Sehnsucht nach Daniel um; an einem anderen erfüllte mich helle Vorfreude bei dem Gedanken, in Kürze mit Mutter, den anderen Frauen und Mädchen die Felder für die nächste Aussaat vorzubereiten: das Aufbrechen in der frühen Dämmerung, die Arbeit in der Morgenfrische, die Mittagsruhe im Schatten, die Gespräche, die Späße, der Stolz am Abend, blickten wir auf das Stück bearbeiteten Feldes … Und natürlich wollten wir unseren Hausbau beginnen. Mathias drängte es, die Verhandlungen unserer beiden Familien über Höhe und Art des Brautpreises anzugehen, und mir schwirrte

Gottes Segen im Kopf, mit dem er unser eheliches Zusammenleben heiligen würde.

War das Leben nicht schön? War es nicht herrlich aufregend, Pläne zu schmieden, Vorhaben anzugehen? Doch, ja, doch ... wäre da nicht eine bislang ungestillte Sehnsucht gewesen, ein Unbehagen sozusagen, das meine Lebensfreude, meine Hochstimmung schmälerte, das mich bedrückte: Ich war noch nicht schwanger.

Ich fieberte dieser »guten Hoffnung« entgegen. Ich konnte meine Ungeduld noch zähmen, aber ich kannte sie, die Frauen im Dorf: ein flüchtiger Blick in die Augen, ein Wiedererkennen, dann wird er tiefer sinken, sich in der Mitte meines Körpers festmachen. Nachdenklich werden sie sich die stille Frage stellen: Warum ist der Bauch noch flach, platt, leer? Manche wird schon denken: die Unglückselige?

Kapitel 6

Männerfreunde – Vaters Frauen –
Die Verhandlungen über den Brautpreis und seine Übergabe

Zurück im Dorf, ertrug ich die Musterungen, die prüfenden Blicke, übersah fragende Gesichter, begrüßte Jung und Alt in bester Laune. Ich zeigte ungespielte Herzlichkeit, denn ich genoss das Wiedersehen mit den Lieben, den Vertrauten, der bekannten Welt. »Daniel, mein Junge, wie bist du hoch geschossen, wie frisches Gras nach dem ersten Regenguss!«

Vater und Mutter befanden sich bei guter Gesundheit. Keiner in unserer zahlreichen Familie litt an einer ernsthaften Krankheit. Natürlich, die üblichen Wehwehchen plagten noch immer: gelegentlich das »Fieber«, es trifft alle jeden Alters gleichermaßen, den Kindern läuft die Nase, reizt der Husten, juckt die Haut…, die Betagteren singen wie eh und je ihr Klagelied über Atemnot und das Ziehen und Stechen der Glieder…

Im Dorf herrschte Bedächtigkeit. Sie war mir fremd geworden, zu umtriebig, zu arbeitsam gestalteten sich unsere Tage, unser Leben in Santa. Mit Übereifer, gewohnter Betriebsamkeit wollte ich meine Vorhaben angehen, doch die Dorfbewohner gaben mich nicht frei. Jeder Einzelne erhob den Anspruch, unsere Erfahrungen direkt erzählt, die Fragen in aller Ausführlichkeit persönlich beantwortet zu bekommen.

Am großen Markttag gelang es mir jedoch, ihnen zu entwischen, und ich fand, was ich suchte: kleine Ferkel. Ich erstand drei für einen günstigen Preis. Stolz brachte ich sie nach Hause, doch dort erwartete mich nichts als Hohngelächter. Selbst Mathias schloss sich spöttelnd der einhelligen Meinung an, dass diese Winzlinge ohne ihre Muttersau keine Chance des Überlebens hätten. Selbstbewusst berief ich mich auf meinen Erfolg mit den Küken, verlor kein Wort über seinen Misserfolg … Mein Ehrgeiz war geweckt. Ich werde meine Ferkel hegen und pflegen, schwor ich mir. Sie sollen dick und fett werden und mir ein gehöriges Sümmchen einbringen. Ich wusste wofür – eine Überraschung für Mathias.

Er hatte in der Zwischenzeit seine Brüder aufgesucht und sie damit beauftragt, den Brautpreis mit meiner Familie auszuhandeln.

»Unsere kirchliche Trauung«, mahnte ich unterdessen Mathias, »lass uns den Pfarrer aufsuchen.« Er antwortete ausweichend, hatte stets Dringenderes zu tun … Noch war ich unbesorgt, hegte keine zweifelnden Gedanken. Zu sicher war ich mir seines Einverständnisses, ja, gewiss, dass ihm dieser feierliche Akt selbst am Herzen lag. Doch die Zeit strich dahin.

Allmählich beschlich mich Beunruhigung. Langsam hegte ich einen Verdacht: Einflussnahme seiner Freunde. Im Dorf traf er sie regelmäßig. Sie lebten mit Frauen und Kindern ohne Gottes Segen. Hat er unseren Wunsch, eine kirchliche Trauung, mit ihnen besprochen? Und ihre Reaktion? Verständnis, Zuspruch oder Abraten?

»Sie machen sich lustig über ihn«, flüsterte mir eine Freundin, Schwester einer seiner Kameraden, im Vertrauen zu. Ich schmollte mit ihr, bat sie, nicht mit mir auf diese Art zu scherzen. »Aber nein, Sophie, ich habe sie miteinander diskutieren, lachen, spotten hören«, versicherte sie mir ernsthaft.

Ich war wie vor den Kopf geschlagen, wie vom Donner gerührt. »Aber«, flüsterte ich, schaute sie fassungslos an, »eine kirchliche Trauung, das war meine Bedingung … Und er stimmte zu, voller Überzeugung, im Einklang mit der Bibel zu leben: ›Darum wird ein Mann seinen Vater und seine Mutter verlassen und seinem Weibe anhangen, und sie werden sein ein Fleisch.‹ Wobei *ein Fleisch* als seelische Verbundenheit gemeint ist.«

Die Freundin lachte. »Sophie, im Dorf herrscht nicht die Heiligkeit des Klosters! Sie fragten ihn: ›Willst du dich wirklich und wahrhaftig vor Gott dem Allmächtigen festlegen, nur eine einzige Frau zu besitzen, bis dass der Tod euch scheidet?‹ – ›Wenn sie den Kopf verliert, verhext wird, verflucht?‹ – ›Wenn sie leidend wird, ein Krüppel?‹ – ›Wenn sie unfruchtbar ist?‹ – ›Oder nur Mädchen zur Welt bringt?‹ So prasselten die Fragen auf ihn nieder. ›Sie, die Sophie, wird keine zweite Frau neben sich dulden, für sie ist es Ehebruch, eine Todsünde, wie die Kirchenleute predigen. Erzwingst du den Einzug einer anderen, werden dir zwei Furien im eigenen Haus das Leben zur Hölle machen.‹ Mathias antwortete nicht, stand stumm inmitten seiner erregten Freunde, lächelte. Doch ich sah ihm in die Augen, erkannte die Wirkung ihrer Worte, seinen inneren Zwiespalt, die wachsenden Zweifel.«

»Nein!« Wirre Stimmen riefen in mir. »Nein, nein, nein«, dröhnte es in meinem Kopf. Ich wollte diese Tatsache nicht wahrhaben, versuchte sie abzuwehren, zu ersticken, aus meinem Bewusstsein zu bannen. Ein Missverständnis – ohne Zweifel, redete ich mir ein. Doch überzeugt daran zu glauben gelang mir nicht.

Nun drängte es mich nach Klarheit, auch wenn sie bitter schmecken sollte. Wollte die Ablehnung hören, aus seinem, aus Mathias' Mund, eine Erklärung, formuliert mit seinen Worten.

Er druckste herum, hielt meinem Blick nicht stand, zupfte erbarmungslos an der neuen Haut einer schwach verheilten Wunde seiner Hand, bis Blut lief – und blieb letztlich eine klare Antwort schuldig. Ich wusste Bescheid; die Entscheidung war gefallen, endgültig.

Die Enttäuschung schmetterte mich nieder. »Wo ist ein Mensch, der mich anhört, versteht?« Ich flüchtete zu Mutter und weinte. Zusammengekrümmt saß ich auf meinem Hocker, das Gesicht in den Händen verborgen. Mutters Arm lag auf meinen Schultern. Ich spürte, ohne aufzuschauen, ihr besorgter Blick ruhte auf mir. Draußen tobte ein Gewittersturm. Das ist Gottes Stimme, die mir droht: »Wehe, du gehst eine heidnische Ehe ein.« Große Tropfen donnerten wie Trommelfeuer auf das Wellblechdach, schluckten mein Schluchzen, machten Worte unverständlich – also schwiegen wir.

Als Regen und Wind sich legten, begann sie zu sprechen: »Ayei Tong, Mathias' Ablehnung ist kein Aufbegehren gegen dich. Du musst sie verstehen, die Männer ... sie hören nicht auf ihre Frauen. Nach ihrer Überzeugung sind wir Wesen ohne Verstand. Sie schwören auf ihre Freunde. Sie sind ihnen verlässliche Ratgeber in allen Entscheidungen, und ihre Vorschläge beherzigen sie. Schon so manch einem setzten sie widersinnige Flausen in den Kopf oder verleiteten ihn zu folgenschweren Dummheiten. Trotzdem, Männerfreunde sind die engsten Lebenspartner unserer Ehemänner. Wir, ihre Ehefrauen, manche nennen stolz zwei, drei oder mehr ihr Eigen, sollen Kinder gebären, sie aufziehen ... den Nachwuchs sichern, der ihnen Anerkennung verschafft, mit dem sie grosstun ob ihrer Manneskraft, je zahlreicher er ist.«

Mutter fuhr fort: »Nun dein Verlangen nach einer kirchlichen Trauung. ›Einfall einer Weibsperson‹, werden sie's belustigt nennen, ›der das gewohnte Leben einschränkt, das Ansehen schmälert... Sollen wir Männer dem stattgeben? Mathias, nur ein Schafsbock, rennt blind in sein Verderben.‹«

Mutter schwieg. Nach einer Weile fragte sie: »Ayei Tong, erkennst du die Macht dieser Freundschaftsbanden?« Ihre Stimme klang verändert, leiser.

»Ja, Mama, nur...« Ich zögerte, fand mich plötzlich töricht, gutgläubig wie ein Kind. Mutter gegenüber durfte ich meine Einfalt eingestehen: »Mama, ich dachte nur, Mathias sei anders. Redete mir ein, Gottes Wort sei ihm wichtiger als seine Freunde.«

Eine Täuschung. Diese Erkenntnis entlockte mir ein schmerzliches Lächeln. Doch sogleich überkam mich Angst. Beklemmend, quälend überfiel sie meinen Körper, meine Seele. »Mama, ich fürchte Gottes Zorn. Wird er uns heidnischen Eheleute strafen?«

»Ayei Tong, leben wir nicht alle in Sünde, die Bewohner eines ganzen Dorfes, der Nachbardörfer? Bis auf wenige Ausnahmen. Der Gott der Weißen ist ein gütiger Gott. Er erkennt dein

Bestreben an, im Sinne seiner Botschaft zu leben, deinen guten Willen. Kannst du allein vor den Traualtar treten?«

»Ach, Mama«, entfuhr es mir, begleitet von einem Seufzer aus tiefstem Herzen. Spendete sie mir Trost? Darüber wollte ich nachdenken. In dem Moment spürte ich ein dringendes Verlangen nach Stille, Alleinsein …

Mutter erkannte mein Bedürfnis nicht. Rührend ihr Bemühen um Erklärung und Zuspruch. »Weißt du, auch Männer wollen gute Christen sein, gemäß der Bibel leben, doch für *ein* Verbot fehlt ihnen jegliche Einsicht. Mein Kind, hör diese Geschichte: Die Missionare kamen, ich weiß nicht, ob mich meine Mutter zu jener Zeit schon geboren hatte. Sie riefen das Volk auf die Versammlungsplätze. Die Menschen strömten herbei, getrieben von Neugier, lauschten gebannt den Worten, die die weißen Männer ihnen durch ihre Übersetzer zu verkünden hatten. Ihr Chef, Herrscher über dieses große Volk, war ergriffen von der frohen Botschaft, wurde ein treuer Anhänger des Christentums. Er versäumte keinen Gottesdienst, erlernte den Katechismus. Trotzdem verweigerten ihm die Missionare die Taufe. Der Grund: Vielweiberei. Er wollte sich jedoch nicht trennen von seiner Frauenschar, nicht verzichten auf deren Liebesdienste. ›Dann wirst du auf ewig Heide bleiben und das Himmelreich sei dir verwehrt‹, prophezeiten gnadenlos die Missionare.«

»Warte, Mutter, ich kenne den Text, den auch heute noch Pfarrer und Evangelisten mit drohender Stimme zitieren.« Meine Bibel lag griffbreit. Galeter, Kapitel 5 hatte ich schnell gefunden, las, übersetzte in ihre Sprache: »Offenkundig sind aber die Werke des Fleisches, als da sind: Unzucht, Unreinheit, Ausschweifung, Götzendienst, Zauberei, Feindschaft, Hader, Eifersucht, Zorn, Zank, Zwietracht, Spaltungen, Neid, Saufen, Fressen und dergleichen. Davon habe ich euch vorausgesagt und sage noch einmal voraus, die solches tun, werden das Reich Gottes nicht erben.«

Bei jeder aufgezählten Missetat, die uns Menschenkinder zu unterlassen geboten ist, nickte Mutter mit bestätigender Miene. »Ayei Tong, eine lange Liste«, meinte sie nachdenklich.

»Mama, mein Herz klopft vor Angst. Sehe ich mein alltägliches Leben. Begehe ich nicht viele dieser Verbote von morgens früh bis abends spät? Und natürlich auch nachts, ohne diese kirchliche Trauung«, zwang ich mich flüsternd hinzuzufügen.

»Mein Kind, sei nicht bange.« Sie nahm mein Gesicht in beide Hände, sah mir in die Augen. »Sagte ich dir nicht, der gütige Vater sieht deinen guten Willen, erkennt dein Bemühen an.«

Diese Worte klangen so tröstend, so aufmunternd, dass das Pochen in meiner Brust sich legte, das Zittern meiner Hände nachließ und die Beklemmung aus meinem Herzen wich.

Ruckartig veränderte sie Haltung und Stimme: »Übrigens, weißt du, was der Chef des großen Volkes nach verweigerter Taufe tat?« Die Geschichte kannte ich, doch ich schwieg, geduldete mich, wartete auf Mutters Erklärung: »Er trat einer anderen Religion bei, einer, die seine Frauen akzeptierte, und Heerscharen seiner Untertanen folgten ihm. Ja, er wechselte zum Islam, dem auch die Mbororo angehören.«

Ein Gedanke schoss mir durch den Kopf. Plötzlich fing mein Herz erneut an, unbeherrscht zu pochen. War dies der richtige Augenblick? Durfte ich jetzt die Frage stellen, die mir seit langer Zeit den Kopf verwirrt, das Gemüt bewegt hatte? »Mama«, begann ich vorsichtig, »du warst Vaters erste Frau. Nach deinen Erzählungen wart ihr beide von frühester Jugend an ergriffen vom christlichen Glauben und trotzdem nahm Vater drei Frauen?

»Oh, meine Tochter, dein Gesicht verrät mir, wie stark dich diese Frage bewegt. Du hast mich nie um eine Erklärung gebeten. Warum? Ich hätte sie dir längst gegeben: Männerbündelei natürlich.« Ein Lächeln huschte über ihr Gesicht. »Dein Großvater väterlicherseits und Annas Vater waren unzertrennlich, eins, seelenverwandt sozusagen.« Mutter hakte zwei Finger ineinander, wie Glieder einer Kette, versinnbildlichte mit dieser Geste die Verbundenheit der beiden Männer. »Bei Annas Geburt überreichte dein Großvater den glücklichen Eltern ein Säckchen Salz.«

»Salz bei einer Geburt«, erstaunte ich mich, doch belehrte mich sogleich: Ja, warum nicht? Bereitet Salz, als Geschenk, nicht stets unverkennbare Freude? Bei Besuchen der Tanten, Großmütter, Schwestern, Cousinen, geschätzten Nachbarinnen ... darf es neben Seife und Palmöl nicht fehlen.

Mutter war meine anfängliche Verwunderung nicht entgangen, fühlte sich nunmehr zu einer ausführlicheren Erklärung aufgefordert: »Salz ist eine Kostbarkeit. Eine Soße, ein Stück Fleisch, Gemüse, ungesalzen, ist geschmacklos, schmeckt fad. Gewiss erkannten das die Menschen irgendwann, Generationen vor uns, nachdem sie die erste Prise davon auf die Wurzelknollen in ihren Tontopf oder auf ihr über dem Feuer brutzelndes Stück Wild gestreut hatten. Gott weiß, wie es in ihre Hände kam? Doch gewiss, einmal verkostet, wollte niemand mehr auf diese Gaumenfreude verzichten. Noch genüsslicher schlugen sie sich fortan die Bäuche voll.«

Mutters Phantasie reizte mich zum Lachen. Ihre Miene aber blieb ernst:

»Noch war es rar, wurde daher umso kostbarer, stand zuweilen als Zeichen für die Einhaltung eines Versprechens. Es war ein Pakt, den die beiden Männer schlossen. Dein Großvater besiegelte ihn mit einem Säckchen Salz: ›Werter Freund, dein neugeborenes Mädchen Anna und mein jüngster Sohn Philippe sind füreinander bestimmt.‹ Noch kuschelte sich der zukünftige Ehemann als Kleinkind wohlig, eingebunden in ein Tragetuch, an Mamas Rücken. Aber später, so ersehnten es die Väter, würden der Sohn des einen und die Tochter des anderen die beiden Familien verwandtschaftlich verbinden.

Anna wuchs heran, erblühte in einer augenfälligen Schönheit. Doch leider entwickelte sie gleichzeitig einen unangenehmen Wesenszug: Starrsinn. Woran liegt es, fragten sich die Erwachsenen, zuckten über ihre Verrücktheiten ratlos die Schultern, schüttelten erbost die Köpfe. Fehlte ihr die nötige Strenge? Anna jedenfalls, dieses eigenwillige Geschöpf, erdreistete sich, nun herangewachsen, den von ihren Vätern ausersehenen Ehepartner zu verweigern. Er sei schüchtern, ungelenk, aus ihm würde nie ein Mann der Tat. Gut, die Familie hätte sie zwingen können, wie schon so manches andere junge widerspenstige Mädchen, das von starken Männerarmen an den Ort ihrer Bestimmung gebracht wurde. Doch deinem Großvater widerstrebte ein solcher Gewaltakt.

Ein anderes Problem beschäftigte die Gemüter. Großvater hatte bereits mit der Zahlung des Brautpreises begonnen, erfreute seit Jahr und Tag die zukünftige Schwiegerfamilie mit Aufmerksamkeiten. Annas Weigerung brachte nun ihre eigene Familie in Nöte: Gemäß der Tradition müsste sie die Geschenke zurückgeben. Was tun, der Mimbo war längst getrunken, Hühner und Hähne waren gegessen, die Tücher für die Frauen ausgeblichen, fadenscheinig, gar zerrissen, das Palmöl verbraucht, das Geld verflossen … ›Ich verzichte auf die Rückgabe‹, erklärte dein Großvater großzügig, doch dann erkannten sie die Gefahr. Wer blickt schon voraus? Wer weiß schon, zwischen welchen Personen, Familien sich Gehässigkeit entwickelt? Das Gedächtnis der Dörfler ist langlebig, von ewiger Dauer. Alte, hochgespielte Geschichten eignen sich vortrefflich, um Zwietracht zu säen. ›Kein Zerwürfnis‹, darin waren sich die Männer einig. Den lieben Frieden wollte man wahren, auch für die Zukunft.

Dein Vater rettete die Ehre beider Familien. Es fiel ihm nicht leicht, er rang mit sich um diese Entscheidung, bevor er sie mir unterbreitete. Ich unterstützte ihn. Es war uns bewusst, als Christenmenschen luden wir Schuld auf uns, aber wir leben auf Erden, in einer Gemeinschaft mit gutgesinnten und böswilligen Menschen und wollten auch fortan in Frieden ohne bedrohende Feindschaft überleben.

Eines Tages nun machten sich dein Großvater, sein ältester Sohn und dein Vater auf den Weg, um zu erfragen, ob Anna willens ist, die mitgebrachte Kalebasse, gefüllt mit Mimbo, zu öffnen. Sie war noch jung. Die Familien waren sich einig, warum warten, bis Gerede aufkommt? Anna zögerte nicht. Trotz ihrer Jugend erkannte sie in deinem Vater den Tatendrang, den sie Philipp absprach. Den Besitzer einer Schweinzucht, von Kaffeesträuchern, Raphia-Palmen … und sie war sich sicher, dass er ihr ein angemessenes Stück Land zuweisen würde, das ihren zukünftigen Kindern ausreichend Nahrung bieten sollte.«

Mutter streckte ihren Körper, unterdrückte ein Gähnen. Ohne Worte drückte sie aus: Das war sie, Annas Geschichte.

Aber nein, Mama, nicht aufhören! Dein Bericht ist unvollständig, lückenhaft. Ich will viel mehr wissen. Neugier plagte mich noch ... Ich wollte sie nutzen, die Gunst der Stunde. Wann wieder würde mir Mutter einen so aufschlussreichen Einblick gewähren?

»David, Isaiah, Mathew, Mary, Rose, Drusilla ...« Ich zählte die Namen auf. Ja, gestand ich mir, ich bin ihnen in Liebe zugetan, meinen Brüdern und Schwestern, Annas Söhne und Töchter.

»Sechs Kindern schenkte sie das Leben.« Lag in meiner Stimme ein erstaunter, verwunderter Ton?

Mutter blickte mich prüfend an. »Was scheint dir ungewöhnlich daran?«

»Hm, eigentlich nichts.« Ich wollte nicht mit der Sprache heraus, hätte eine Wertung ungehörig gefunden.

»Du meinst, Anna und Vater pflegen keine überaus glückliche Beziehung ... und dennoch sechs Kinder?«

Ich nickte. Genau, das waren meine Gedanken. Annas ungebührendes Verhalten. Oft verstimmte es Vater, ließ ihn gereizt reagieren.

Mutter sah mich belustigt an: »Nun, er tat seine Pflicht. Sind sechs Kinder kein erkennbarer Beweis? Kann sie ihm Nichtbeachtung vorwerfen?«

Mehr wird sie mir über dieses »Zusammenleben« nicht verraten. Darüber spricht man nicht.

»Kamst du mit ihr zurecht, damals, als sie ins Haus kam?«

Mutter holte tief Luft, als ringe sie mit der Entscheidung, an diese Zeit zurückzudenken.

»Es war ein Kampf. Sie erkannte mich nicht an, respektierte mich nicht als ›Erste‹, nicht als ›Ältere‹, überging meine Vorgaben, stellte eigene Regeln auf, entgegen der familiären Gemeinschaft. Durfte ich diese Anmaßung dulden? Nein, Ayei Tong! Sie hätte mich zur Witzfigur gemacht, vor aller Welt. Ich versuchte es in

Güte, wollte mich nicht zu bösen Worten verleiten lassen. Ohne Erfolg ... Vater griff ein, allerdings erst, als sein Wohlergehen litt. Anna kehrte stets spät vom Feld zurück, bei Einbruch der Dunkelheit. Begab sich langsam, in aller Seelenruhe, in ihre Küche, auch an den Abenden, an denen sie für Vaters Mahlzeit zuständig war.«

»Ach ja, ich erinnere mich«, fiel ich Mutter ins Wort, zu deutlich waren mir plötzlich Vaters mürrische Worte im Ohr: »Meine versalzenen Yamsknollen sind gar, wenn andere sich für das Zubettgehen richten.«

»Ja«, ergänzte Mutter, »und oftmals fand er sich in unserer Küche ein, blickte herum, murmelte missgelaunt: ›Mein Magen knurrt.‹«

»Und Vater duldete den Missstand für lange Zeit?«, wunderte ich mich über den ungewöhnlichen Langmut, die Schafsgeduld dieses zielstrebigen Mannes.

»Die Verantwortlichen beider Familien beratschlagten sich, knöpften sich Anna vor, setzten sie unter Druck, belehrten sie ... Weiß ich's? Danach zeigte sie sich freundlicher, wurde aufrichtiger, geselliger, auch mit zunehmender Kinderzahl. Ayei Tong, was erzähle ich dir, du weißt es selbst: Anna ist noch immer eine unbequeme Person.« Sie seufzte ...

Ach, Mutter! Eine Schwere lastete auf meinem Gemüt, ich war ergriffen von Mitleid, erfüllt von Anteilnahme. Du bringst dein Opfer im Erdulden dieser Frau. Nie ahnte ich die drückende Last, die Bürde, du bewahrst stets Haltung, gibst dich unbeschwert, selbstsicher, als gelänge es niemanden, deine innere Ruhe zu stören, deine Persönlichkeit zu verletzen. Du trägst dein Kreuz. Doch Er, Gott der Gerechte, schenkt dir Trost auf besondere Weise: Vaters Liebe. Ist er dir nicht zugetan bis zum heutigen Tag? Betrachte sein Gesicht, wenn er dir begegnet. Echte Freude erhellt seine Miene. Er sitzt bei dir, zuweilen stundenlang, lacht, scherzt oder berichtet von ernsten Dingen.

Darf ich es wagen? Ist sie willens, zeigt sie noch Bereitschaft für die Antwort einer letzten Frage? Ich zögerte, ließ es dann aber darauf ankommen: »Und Mutter Helene, wie kam sie in unsere Familie, als dritte Frau? Eines Tages war sie da, ich erinnere mich noch. Doch die Umstände ...«

»Die haben die Erwachsenen euch Kindern verschwiegen, wolltest du sagen?«

»Oh, Mutter, es sollte kein Vorwurf sein«, beteuerte ich.

»Schon gut, Ayei Tong, diese Frage erwartete ich noch, ohne sie wäre meine Geschichte unvollständig. Sie ist kurz beantwortet, bedarf keiner langen Ausführung: Auch Helenes Einzug war auf Anna zurückzuführen.« Mutter hielt inne, fügte dann verschmitzt hinzu, »zumindest dem Anschein nach«.

Ich horchte auf, ungeduldig, hatte weder den Sinn der Aussage, noch ihre Belustigung verstanden, hoffte auf eine Erklärung.

»Dein Vater unterbreitete mir eines Tages einen wohlgemeinten Ratschlag seiner Freunde: Nimm eine Dritte! Zwei Frauen zanken, hadern miteinander, liegen sich ständig in den Haaren. Es geht um die Gunst. Mit zweien kehrt niemals Friede ins Haus. Eine altbewährte Erfahrung. Bei dreien finden stets zwei zueinander, rücken zusammen, zwingen mit ihrer Übermacht einen Querkopf zur Vernunft. Fürsorglich, nicht?« Mutter lächelte, zeigte sich noch immer amüsiert. »Doch ich wusste, Vater hatte lange vor Verkündung der Weisheiten seiner Männerfreunde sein Herz an Helene verloren.«

»Aber Mutter, das war Täuschung, Arglist«, platzte ich erzürnt heraus.

Besänftigend legte sie ihre Hand auf meinen Arm, gebot mir Einhalt, stoppte meinen empörten Ausbruch. »Ayei Tong, beruhige dich! Helene im Haus war eine große Hilfe, eine Entlastung. Von Anbeginn verstand sie Annas üble Launen zu besänftigen, ihre unberechenbaren Handlungen zu lenken ... Ja, und ich ..., ich spürte bereits das Alter. Die Geburten hatten an mir gezehrt. Das bisschen Eifersucht, das ich noch fühlte, ließ sich leicht bezähmen, mit Vernunft verdrängen. Ehrlich, ich empfing Helene mit offenen Armen, ohne Wehmut. Lass sie ihm Kinder schenken, sagte ich mir. Söhne, er hat nur Annas drei. Keinen meiner

Jungs ließ der Herr lange auf Erden verweilen.« Ein Hauch von Trauer huschte über ihr Gesicht.

Oh, ich danke dir, Mutter. Du hast dich mir offenbart, mich eingeweiht in eine Schattenseite deines Lebens. Gewiss, ich begann meine Fragerei aus Neugierde, wollte eindringen in Verschwiegenes, wollte Hintergründe erfahren. Doch nun erkenne ich, du hast mir mit deiner Erzählung Lebenshilfe gegeben. Meiner Bestürzung über Mathias' Verhalten, meiner Enttäuschung über die versagte Trauung ist Besinnung gewichen. Dein Bericht geht mir im Kopf herum, hält mich gefangen. Wie sich unsere Entsagungen ähneln. Auch du hattest einst die Vorstellung, nämlich im Sinne Gottes, als einzige Frau deines Ehemanns zu leben. Doch die äußeren Zwänge waren stärker, die Tradition, die Familienehre. Du musstest Zugeständnisse machen. Welche Wahl hättest du gehabt? Und welche habe ich? Du fragtest mich spaßig, doch herausfordernd, als ich dir meinen Jammer offenbarte: Kannst du allein zum Traualtar gehen? Kann ich nicht. Erwartet Gott, dass ich Mathias verlasse, des Glaubens wegen? So fordernd kann er nicht sein. Mutter, ich will stark sein wie du. Du lehrtest mich, unabänderliche Gegebenheiten hinzunehmen.

Beide Familien drängten. Ihnen schien längst die Zeit für gekommen, miteinander in Beziehung zu treten. Schließlich und endlich sollte die Angelegenheit des Brautpreises vollzogen werden. »Erst dann wird eine Frau zur Ehefrau«, bekam ich von jedermann und fast tagtäglich zu hören.

Das Geld lag bereit, Münze um Münze erwirtschaftet mit unserer Hände Arbeit. Mathias wusste von Anbeginn, auf eine Unterstützung konnte er weder vonseiten des Onkels noch der Brüder zählen. Dieser Sache bewusst, packte ich umso tatkräftiger an. »Ungewöhnlich, unsere Situation«, meinte Mathias zuweilen, sich stets verlegen am Kopf kratzend, »eine Frau vergießt Schweiß für die Zahlung ihres eigenen Brautpreises. Aber«, fügte er in der gleichen Regelmäßigkeit hinzu, »allein auf mich gestellt hätte ich handeln müssen wie andere junge, heiratswillige Männer es tun: bei

Freunden und anderen hilfsbereiten Menschen kleinere und größere Sümmchen zusammenpumpen. Und, bedrückend, nach kürzester Zeit drängen die Kreditgeber auf Rückzahlung …«

Bereits in Santa hatten wir uns die Köpfe zerbrochen, überlegt, abgewogen: Welche Gaben sind für die Ehrwürdigen meiner Familie gebührend? Lassen sie sich mit dem von uns zugedachten zufrieden stellen?

Gewissenhaft notierte ich die Art des Geschenks und die Kosten. Mit Spannung errechneten wir die Endsumme, starrten ungläubig auf die Zahlen, überprüften, hofften auf fehlerhaftes Addieren. »Korrekt!«

»Korrekt!«, riefen wir aus, einstimmig, wie aus einem Munde.

Von dem Stück Papier vor uns, einer herausgerissenen Schulheftseite, stach uns ein Betrag ins Auge in einer Höhe, die weit außerhalb unseres bisherigen Lebens stand.

»Abstriche!« Eine Entscheidung ohne Überlegung. »Doch bei wem?«

Später erhöhten wir gar den Betrag. »Ich will nicht als Geizhals in die Geschichte deiner Familie eingehen«, erklärte Mathias entschieden, »zumal wir außerhalb des Dorfes arbeiten. Entwickeln sie nicht alle in ihren Köpfen die Vorstellung, dass wir hier das große Geld machen; entsprechend sind ihre Erwartungen.«

Gewiss, ein genauer Voranschlag des Brautpreises lässt sich nie erstellen, lediglich der »Ausgangspunkt der einzelnen Verhandlungen«, darin einbezogen die Schätzung, in welche Höhe eine Person ihre Forderungen schrauben könnte. Bewies nicht in vielen Familien die Erfahrung, dass sich der Brautvater oder die Brautmutter, die Großeltern, ein Onkel oder die Tanten als anmaßender, ja, gieriger herausstellten als erwartet?

»Ich kenne meine Familie, habe Vertrauen in sie«, beruhigte ich Mathias, »sie werden dich nicht ausbluten lassen, würden sie doch mit gleichem Schlag mich, die Tochter ihrer Familie, schädigen.«

Am Tag der Aufwartung waren Mathias und ich nicht zugegen. Seine Brüder und der Onkel erstatteten uns später Bericht. Von ihnen erfuhren wir den ungefähren Verlauf:

Die drei Männer waren vor Vaters Tür getreten, hatten in die Hände geklatscht. Ein übliches Zeichen: Hier bittet ein Gast um Einlass.

Es war kein verabredeter Besuch, doch die Männer hatten vorher Erkundigungen eingezogen, ob sich der Hausherr nicht auf Reisen befinde. Großer Markttag war erst am Tag zuvor, und gemäß der von mir gegebenen Auskünften über Vaters Gewohnheiten beschäftigte er sich zu dieser Stunde nicht in der Pflanzung und mit der Schweinezucht, sondern genoss ein »Pfeifchen« in der Stille seines Hauses.

Sie kamen nicht mit leeren Händen, wussten sie doch, was die Tradition für eine Brautwerbung vorschreibt, auch wenn sich unser Fall so ganz anders darstellte. In einem Korb hechelte ein der Freiheit beraubter, aufgeregter Hahn, das schönste Exemplar meiner Zucht, ein Nachfahre der Henne aus Santa. Der Onkel trug eine Kalebasse. Sie hatte ihr Gewicht. »Ich wollte sie ihm abnehmen«, erzählte mir später Mathias' Bruder, »doch energisch lehnte er ab: Ich selbst habe den Palmwein im Morgengrauen gezapft, werde ihn persönlich dem Brautvater übergeben, also ihn auch tragen.« Na, gut! Das Geld, ich wusste es, trug Mathias' ältester Bruder in der Hosentasche.

Mein Vater empfing die Delegation mit freundlichen Worten. Der Hahn erfuhr seine verdiente Bewunderung, wanderte danach schnurstracks in die Küche, wo er sich mit kräftigen Flügelschlägen für die wiedergewonnene Freiheit bedankte. Konnte er ahnen, dass er im nächsten Moment sein Leben, danach sein Federkleid und die Eingeweide lassen musste, um kurze Zeit später in einem großen Topf mit Kochbananen, Kräutern, Gewürzen, in Wasser und Palmöl gar gekocht zu werden?

Die Männer saßen zusammen, sprachen dem Palmwein zu, tauschten Ansichten aus über das Ortsgeschehen. Ein jeder äußerte sich mit Bedacht, besonnen, kein Wort sollte herausfordernd wirken, in keiner Weise. Obgleich, es erwartete sie keine Überraschung in der Brautwerbung, keine Ablehnung, keine tatsächlichen oder vorgegebenen Widerstände. Mathias und ich lebten zusammen, seit langer Zeit. Es wäre widersinnig gewesen, noch bei dieser Begegnung die traditionellen Zeremonien durchzuspielen. Weder der Onkel noch seine Brüder brachten eines der üblichen sinnbildlichen Bittgesuche vor: »Wir haben eine Blume in eurem Garten gesehen. Sie ist so schön, so strahlend, wir begehren sie, um ein wenig Licht in unser Gehöft zu bringen.« Auch die in einer Familie mit mehreren heiratsfähigen Mädchen durchaus berechtigte Frage des Familienoberhauptes, um welche Blume es sich handle, erübrigte sich in unserem Fall. Bei diesen Gegebenheiten konnten sich die Männer der Muse des Plauderns über Alltäglichkeiten hingeben, scheinbar entspannt, jedoch der Schein könnte trügen. Vielleicht wartete der Vater ungeduldig auf das Angebot der Gäste, einen Spaziergang zu unternehmen? Vorstellbar auch: Der Onkel fieberte voll innerer Unruhe auf den Moment für diesen Vorschlag.

Vater führte die Gäste durch seine ans Gehöft grenzende Kaffeefarm, sein Stolz seit jeher, ich wusste es. Wahrlich, ein paradiesischer Ort, zumal zu jener Jahreszeit. Unzählige kleine Blüten übersäten die Zweige der Sträucher, gerade so, als hätte Gottes Hand in übermütiger Laune Maniokmehl über dieses Fleckchen Erde gestäubt. Welch strahlendes Weiß in der Mittagsonne! Fast war das Auge geblendet. Des Überflusses nicht genug. Ein süßlicher, schwerer Duft erfüllte die Luft, berauschend, fast ein Zuviel.

Die Besucher, alle drei zeitlebens gewohnt, der Not zu gehorchen, verschwendeten üblicherweise wenig Entzücken für Naturschönheit und blumige Düfte. Ihre Sinne waren geschärft für Nahrungsbeschaffung, für den Kampf des Überlebens ihrer Familien. Dennoch fanden sie in dieser Kaffeefarm Worte der Bewunderung für Gottes Werke der Schöpfung.

Schnell besannen sie sich wieder ihres Auftrags. Schweifende Blicke. Nein, kein unerwünschter Zeuge befand sich in Hörweite. Erst nach dieser Versicherung zog Mathias' Bruder drei Geldscheine von höchstem Wert aus seiner Tasche, überreichte sie Vater mit knappen Sätzen: »Geschätzter Papa, wir sahen eine

Bananenstaude in deinem Garten, kräftig, stark, eine, die dem Sturm trotzt. Sie wird nicht umfallen, auch nicht knicken bei den heftigen Böen zu Beginn der Regenzeit. Unser Wunsch war, einen Ableger von diesem Prachtstück zu besitzen. Du machtest ihn uns zum Geschenk. Er wird uns reichliche Früchte tragen. Kostbarkeiten dieser Art sind nicht mit Geld aufzuwiegen. Trotzdem möchten wir uns erkenntlich zeigen, unserer Dankbarkeit Ausdruck verleihen. Hier, nimm diese Hand voll Erdnüsse als schlichten Beweis.«

Während der Bruder sprach, huschte Vaters Blick über die Scheine, fast unbemerkt. Er war im Bilde. Atemlose Stille. Drei Augenpaare starrten ihn an, beobachteten gebannt sein Mienenspiel. Was wird ihnen der Ausdruck seines Gesichts verraten? Zufriedenheit oder Enttäuschung, Unmut, Verdruss?

Er lächelte, dankte mit einem Kopfnicken.

»Oh, Vater!« Der Bericht klang wie Vogelgesang in meinen Ohren. Ich machte einen Luftsprung, zeigte ungehemmt meine Freude, wie zuletzt als Schulmädchen.

»Er berücksichtigt unsere begrenzten Möglichkeiten, lässt uns eine Reserve in der Tasche.« Die Worte meines Mannes klangen anerkennend.

»Und Vater wird Einfluss nehmen auf die Anderen, sie drängen, sich mit ihren Forderungen zu mäßigen«, ergänzte ich, vor Begeisterung sprühend.

Auch die Brüder und der Onkel waren des Lobes voll über Vaters Verhalten: »Selten nimmt ein Brautvater das erste Angebot ohne Einspruch an, er tat es aus Liebe zu Sophie. Er kennt die Tradition, wusste, dass es sich bei dem gebotenen Betrag um eine Summe handelte, die nur den Einstieg in die Debatte ermöglicht. Normalerweise fordern die Väter danach mehr, zäh wird gerungen zwischen den Partnern, hin und her, bevor sie sich einigen, irgendwo.«

»Und oft wird Theater gespielt«, wusste der Onkel aus dem Schatz seiner Erfahrungen zu berichten. »Selbst wenn der gebotene Betrag einen Brautvater freudig überrascht, kann er sich verstellen, eine verdrossene, enttäuschte Miene zur Schau stellen, den zukünftigen Schwiegersohn unter Druck setzen, mehr aus ihm herausholen.«

Und immer wieder empörten Geschichten wie diese die Gemüter: Ein erboster Brautvater lehnte den gebotenen Brautpreis ab, zu erbärmlich, verweigerte der bittstellenden Familie seine Tochter, doch den Hahn und den Palmwein, das gebot die Tradition, durfte er nicht verweigern.

Während die drei Männer meinen Vater besucht hatten, hatten Mathias und ich in der Küche mit angepackt: Wir versuchten, uns da und dort nützlich zu machen. Doch eine kribbelnde Ungeduld beherrschte mich. Meine Gedanken schweiften ab, ließen sich nicht bei der Hausarbeit halten. So versäumte ich, das Holzscheit rechtzeitig in die Glut nachzuschieben. Die Zwiebel für die Soße hielt ich noch ungeschält in der Hand. Spöttische Bemerkungen berührten mich nicht. Mathias hackte Holz. Mit der geballten Kraft seiner Jugend schlug er die Axt in Äste und Stämme, keine Muskelfaser schonte er bei diesem Gewaltakt. »Auch in Spannung«, dachte ich.

Das Essen war zubereitet. Die Zeit verstrich. »Wo bleiben die Männer?« Wir erwarteten sie längst von ihrem »Spaziergang« zurück. Hatte sich noch ein Problem aufgetan? Welcher Art? Keine Vorstellung.

Dann bogen sie um die Hausecke, standen plötzlich auf dem Hof, lachten und schwatzten noch immer. Dem Himmel sei Dank! Nein, sie führten keine Streitgespräche. Eine Besichtigung der Schweinezucht erwies sich als Grund der Verzögerung. Ich erhaschte einen Blick von Mathias' Bruder, ein leichtes Kopfnicken, ein kurzes Lächeln. Geschafft! Mein Körper entspannte sich. Nun spürte ich nagenden Hunger. Ich aß mit Appetit.

Nun galt es die weiteren Besuche vorzubereiten. Der Onkel und die Brüder hatten sich bewährt und wurden mit der Aufwartung meiner Onkel, zwei väterlicherseits und einer mütterlicherseits beauftragt. Mathias bestückte sie mit den zwingenden Notwendigkeiten: eine Kalebasse Palmwein für jeden Ehrenmann, desgleichen ein stattlicher Hahn, der hernach für die Schmackhaftigkeit der gemeinsam eingenommenen Mahlzeit bluten musste. Angemessene Geldbeträge und entsprechende Reserven. Die Tradition gab vor, dass Vaters Brüder höhere Ansprüche erheben durften als der Bruder meiner Mutter.

Höchste Zeit nun, die verehrte Weiblichkeit meiner Familie zu bedenken. Sicher trieb sie schon Ungeduld um, denn die Aussicht auf bares Geld in den Händen, literweise Palmöl und eine Mahlzeit, wohlschmeckend, mit reichlich Fleisch zum Sattessen, ließ gewiss ihre Herzen in freudiger Erwartung höher schlagen.

Nicht Männer überbrachten ihnen ihren Anteil des Brautpreises, diese Aufgabe fiel Frauen zu. Mathias' Schwester und seine beiden Schwägerinnen kauften auf dem Markt Kochbananen, Fleisch und Knochen vom Rind. Kinder wurden beauftragt, zahlreiche Feuerstellen herzurichten, denn in vielen Töpfen sollte es wallen und garen. Dieser Festschmaus war Bestandteil des Brautpreises für die Schwiegerfamilie, klug also, sich großzügig zu erweisen, jeden Anschein von Geiz zu vermeiden.

Die fast randvoll gefüllten Töpfe hoben sich die Frauen auf die Köpfe und der Marsch begann.

Der erste Besuch galt meiner Mutter. An anderen Tagen beehrten sie meine Tante, väterlicherseits, danach meine Schwestern Lea und Catharina.

»Uff«, sagte Mathias, als der letzte Besuch getätigt war.

Kapitel 7

Hausbau – Ausbleibender Kindersegen – Beim Heiler – Kontakt zu den Ahnen – Die Krankenstation – Eifersucht

Stolz zogen Mathias und ich wieder einmal mit einem dicken, fetten Schwein, eines von meinen dreien, zum Markt. Das Erste hatten wir schon zu Beginn der Trockenzeit verkauft.

Ich hatte dem Fettwanst einen Strick um das rechte Vorderbein geknüpft, Mathias einen um das Hinterbein. Er dirigierte seinen Lauf, trieb es an mit leichten Hieben auf sein Hinterteil. Unser Vorankommen verlief nur zögerlich. Das Tier, seiner gewohnten Umgebung entrissen, stemmte sich gegen das Vorwärtstreiben in der Richtung, die wir vorgaben.

Wir erfuhren unterwegs reichlich Anerkennung. Meistens war sie an Mathias gerichtet, weil die Leute, Männer wie Frauen, die Meinung vertraten, dass so ein Prachtstück nur ein Mann gemästet haben konnte. Und Mathias sonnte sich in dieser Bewunderung; ich gönnte sie ihm.

Die Anerkennung, die mir wichtig war, wurde auch mir zuteil. All diejenigen, die mir beim Kauf der Ferkel Spott entgegengebracht hatten, mussten sich jetzt lobend äußern, allen voran Vater, ein erfahrener Schweinezüchter.

Ehrlich, in die Aufzucht der Winzlinge hatte ich meinen ganzen Ehrgeiz gesteckt. Ich kochte ihnen all die Knollen, denen ich habhaft werden konnte, pflanzte in rauen Mengen ihre Lieblingsspeise: Chouchou, die Nahrung der Schweine. Das war eigentlich ganz einfach. Die Früchte, die aussehen wie kleine Papaya, braucht man nur halb in die Erde stecken, schon ranken aus ihr neue Triebe, und während der feuchtwarmen Witterung der Regenzeit erstaunt täglich aufs Neue ihr rasches Wachstum, das

Werden der Früchte. Meine Schweine liebten beides, Sprösslinge und Triebe, schmatzten genüsslich.

Vor dem Verkauf des Schweins hatte ich mich mit dem Lehrer der hiesigen Grundschule unterhalten. Ich hatte ihm einen Vorschlag zu machen. Wie wäre es, wenn er zu Beginn der Trockenzeit für ein paar Tage die Schulkinder vom Unterricht befreien könnte, damit sie Bausteine für uns formen. Zuerst stand er dem Vorschlag ablehnend gegenüber, aber als ich die Summe nannte und er doch, bitte schön, vielleicht neue Schulbänke, einen Fußball und einen Satz Trikots für die Schulmannschaft kaufen könnte, war er Feuer und Flamme. Sofort malte er sich aus, wie diese Geschenke die Begeisterung der Kinder und das Wohlwollen der Eltern gegenüber der Schule und natürlich auch gegenüber dem Lehrer hervorrufen würden.

Mit seiner Zusage überraschte ich Mathias. Er zögerte nicht mit seinem Einverständnis, und so tummelte sich alsbald eine stattliche Schar von Kindern, bewacht von gestrengen Lehrern, auf unserem Gelände. Ohrenbetäubendes Geschrei erfüllte die Luft. Als sie am Abend gegangen waren, überraschte die plötzliche Stille. Sie schaufelten Erde, schleppten Wasser, mischten beides, stampften mit nackten Beinen in diesem Erdbrei, bis kein Klümpchen mehr zu fühlen war. Sie füllten die Form, stülpten sie um.

Am Abend des zweiten Tages standen sie da, in Reih und Glied, glänzten im Schein der untergehenden Sonne: die Bausteine für unser Heim. Sie hatten Zeit zum Trocknen, denn seither fiel kein Tropfen Regen mehr vom Himmel.

Mit dem Erlös aus dem Ferkelverkauf wollten wir den Maurer bezahlen. Am nächsten Tag sollte er seine Arbeit beginnen, die Wände hochziehen. Unser Haus würde Gestalt annehmen.

Mathias, unterstützt von seinen Freunden, schlug Äste und junge Bäume für das Dachgebälk. Für gesägte Latten war unser Geld nicht ausreichend, denn mit dem Erlös aus dem Verkauf des dritten Schweins wollten wir die Zimmerleute bezahlen. Das Dachgebälk sollte fachgerecht aufgesetzt werden, damit die heftigen Stürme es nicht abheben und davontragen könnten.

Wir mussten das Dach aufbringen, bevor die Regenzeit begann. Die Nässe würde sonst die Bausteine zerstören. Was tun? Das Geld war bereits verbraucht. Wir mussten unser Haus notgedrungen mit Gras decken. Moderne Zeiten hatten begonnen, wir wollten an ihnen teilhaben, aber in dem Moment war für ein Wellblechdach kein Geld mehr da. »So früh wie möglich«, schworen wir uns.

Das Haus war fertig, beziehbar. »Für zwei Personen«, schienen die Augen der Leute, belustigt oder mitleidig, zu fragen, nachdem sie mich bei jeder Begegnung ihren prüfenden Blicken unterwarfen.

Oh, ich kenne ihre Gedanken, ihre Redensarten, habe sie oft genug gehört, wenn eine Frau ein paar Monate nach der Hochzeit noch keine Anzeichen einer Schwangerschaft zeigt. Boshafte Stimmen tuscheln hinter dem Rücken eines Mannes: »Er füllt die Zimmer seines Gehöfts mit Frauen statt mit Kindern.« Über die Frau urteilen sie nach lange ausbleibendem Kindersegen noch gehässiger: »Pinkelt sie am Wegrand, vertrocknet dort das Gras«, was heißen soll, so unfruchtbar ist sie, dass sie nicht einmal einer Pflanze Wachstum verleiht. »Wann endlich nimmt er sich eine zweite Frau?«

»Gott macht die Kinder, nicht der Mensch«, sagen Väter und Mütter stolz, wenn ihre Nachkommenschaft immer zahlreicher wird.

Ich blieb gelassen. Hat mich Gott nicht seither geführt? Kenne ich seine Vorhaben? Mein bisheriges Leben brachte mir die Erfahrung: Hatte ich Träume, Pläne, konkrete Vorstellungen, die ich verbissen verfolgen wollte, hat sie Gott stets verändert, nach seinem Willen gebogen. Ich hatte gelernt, mich Ihm unterzuordnen. Er kennt den Zeitpunkt, wann er uns mit einem kleinen Menschenwesen beschenken wird.

Trotzdem bereitete ich gehorsam Tee von den frischen oder getrockneten Kräutern, die mir wohlmeinende Nachbarinnen ins Haus brachten, trank selbst gepresste Säfte, aß mir angetragene Gemüsesorten.

»Kennst du die Sternblume?«, fragte mich Mutter.

Zuerst wusste ich nicht, was sie meinte. Doch dann: »Natürlich!«

»Eine Marktfrau hat mir von dieser Pflanze erzählt. Besonders zubereitet, soll ihre Zwiebel einer Frau die Fruchtbarkeit schenken. Aber nur am Ende der Trockenzeit; die Zwiebel muss die volle Wirkkraft besitzen.« Ja, fallen die ersten starken Regen, setzt die Zwiebel ihre ganze gespeicherte Kraft ein, treibt den Stängel, und in wenigen Tagen entfalten sich handtellergroße Blüten, Sterne, fünf, sechs ...? Ich habe sie nie gezählt, nur bewundert. Kelche in einem unvergleichbarem Weiß, leuchtend, wie sonnenbeschienene, ziehende Wolken. Jedes Blütenblatt ist gezeichnet von einem lila Strich. Er weist den Insekten den Weg zum Nektar, denn sie kommen nachts, nur eine lange Nacht ... und sie locken die Nachtschwärmer mit einem süßen, verführerischen, fast beschwörenden Duft. Wenn die Blüten am Morgen von den ersten Sonnenstrahlen berührt werden, schließen sie sich und verwelken bis zum Abend.

»Erkundige dich nach dem Rezept«, bat ich Mutter, »auch wenn wir noch Monate bis zum Ende der Trockenzeit warten müssen.«

Kein Ehepaar lebt in einem Haus allein. Alte brauchen Hilfe bei der alltäglichen Arbeit. Junge Frauen, seit Geburt an den Umgang mit Schwestern, Müttern, Tanten gewöhnt, würden sich einsam fühlen, verlassen. Mit wem plaudern, mit wem sich austauschen über Alltags- und Dorfgeschichten? Weibergeschichten? Die Ohren der Ehemänner bieten dem Weibertratsch kein Gehör, sind erhaben. Begleitete ich nicht auch vor Jahren meine Schwester Lea ins abgelegene Dorf. Noch ein Kind, trotzdem war ich ihr eine Vertraute, bot ihr ein Stück Heimat.

Die Frauen meiner Familie dachten nach. Daniel wollte im Gehöft bleiben, wollte seine Freunde, seine Schulkameraden nicht missen.

Dann machte David einen Vorschlag, ungewöhnlich für einen Mann, doch wir kannten uns eben, waren verbunden, in Kindertagen unzertrennbar. Später suchte ich eine Frau für ihn. Stets rücksichtsvoll zu mir, brachte er es als Bitte vor: »Unser Baby ist zart, kränkelt oft. Meine Frau verwendet viel Zeit für die Pflege des Kleinen. Akam fühlt sich zurückgesetzt, mit seinen drei Jahren will er nicht einsichtig sein, weint viel, verweigert manchmal aus Trotz das Essen. Kannst du uns nicht helfen, ihn zu dir nehmen, auf die Bedürfnisse der kleinen Seele eingehen?« Und noch jemand zog ein: Charity, drei Monate alt, die Tochter von Mathias' Bruder. Sie erlitt ein trauriges Schicksal, ihre Mutter starb am Fieber.

Nun waren wir doch eine kleine Familie. In unserem Haus herrschte Leben, doch die Leute wussten zu unterscheiden. Mit uns lebten Kinder aus unserer großen Familie, aber keine, in deren Adern unser vermischtes Blut floss, Mathias' und meines. Auch mein Ehemann sah es so, als er einmal sagte, »Ein Mann ohne Nachkommen ist wie ein Baum ohne Äste.« Wir ließen nichts unversucht.

Eines Tages wurde Mathias angesprochen von dem Bruder eines Freundes seines Freundes: »Ich kenne ein sicheres Kraut gegen Unfruchtbarkeit.«

»Gib es mir oder zeige mir, wo es wächst, erkläre mir seine Anwendung«, bat Mathias.

»Ja, weißt du, die Pflanze allein würde dir nichts nützen. Es ist ihr Geist, der wirkt. Er lebt in mir, und ihn muss ich auf die Pflanze übertragen. Doch der Geist hat seinen Gegenwert, sonst kann er nicht wirken.«

»Und welchen?«, wollte Mathias wissen, jetzt neugierig geworden.

»Den einer Ziege.«

»Und wenn es am Ende nichts bringt, gibst du mir meine Ziege zurück?«

»Gern, wenn ich sie nicht schon aufgegessen habe.«

Lachend trennten sich die beiden.

Mathias erzählte mir dieses Erlebnis.

»Wirst du ihm die Ziege geben?«, fragte ich erwartungsvoll, selbst ungewiss, was ich von diesem Anerbieten halten sollte.

»Nein, sicher nicht, aber…«

Ich horchte auf. Ein »Aber«, so bestimmt, so ausdrücklich? Welcher Entschluss stand dahinter? Ich wartete gespannt.

»Wir suchen einen Heiler auf. Ein Heiler ist erfahren, sachkundig. Ich kann sie nicht mehr hören, die wohl wollenden Ratschläge der Nachbarinnen und Freundinnen.« Um seinen Überdruss zu verdeutlichen, hielt sich Mathias die Ohren zu. »Ich weiß, sie meinen es gut… Sophie, hast du nicht schon die Alten sagen hören: ›Die Frau ist wie ein Stück Erde. Unfruchtbare Erde nützt nichts, wird zertreten.‹«

Ich nickte. Grausam! Ein Schauer des Entsetzens lief mir über den Rücken.

»Aber kann man nicht aus unfruchtbarer fruchtbare Erde machen?«

Ich nickte erneut, dachte sofort an die üppig Früchte tragenden Bananenstauden, die starken Maispflanzen, die dicken Maniokknollen an dem steilen Hang hinter dem Haus. Ach, gleiche Gedanken…

»Das Gebiet am Hang hinauf mit seiner steinigen, roten Erde hat meine Mutter nicht mehr bestellt. ›Es lohnt der Mühe nicht‹, pflegte sie zu sagen. Doch du hast den Mist der Schweine hinaufgetragen, ihn unter die Erde gemischt und…?« Er sah mich herausfordernd an, sprach nicht weiter, denn oft schon haben wir gemeinsam das Wunder Gottes bestaunt.

»Alle Welt ist überzeugt, dass ein Heiler Kräuter, Rinden, Wurzeln … und Behandlungsweisen kennt, die Frauen fruchtbar machen«, sagte er mit einer Bestimmtheit, die keinen Zweifel zuließ. Ach, wie gerne wollte ich ihm glauben.

Zurückgezogen in meinem Zimmer, bereute ich bitter diese Einwilligung. Einen Heiler aufsuchen? Zu zweifelhaft erschien mir das Vorhaben, verwerflich gar. Welche absonderlichen Geschichten wurden da nicht erzählt. Wirre Gedanken bereiteten mir Kopfzerbrechen, die schlimmsten Vorstellungen trieben mich um. Was wird er anstellen mit meinem Körper? Ein Schauer lief mir über den Rücken, kalt, wie der Vorbote einer Krankheit. Unvorstellbarer noch, was er mit meinem Seelenfrieden antun würde. Nein, nein! Ich ballte die Fäuste, entschied entschlossen: Ich lasse mir nicht einreden, jemand wolle mir Böses, jemand habe mich verhext! Ein Fluch laste auf mir! Behauptungen der Heiler, um sich ans Werk zu machen, diese bösen Einflüsse auszutreiben. Mit welchen Zaubermitteln? Welchen mystischen Praktiken? Davon zeugen doch die Narben bei Kindern, bei Erwachsenen. In der Länge eines Reiskorns, immer drei nebeneinander, sind sie sichtbar am ganzen Körper, zugefügt mit einer Rasierklinge. In die Wunden wird teuflisch brennendes Pulver gerieben. »Ein sicheres Mittel, böse Geister zu verbannen«, beteuern die Leute. »Glaub nicht daran«, pflegte Mutter zu sagen. »Heidenglauben«, nannten es die Pfarrer. »Teufelsdienerei«, schimpften die Klosterschwestern. Und ich, Sophie, verließ ich nicht einst Vater und Mutter, das Dorf und das gewohnte Leben, um im festen Glauben Gott dem Schöpfer zu dienen? Und nun das? Ich schüttelte ungläubig den Kopf, nun sollte ich Fruchtbarkeit durch den Zauberspuk eines Heilers erlangen.

Mathias wollte ich mein Missbehagen, diese innere Zerrissenheit nicht anvertrauen, auch keiner anderen Person. Inständig wünschte ich mir nunmehr, er würde niemanden finden, der seinen Vorstellungen entsprach.

Schon am nächsten Tag eröffnete er mir gut gelaunt: »Ich habe eine Empfehlung: ein Heiler mit bestem Ruf, weit über seine Dorfgrenzen hinaus. Ein Fußmarsch steht uns bevor…«

Gütiger Gott, es wird geschehen! Wenigstens rang ich Mathias ein Versprechen ab: »Bitte, bitte, erzähle niemanden…«

Er belächelte mich, gab sein Einverständnis ohne nähere Nachfrage.

Der Weg dorthin war quälend. Wir mieden die Straße, wählten die schmalen Pfade von Dorf zu Dorf. Menschen begegneten uns. Die Höflichkeit gebot es, innezuhalten, sich auszutauschen über das Woher, Wohin, dem Ergehen. »Einen Freund besuchen. Lange nicht gesehen. Wir waren zusammen Hütejungen bei den

Mbororo, ewig her«, erklärte Mathias zu meinem Erstaunen den Fremden. Eine Lüge, fuhr es mir widerwillig durch den Kopf. Sogleich verzieh ich ihm. Er tat es für mich, hielt sein Versprechen. Allerdings war diese Unwahrheit wenig glaubhaft. Lässt sich ein Mann von seiner Frau begleiten, um einen Freund zu besuchen? Für solche Vorhaben pflegt man Männerfreundschaften. Hastig fügte ich hinzu: »Wir wollen das junge Ehepaar zu ihrem ersten Sohn beglückwünschen«, und gab mit dieser Schwindelei eine Berechtigung für meinen Besuch.

Ich fasste sofort Vertrauen zu ihm, dem väterlichen, wohlwollenden Mann. Im gefälligen Plauderton fragte er nach meiner Familie, erkundigte sich nach meinem seitherigen Lebensweg. Sag es ihm, los schon, drängte mich eine innere Stimme, und schon bekannte ich: »Wir sind Christen, wir glauben an Gott. Er bestimmt unser Tun.« Seine Erwiderung: ein freundliches, jedoch unverbindliches Kopfnicken. Meinem Bericht über Klosterleben und Krankenpflege aber schenkte er volle Aufmerksamkeit.

Seine Miene wurde ernster, er lenkte nun das Gespräch auf das »Problem«. Mathias hatte es ihm bei unserer Ankunft mit kurzen Worten erklärt, sozusagen unter vier Männeraugen. »Was habt ihr seither unternommen«, wollte er wissen.

Mathias warf mir einen kurzen Blick zu, sagte: »Gehofft, von einem Mond zum anderen.«

»Zu Gott gebetet, auf ihn vertraut«, gab ich zu, »und alle Ratschläge der Alten, Weisen und Alleswisser befolgt. Vergebens.«

Der Heiler bat Mathias, den Raum zu verlassen. Nur zögernd kam er diesem Wunsch nach.

Der Heiler konnte sein Erstaunen kaum verbergen. Mir war das Verhalten meines Ehemannes wohl vertraut, wusste ich doch schon zu jener Zeit, wie ungern er seine Frau aus seinem Blickfeld entließ. Kaum allein, traf mich die Frage: »Wie behandelt dich dein Mann?«

»Gut, gut«, stotterte ich, unfähig einer klaren Antwort. War es sein Tonfall? Nein …, ja auch …, aber vielmehr irritierte mich die Frage selbst. Sie war so ungewöhnlich. Hatte ich sie je aus dem

Mund eines Mannes gehört? Kein Mann behandelt seine Frau schlecht – nur eben so, wie es ihr gebührt.

Er bohrte weiter: »Lässt er dich spüren, dass du ihm noch kein Kind geschenkt hast? Schlägt er dich deswegen?«

Nun reagierte ich entsetzt. »Aber nein …«

Zwar kannte ich das Los einiger unfruchtbarer Frauen. Sie leiden, erdulden, fühlen sich allein schuldig.

Noch waren wir voller Hoffnung, Mathias und ich. »Wir sind ein Fleisch … So steht es in der Bibel: Mann und Frau werden ein Fleisch, das heißt, wir tragen, was Gott uns auferlegt gemeinsam«, erklärte ich unmissverständlich dem Heiler, fügte noch hinzu: »Sagen die Leute nicht: Ein Vogel fliegt nicht mit einem Flügel?«

Er schaute mich an, sehr lange. Ich hielt seinem Blick stand.

»Viel Glück, junge Frau«, murmelte er, sich abwendend.

Schweigend verrichtete er nun seine Arbeit: legte ein Holzscheit in die Glut der Feuerstelle, ein Tontopf stand auf den drei Steinen. Er rieb Rinden und Wurzeln, zerbröselte getrocknete Blätter, mischte alles zusammen. Ich saß auf einem Hocker, den Rücken an die Wand gelehnt, und verfolgte interessiert sein Tun: Er bereitet Tee. Na ja, den werde ich trinken. Daran wird sich der himmlische Vater nicht stören.

Warum nur quälte ich mich im Voraus mit irren Phantasien, litt bereits die Schmerzen unzähliger Schnitte, sah meinen Körper übersäht mit Narben? Er, nein, er ist kein Scharlatan, kein Hexenmeister.

Dampf stieg auf, das Wasser kochte. Er schüttete das Pulver hinein, ließ den Topf auf dem Feuer. »Ich werde dich reinigen«, bemerkte er wie beiläufig neben seinem Hantieren.

»Reinigen?« Mein ganzes Erstaunen legte ich in die Betonung dieses Wortes. Hatte ich mich nicht heute Morgen einer besonders gründlichen Wäsche unterzogen? Na ja, der lange Fußmarsch, bergauf, bergab. Vielleicht rieche ich wirklich verschwitzt.

»Ich muss deinen ganzen Körper reinigen, innen und außen. In dir hat sich schlechtes Wasser angesammelt, das muss heraus.«

»In mir?«, fragte ich ungläubig, zweifelte, ihn richtig verstanden zu haben. »In mir?«, wiederholte ich und klopfte mir heftig gegen die Brust, »mein Körper ist voll von schlechtem Wasser? Woher? Wovon?«

Meine Verwirrung amüsierte ihn. Er nahm einen Hocker, setzte sich nahe zu mir, legte seine Hand beruhigend auf meinen Arm. »Hör mir ganz ruhig zu! Dein Dorf, seit deiner Geburt lebst du in dieser Gemeinschaft. Ich weiß, du warst weg, im Kloster – für kurze Zeit. Wen kennst du nicht alles: die zahlreichen Mitglieder deiner Familie, die Nachbarn, und sicher pflegst du gute Freundschaft mit ehemaligen Schulfreundinnen, Brüdern und Schwestern der Kirchengemeinde, Sangesfreunden im Chor... Hast du Feinde?«

»Feinde?« Ich überlegte angestrengt: Es gibt da einige Menschen, deren Gerede und Tun mir misshagt. Sie meide ich, suche keinen Streit.

»Nein!«, sagte ich mit Überzeugung. »Meistens finden sich die ärgsten Feinde in der Familie.«

Der Heiler lächelte schelmisch.

»Ach, was... Vergiss diese unnötige Bemerkung.«

Aber nein, ganz Unrecht hatte er nicht. Goss nicht manchmal Mutter Anna Öl ins Feuer, reizte mich bis an die Grenze meiner Selbstbeherrschung?

Meine Verwirrung hatte sich noch nicht gelegt: Was nur hat meine Familie, haben meine Freunde und Nachbarn mit dem entsetzlichen Wasser in meinem Körper zu tun?

Ich erfuhr es. »Du erkennst keine Feinde um dich..., gut!« Er nickte wohl wollend. Doch plötzlich veränderte er Stimme und Gesichtsausdruck. »Leider, liebe Sophie, muss ich dich eines Besseren belehren. Manche Nahestehende, bisweilen auch Menschen flüchtiger Bekanntschaft sind einem nicht allzeit so herzlich gesonnen wie sie vorgeben. Sie lachen dir gefällig ins Gesicht, bedauern mit Anteil nehmenden Worten dein Missgeschick, dein Leid, deine Krankheit, aber in ihren Herzen brodeln Neid und Hass. Einige dieser Missgünstigen schrecken nicht zurück, mit ihren Blicken, ihren Gedanken oder mit Hilfe böser Mächte Unglück heraufzubeschwören, einen Körper oder gar Geist zu vergiften. Ein solcher Jemand ist dir begegnet. Schlechtes Wasser greift die Organe an, verhindert die Empfängnis. Und was trifft eine Frau härter als Unfruchtbarkeit? Doch, Sophie, sei unbesorgt. Ein guter Geist hat dich zu mir geführt, noch zur rechten Zeit. Ich werde das schlechte Wasser aus deinem Körper spülen. Du wirst Kinder haben.«

Außer Fassung saß ich auf dem Hocker, zusammengesunken, starrte auf den erdigen Boden. Des Heilers Worte erreichten kaum mein Ohr, kamen von fern, wie von draußen vor der Tür. Wirre Gedanken rasten durch meinen Kopf, suchten fieberhaft nach diesem Jemand. Himmlischer Vater, stehe mir bei. Ich glaube nicht an Verwünschung, nicht an Fluch, doch es gibt böse Menschen, solche, die mit dem Teufel im Bunde stehen.

Viele Menschen ließ ich in Gedanken vorüberziehen, keiner kam in Verdacht. Wer soll mir Unheil antun? Mit welcher Absicht mir Mutterglück verwehren wollen? Ich grübelte, grübelte …

»Sophie, so hör doch, du wirst Kinder haben.« Der Heiler rüttelte mich an der Schulter. »Das allein willst du doch, oder? Lass die Suche nach dem Schuldigen«, befahl er in gestrengem Ton.

Ich nickte, löste mich allmählich aus der Starre des Entsetzens.

»Ich werde dich reinigen, dich fruchtbar machen.«

»Ja, ja, ich will Kinder.« Plötzlich hämmerte eine andere Melodie in meinem Kopf, löste fast einen Freudenjubel aus. Ach, was! Egal, wer mir Böses wollte, unwichtig, warum. Nun gut, wenn das Wasser im Körper ist, muss es heraus. Einverstanden.

Der Heiler reichte mir einen Becher mit dampfenden Tee. »Trinke in kleinen Schlucken! Nicht hinunterschütten, sonst verfehlt es die Wirkung!«

Ich kostete vorsichtig. Schon lag mir auf den Lippen: »Das Zeug ist ungenießbar.« Es schmeckte gallenbitter, roch nach modernden Blättern in einem Tümpel.

Ich besann mich, trank gehorsam wie ein Kind, kämpfte erfolgreich gegen die Übelkeit. Der letzte Schluck. So, die innere Reinigung wäre vollzogen, ausgestanden, dachte ich …

Doch mein Heiler war gewissenhaft. Ein schmerzhafter Einlauf folgte. Mein Schamgefühl überwand ich, getragen von der Hoffnung auf baldiges Mutterglück. Nackt, wie mich meine Mutter einst gebar, stand ich vor ihm, fragte mich beklommenen Herzens: Was nun? Er tauchte einen Büschel Zweige in den Tontopf, tränkte ihn in der Flüssigkeit und wedelte um mich herum. Oh, Ekel, schon wieder der Geruch nach Moder, nach Fäulnis. Noch machte mir die Übelkeit von dem Getränk zu schaffen. Er bespritzte meinen Körper, von hinten, von vorne, von rechts und links, sparte auch die Haare nicht aus, nebelte mich ein von Kopf bis Fuß. Ich hielt den Atem an, wollte vermeiden, den Gestank durch meine Nase einzuziehen. Das gelang mir, jedoch nur für die Dauer von Sekunden.

Doch was geschah mit ihm, dem Heiler? Er schien entrückt in eine andere Welt. Mit einem Murmeln unverständlicher Worte begleitete er sein Tun: Was brummelt er? Zauberformeln? Mit wem steht er in Verbindung? Mit überirdischen Mächten?

Eine unbehagliche Stimmung verdüsterte mein Gemüt, trübte das erlebte Glücksgefühl. Wenn die Eltern mich so sähen. Oh, Mütterlein, du würdest dich gramvoll abwenden, trauern um die verlorene Tochter? Du darfst es nie erfahren, diese Abkehr… Doch vor einem kann ich mich nicht verbergen. Er sieht mich hier stehen, nackt und in den Heidenglauben zurückgefallen. Lässt er mich seinen Zorn erfahren, mich, das abtrünnige Schäfchen Sophie? Oh, Herr, vergebe mir, es ist nicht meine Schuld!

Der Heiler verstummte, machte sich wortlos mit dem Stapel von Wurzeln und Rindenstücken zu schaffen. Unschlüssig stand ich da, fühlte mich miserabel in meiner Haut, die klebte, die spannte, die stank. Ein Bad! Wann endlich ist dieser Zauber hier vorbei.

Des Heilers Worte versetzten mir einen weiteren Schlag: »Zieh dich an. Wasche dich nicht vor morgen früh, die Flüssigkeit muss tief eindringen.«

Gehüllt in diese Wolke unliebsamer Düfte soll ich Mathias entgegentreten, Bekannte auf dem Heimweg grüßen, mich den Lieben zu Hause nähern?

»Geh allen aus dem Weg«, sagte der Heiler kurzweg, als sei mir der Ekel auf die Stirn geschrieben.

Mathias war missgestimmt, zeigte sich wortkarg gegenüber mir und dem Heiler. Ich wusste Bescheid: die Eifersucht. Trotzdem konnte er sich eines Nasenrümpfens über meine Ausdünstungen nicht erwehren.

Verschiedene Päckchen mit zu Puder geraspelten Rinden und Wurzeln und zerbröselte Blätter füllten unsere Tasche. »Für die Trinkkur, die Waschungen und Einläufe zu Hause. Auf bald! Bringt einen Hahn mit.«

Mathias blieb mürrisch, auch auf dem Heimweg, stellte keine Fragen.

Ich sprudelte, trug das Herz auf der Zunge, ungeachtet seines Unmuts, weihte ihn ein in die große Hoffnung, die mich trug.

Plötzlich unterbrach er meinen Redestrom, sagte mit betonter Überzeugung: »Der hat mit dir Sex gehabt!«

Ich blieb stehen, vor Zorn erstarrt. »Nimm deine schwere geballte Faust, schlag sie mir mitten ins Gesicht, das schmerzt weniger als diese schmutzige Unterstellung«, schrie ich völlig außer Fassung.

Er sah mich an, Entsetzen in den Augen, das ausdrückte: Wie wagt ein Weib zu ihrem Ehemann so zu sprechen! Erwog er, meiner Forderung nachzukommen?

Ich machte kehrt, schlug einen anderen Weg nach Hause ein, jeden Moment gefasst, einen Trommelwirbel seiner Fäuste auf meinem Rücken zu spüren.

Ich blieb verschont.

Der zweite Besuch beim Heiler. Verstört, geplagt von Ungewissheit saß ich am Abend da, blickte zurück auf den sich neigenden Tag, grübelte: Bin ich enttäuscht oder erleichtert, wütend oder dankbar? Jäh wurde die Behandlung abgebrochen. Die Qualen für Körper und Seele waren unnütz, vergebens … Hatte Mathias mit seinem Misstrauen eine Hoffnung zunichte gemacht?

Lange vor Morgengrauen, noch in dunkler Nacht, hatten wir das Haus verlassen. Mathias trug den Hahn unterm Arm, bezwang mit festem Druck dessen Widerspenstigkeit. Wir vermieden einen Markttag, der Begegnungen und zwangsläufigen Erklärungen unseres Vorhabens wegen.

Der Heiler zeigte sich erfreut. Nach den herzlichen Worten des Empfangs wechselte er den Ton seiner Stimme, fragte streng: »Ich hoffe, du hast meine Anweisungen strikt befolgt?«

»Aber ja!« Mit welchem Widerwillen, verschwieg ich.

»Heute folgt die vordringlichste Zeremonie der Reinigung: ein Bad im heiligen Wasser.«

»Wo?« Mathias Gesichtszüge verfinsterten sich schlagartig.

»Unweit von hier. Ich werde Ihre Gattin für kurze Zeit entführen. Eine Zwiesprache mit Göttern duldet keine Zeugen.«

Oh, barmherziger Gott! Mir stockte der Atem. Schon sah ich tiefschwarze Wolken aufsteigen. Ein Gewitter braute sich zusammen. Es würde sich mit Blitz und Donner entladen. Sophie, gebiete dem Einhalt! »Nein, nein, nein«, stotterte ich. Aber was konnte ich vorbringen? Meine Gedanken arbeiteten fieberhaft. Der Herr Jesus fiel mir ein. »Er hilft mir, erhört meine Bitten … Ich brauche keine Bäder.«

»Hat er dich schon schwanger gemacht?« Der Blick des Heilers war auf meinen Ehemann gerichtet, die Häme seiner Stimme nicht zu überhören.

»Geh!«, befahl mir Mathias.

Zitternd vor Angst über dieses missliche Spiel stand ich auf, folgte dem Mann. Er trug den Hahn. Das heilige Nass, ein von Buschwerk umwucherter Tümpel, lag nicht weit entfernt.

Verkrampft, geniert stand ich in seiner Mitte. Nackt. Mit einer Kalebasse schöpfte der Heiler Wasser, goss es über mein Haupt. Manchmal hielt er inne, schwenkte den Hahn, an den Pfoten haltend, in Kreisen über mir, der in der sicheren Gewissheit des nahenden Endes schrie, was seine Kehle hergab. Dem Irdischen entrückt, in eingehender Zwiesprache mit irgendwelchen Göttern, schien mir der Mann vor mir weit entfernt von der Wahrnehmung weltlicher Geräusche. Doch plötzlich schreckte er zusammen, erschauderte, war wieder ganz präsent, fing im letzten Moment den Hahn auf, der ihm aus den Händen geglitten war.

»Eine Wasserschlange hat ihn gebissen, giftig womöglich«, folgerte ich entsetzt.

»Zieh dich an!«, zischte er.

Augenblicklich gelangte ich zu der Einsicht, dass ich mich getäuscht hatte. Eher schien ein Programmpunkt schief gelaufen zu sein. Fragend schaute ich ihn an.

»Ein ungebetener Zaungast hat sich eingefunden!«

Machten sich Kinder einen Spaß?

Doch der bodenlose Zorn des Heilers bestätigte meine aufkommende Vermutung: Mein Gatte war uns nachgeschlichen.

Der Hahn wechselte ohne Frage in des Heilers Besitz. Außerdem forderte er Geld. »Gewöhnlich zahlt meine Kundin erst, wenn sie das werdende Leben in sich spürt. Aber in eurem Fall …« Er schüttelte noch immer ungläubig den Kopf über das Geschehene.

»Nicht zu glauben, *mein* Vater will Kontakt zu den Ahnen aufnehmen?« Voller Zweifel schaute ich Mathias an.

»Aber ja, eine Sitzung hat schon stattgefunden.«

Nun berichtete Mathias mir von den Unternehmungen seines Onkels: »Nach Auffassung meiner Brüder sind die Ahnen über eine Verfehlung erzürnt und strafen euch jetzt mit deiner Unfruchtbarkeit. Sie beauftragten den Onkel, deinen Vater aufzusuchen. Er als Oberhaupt soll die Männer eurer Familie um den

›Opferplatz der Ahnen‹ an seinem Haus zusammenrufen und mit ihnen über eine mögliche Ursache des Zorns der Vorfahren beratschlagen. Es schien nicht einfach, ihn für dieses Vorhaben zu gewinnen. Mehrmals sah sich der Onkel genötigt, ihn aufzusuchen, bevor er sein Einverständnis gab. Seine Worte: Irgendwo muss doch die Kinderlosigkeit meiner Tochter begründet sein.«

Über die Sitzung wusste Mathias nichts zu berichten.

Die Neugier trieb mich um. Ich suche David auf, schnellstens, entschied ich, um meiner Ruhelosigkeit ein Ende zu setzen. Gewiss befand er sich im Kreis der Männer.

David, mein Lieblingsbruder, Person meines Vertrauens, verbunden durch unzählige unauslöschliche Erlebnisse. Als Kinder: die Streifzüge, Mutproben, Jagden und gemeinsam ausgeführte Arbeitsaufträge. Als Schüler: die ewig bleibende Erinnerung an die Mittagspausen am Bach, die Gespräche zu dritt: Mathias, er und ich.

David schloss mich in die Arme. Wiedersehensfreude erfüllte uns beide. »Lass uns herumstreifen, Lieblingsplätze der Kindheit aufsuchen«, bat ich. Ungestört wollte ich ein Weilchen mit ihm verbringen, seinem Bericht lauschen, fern von neugierigen Blicken, horchenden Ohren. »Zum Bach!«

Ich meinte nicht den Bach unserer Schulzeit, der plätschert einige Täler weiter vor sich hin, sondern das Rinnsal mit der Wasserstelle, an der ich unzählige Eimer mit dem kostbaren Nass füllte und auf dem Kopf nach Hause trug. Wir stiegen ein Stück bergan, ließen uns im Schatten eines Baumes nieder.

»Wie verlief die Sitzung. Erzähl schon«, drängte ich David, zappelnd vor Ungeduld.

»Die Seelen unserer Verstorbenen leben im ›Land der Toten‹, das liegt unter der Erde«, begann er mit bedächtiger Stimme.

»Bitte, bitte, David, sag, was ist bei der Sitzung herausgekommen«, verlangte es mich, ihn zu beschwören, doch eine seltsame Hemmung hielt mich zurück.

»Trotzdem haben sie teil an unserem täglichen Leben«, fuhr er fort, »ja, nehmen sie nicht einen Ehrenplatz ein in unserem Denken und Fühlen, sind also mitbestimmend bei unseren Entschlüssen und Entscheidungen?« David hielt inne, einen Moment nur, dann fragte er mich: »Weißt du, was Vater sagte?«

Ich schüttelte den Kopf, alle Muskeln meines Körpers verkrampften sich: »Nein, was denn?«

»Vater sagte: Früher, als die Ansiedlungen noch überschaubar waren, erklärte man einem Fremden, der sich nach der Größe des Dorfes erkundigte, man bilde eine Gemeinschaft und nannte die Zahl der Lebenden und der Toten.«

Du lieber Himmel, David, warum kannst du nicht nachempfinden, welche Spannung mich beherrscht? Es geht um meinen Kindersegen! Zutiefst betroffen stellte ich fest: Bei aller Verbundenheit, er, ein Mann, kann meine Stimmung nicht nachfühlen. Erschöpft lehnte ich meinen Kopf an den Baumstamm.

»Die Ahnen beobachten gestreng den Lebenswandel ihrer Nachfahren, wachen offenen Auges über die Einhaltung ihrer ewig gültigen Gesetze, und Verstöße beschwören ihren Zorn herauf.« Nun zählte er die Missetaten auf, ergeben hörte ich zu. »Respektloses Verhalten gegenüber älteren und ranghöheren Familienangehörigen, Diebstahl, Geschlechtsverkehr mit einer der Frauen des Häuptlings oder des Vaters, Beischlaf auf nackter Erde oder im Freien, Missgunst und Streit innerhalb der Familie, Vernachlässigung bestimmter Gebräuche bei Totenfeiern …«

»David!« Ich sah ihn an, war erschrocken über den schrillen Ton meiner Stimme, doch meine Geduld hielt der Nervenprobe nicht mehr stand. Etwas versöhnlicher, doch noch immer gereizt, presste ich hervor: »Ich will wissen …« Erneut besann ich mich, fragte stattdessen: »Warum erzählst du mir das alles? Auch die Bibel verdammt solches Verhalten, aber was haben ich und meine Kinderlosigkeit mit den Fehltritten anderer zu tun?«

David betrachtete mich verdutzt. Erst jetzt begriff er… Brüderlich legte er den Arm um mich: »Sophie, die Ahnen strafen nicht nur Abweichler der Gesetze, einzelne Schuldige, sie können ihren Unmut ganze Familien spüren lassen durch plötzlich ausbrechende Krankheiten, durch Unfälle oder auch durch Unfruchtbarkeit einer der jungen Frauen … Erkennst du jetzt den Zusammenhang?«

Ich nickte, war verwirrt. »Was nun?«, mehr wusste ich nicht zu sagen.

»Versöhnung durch ein Bekenntnis des Übeltäters und entsprechende Opfergaben, denn ohne Aussöhnung mit den Vorfahren scheint jede andere Behandlungsmaßnahme ergebnislos. Deshalb versammelten wir Männer uns im Haus des Vaters, am ›Opferplatz der Ahnen‹.«

Ich sprang ruckartig auf, als hätten mir unsichtbare Mächte einen Stoß versetzt. Ich packte Davids Schultern, schüttelte sie, stieß hervor: »Wer hat sich schuldig gemacht? Mit welchem Vergehen? Wer, wer …? Sag es!« Mein Körper bebte vor Erwartung und Angst zugleich.

Behutsam fasste David meine Hände, drückte sie, hob dann mein Kinn, bis sich unsere Augen trafen: »Sophie, es hat sich kein Sünder bekannt, und wir konnten keinen Schuldigen in unserer Familie ausmachen.«

Ich atmete auf. Eine Last fiel von mir, als hätte ich den dicksten Baumstamm nach einem langen Marsch endlich vor der Feuerstelle abgelegt. Also kein lieber Mitmensch hatte sich versündigt.

»Wir werden einen Wahrsager aufsuchen«, sagte David.

Ach, welch glückseliger Moment, so schlug ich in der Früh die Augen auf. Wohlig reckte ich die verkrampften Glieder, genoss die behagliche Wärme unter der Decke, lauschte dem Volk der Webervögel, die schon emsig, begleitet mit viel Geschrei, an ihren Nestern »woben«. Willkommen, du schöner Morgen! Gesegnet sei der neue Tag, den Gott hat werden lassen.

Doch plötzlich, o nein! Jäh verdüsterten dunkle Wolken die aufgehende Sonne. Trübsinn zog wieder ein in mein Gemüt, wie tagtäglich zu jener Zeit, und die allzeit bohrende Frage marterte wieder von morgens früh bis abends spät meine Gedanken: Wann, wann endlich schenkt Gott auch mir ein Kind?

An einem Tag, er begann lichtlos wie viele zuvor, trat Abwechslung, gar Erregung in meinen grauen Alltag, in das ewige Einerlei des gedanklichen Wirrwarrs, der unermüdlichen Beschwörung des Schicksals. Catharina, meiner Schwester, sei Dank.

Sie war mit einem Lehrer verheiratet. Nach seiner Ausbildung fand er eine Anstellung in einer Schule, einen guten Tagesmarsch von uns entfernt. Catharina erlebte ihren Mann als Schulmeister, erfreute sich an seiner Liebe zu den Kindern, an seiner Begeisterung zu lehren. In ihr keimte der Wunsch, sich gleichermaßen einer beruflichen Herausforderung zu stellen. Schon von Kindesbeinen an willensstark und vital, trug sie dieses Verlangen nicht lange ungestillt in ihrem Herzen, sondern suchte nach Möglichkeiten der Verwirklichung. Sie erlernte in einem dreimonatigen Kurs in dem großen Hospital in Acha Tugui die Krankenpflege und wurde mit der Leitung einer neu eröffneten, kleinen Krankenstation im Dorf des Wirkens ihres Mannes betraut. Catharina verschrieb sich ihrer Arbeit, opferte sich auf für die Kranken, die Leidenden und genoss dafür ungetrübte Hochachtung im Dorf.

Nach Jahren des Bemühens wurde dem Wunsch ihres Mannes stattgegeben: die Versetzung an die Schule in seinem Geburtsort, seinem Heimatort, dem Lebensraum unserer Familie.

»Eine Krankenstation ist ein Gottesgeschenk für die Bevölkerung. Sophie, hilfst du mir, eine solche Einrichtung hier in unserem Dorf aufzubauen?«, wollte Catharina wissen, kaum zurückgekehrt.

Eine Frage nur, doch mit welcher Wirkung?

Es war, als hätte sie mich bei den Schultern gepackt, gekniffen, gerüttelt, geschüttelt und ich hätte die Augen aufgeschlagen, verwundert erwacht aus einem düsteren Traum. Ich legte meine Hände vors Gesicht, wiegte ungläubig den Kopf. Bodenlose Scham erfüllte mich, oder war es tiefes Schuldbewusstsein? Wo liegt der Unterschied? Egal. »Sophie«, fragte ich mich zutiefst verwundert, »was ist geschehen, dass du so von der Welt abgerückt bist, in der du lebst? Wie war es möglich, dass du das Schaffen und Wirken der Lieben um dich herum nur uninteressiert zur

Kenntnis nahmst, ihre Sorgen und Notlagen aus deinem Bewusstsein banntest? Wahrlich: Deine Gedanken kreisten selbstherrlich einzig und allein um dein eigenes Ich. Du bist dieselbe Person, die Sophie, die einst als Dienerin Gottes Vater und Mutter verließ, passioniert von dem Leitsatz einer weißen Frau, für ewig eingebrannt in deinem Gedächtnis. Florence Nightingale: ›Meine Phantasie ist von allem Unglück hier auf Erden so erfüllt, dass es meiner Ansicht nach nur noch eins gibt, was sich lohnt: anderen zu helfen und Mitgefühl zu erweisen ...‹«

»Aber gern, Catharina, du kannst auf mich zählen«, versprach ich, freudig erregt. Verschwunden war der wehleidige Klang in meiner Stimme, der sich in letzter Zeit als Grundton eingeschlichen hatte.

Meine Schwester hatte Erfahrung, besaß Kampfgeist, handelte unerschrocken. Sie erreichte, was sie sich vorgenommen hatte. Begleitet von ihrem Ehemann, dem Lehrer, fragte sie sich in dem großen Krankenhaus bis zu den Entscheidungen treffenden Persönlichkeiten durch. Angetan von Catharinas seither geleisteter Arbeit und ihrer Entschlusskraft, zeigten sich Ärzteschaft und Krankenhausverwaltung an einer Zusammenarbeit sofort interessiert, erklärten die Bedingungen: Es galt den Dorfchef zu überzeugen, ohne sein Dafürhalten ließ sich kein Projekt verwirklichen. Ihm oblag dann die Aufgabe, zu der Bevölkerung zu sprechen, sie zu freiwilligen Arbeitseinsätzen für den Bau zu bewegen, Geld zu spenden für den Unterhalt. Es sollte doch ihre Krankenstation werden, oder? Erst wenn das Dorf diese Vorleistungen erbracht hätte, würde das Hospital seinen Beitrag beisteuern: das Wellblech für das Dach, eine Liege zur Behandlung der Kranken.

Wenige Tage später sprach eine Delegation des Krankenhauses beim Dorfchef vor. Wie ein Lauffeuer eilte die Kunde die Pfade entlang, von Haus zu Haus, erreichte in Kürze auch das entlegendste Gehöft. Erste Hilfe bei Notfällen in Reichweite, Tabletten gegen kleine Wehwehchen, erhältlich am Ort ... Wer könnte an einer solchen Einrichtung nicht interessiert sein?

Der Chef berief eine Dorfversammlung ein. Jung und Alt, jeder, den die Beine noch trugen, machte sich daraufhin auf. Sie wollten mehr erfahren. Zu viele Gerüchte machten die Runde, und keine Aussage glich einer anderen.

Der Chef ließ vortragen, beseitigte jede Unklarheit. Wiederholt wurde der Sprecher durch Beifallsbekundungen unterbrochen. »Fortschritt zum Wohle unseres Dorfes!«

»Bravo!«

»Krankheit ist ein verhasster Gast, er tritt ungebeten durch jedermanns Haustür. Für einfache Fälle werden wir in unserer kleinen Krankenstation Hilfe erfahren, Groß und Klein, Jung und Alt. Aber diese Wirkungsstätte muss erst entstehen. Ihre Verwirklichung fordert von uns, den Dörflern, Schweiß zu vergießen und in die Tasche zu greifen, ausnahmslos.«

»Natürlich! Selbstverständlich!«, antworteten die Versammelten.

Es wurden Verantwortliche gewählt, ein Gesundheitskomitee zusammengestellt. Der Chef selbst übernahm den Vorsitz. Wer zählte sonst noch zu den Ehrenvollen, Pflichtbewussten des Dorfes? Der Lehrer, der Evangelist, kluge Männer, reiche Männer, Catharina als zukünftige Leiterin der Einrichtung.

Plötzlich noch eine Hand, die sich erhob, ungeduldig um das Wort bat. Ein Nachbar, mir wohl bekannt. »Ich sehe, Sophie ist anwesend.« Er deutete auf mich. Ich erschrak, denn unerwartet war ich im Mittelpunkt aller Blicke. »Sophie hat lange Jahre im Krankenhaus der Ordensschwestern gearbeitet. Auf ihre Erfahrung dürfen wir nicht verzichten.«

Ich wurde ins Komitee berufen, als zweite weibliche Person von zwölf Mitgliedern.

Catharina kniff mich vor Freude in den Arm, doch die Zusammensetzung des Komitees missfiel ihr. »Wer versorgt die Kranken«, fragte sie in die Menge.

»Die Frauen!«, lauteten die vielstimmigen Antworten.

»Warum hat man nur zwei Frauen ins Komitee gewählt?«

Alles lachte, ein guter Spaß ... Sie gingen zur Bestimmung des Bauleiters über.

Es fand sich ein erfahrener Mann, der gewillt war, die Arbeiten zu überwachen: das Formen der Bausteine, das Hochziehen der Mauern, das Zimmern des Dachgebälks.

Weitaus problematischer gestaltete sich die Suche nach edlen Charakteren, nach aufrichtigen, unbestechlichen Menschen als Eintreiber der Gelder für den Grundstock von Medikamenten. Der Chef sprach von einem anständigen Sümmchen, das zu erwarten sei, denn jeder Erwachsene musste sein Scherflein beitragen, die Männer mehr, die Frauen weniger. Wer also unter den Versammelten war so redlich und kassierte, ohne zu veruntreuen?

Niemand zeigte sich beherzt genug, Personen für diesen Auftrag zu benennen, aus Angst, bei deren Fehlverhalten mit in Verruf zu geraten. Stattdessen ereiferten sich einige über die Frage, wie Kontrolle aussehen müsse, um zu verhindern, dass ... Oder welches Strafmaß bei Veruntreuung von Allgemeingut anzuwenden sei. Eine beherzte Frau machte dem Palaver ein Ende. Ihr Vorschlag: »Übergebt dem Evangelisten und seinen Vertrauten diese Aufgabe. Sie lassen sich am wenigsten in Versuchung führen, denn schließlich müssen sie sich nicht nur gegenüber den Menschen, sondern auch gegenüber Gott verantworten.«

Arbeitswillige Hände formten Bausteine, die sie in der glühenden Sonne zum Trocknen auslegten. Gemäß der Jahreszeit war in den nächsten Wochen kein Regen zu erwarten. Als es die Festigkeit des Materials erlaubte, wurden die Wände hochgezogen, das Dachgebälk gezimmert. Bekannte Drückeberger, die bei früheren Gemeinschaftsarbeiten mit fadenscheinigen Ausreden ferngeblieben waren, packten diesmal tatkräftig mit an. Hatten sie Sorge, später mit Fieber und Schmerzen abgewiesen zu werden? Das von der Krankenhausverwaltung versprochene Wellblech ließ nicht auf sich warten. Die Liege und die Medikamente wurden geliefert, als der letzte Hammerschlag das Dach regenundurchlässig gemacht und ein einbruchsicheres Schloss die Tür verriegelt hatte.

Ein Fest musste steigen. Reden boten Gelegenheit, in Eigenruhm und Selbstgefälligkeit zu schwelgen. »Im Namen des Fortschritts!« Unser Stolz schien nicht unberechtigt, denn auch die kurzen Ansprachen von Frauen und Männern, Delegierte des Krankenhauses, waren reine Lobesreden über den gemeinsamen Arbeitseinsatz eines Dorfes.

Wir trafen uns vor Ort, Catharina und ich, und meinten »unsere« kleine Station. Noch war der Morgen kühl und neblig.

»Lass uns nochmals die Medikamente überprüfen, bevor sie kommen«, so hatte meine Schwester am Vortag überlegt. Doch, kaum zu glauben, bei unserer Ankunft standen schon Grüppchen von Wartenden, meist Mütter mit hustenden, »heißen« Kindern, vor der Tür. Ohne Zeit zu verlieren, begannen wir mit der Behandlung: maßen Fieber, wogen Babys, reinigten Wunden, wechselten Verbände, verkauften Hustensaft und Mittel gegen Durchfall, Malaria, Würmer, Salben gegen Krätze, sparten nicht mit Ratschlägen ... Irgendwann kümmerten wir uns um den letzten Patienten, einen alten Mann. Die Verletzung, ein Schnitt mit der Machete, bereitete ihm noch immer Schmerzen. Er verließ hinkend den Raum.

Wir ließen uns auf die Bank fallen, sahen einander an, atmeten durch. Ich spürte die Erschöpfung, in den Beinen, im Kopf, in den Augen. Doch ich war glücklich, oh, so glücklich ...

»Ließen sich nicht viele Krankheiten vermeiden, wenn die Leute achtsamer wären«, fragte ich Catharina am Abend eines erfüllten Behandlungstages.

»Aber, ja, Sophie! Höchste Zeit, mit Aufklärungsarbeit zu beginnen.«

Wir riefen die Mütter zusammen. Mithilfe unseres Anschauungsmaterials – Plakaten, erhalten von den Ärzten des Hospitals – erklärten wir, wie so manche Krankheit entsteht und andere Menschen ansteckt. Unsere Frage: »Welche Familie verrichtet ihre ›Häufchen‹ noch im Feld«, rief stets Gekicher hinter vorgehaltener Hand hervor. Natürlich bekannte sich niemand. »Häufchen« können viele Krankheitskeime enthalten, auch Eier von Würmern. Regen schwemmt alles in den Bach. Und wo holt ihr euer Wasser, auch das Trinkwasser?«

»Im Bach! Aha...« Unsere Botschaft wurde verstanden. »Also, liegt euren Männern in den Ohren mit der Forderung: Baut endlich eine Latrine!«, hämmerten wir den Frauen ein.

Ich fand Wohlgefallen an dieser Tätigkeit; sie gab mir innere Befriedigung und Erfüllung. Nur gelegentlich überfiel mich Trübsal, für Augenblicke lediglich, mehr Zeit gestanden mir die Kranken nicht zu.

Es war das Los mancher Frauen, es war mein unerfüllter Kinderwunsch, Gegensätze, die aufeinander trafen und vorübergehend meine Arbeitsfreude dämpften. Sie standen vor mir, die Körper abgezehrt von Schwangerschaften seit frühstem Mädchenalter, von Sorgen im täglichen Überlebenskampf für eine große Familie, von harter Feldarbeit. Und nun, wieder einmal, hielten sie einen Säugling im Arm, dem die welke Brust kaum Nahrung bot. »Es ist Gott, der die Kinder schenkt«, sagten sie müde, dem Schicksal ergeben. Solche Begegnungen machten mich zweifelnd. Mit schmerzendem Herzen rief ich Ihn an: »Lieber Gott, diese Frauen hast du reichlich gesegnet, überreichlich... Sieh doch, sie sind erschöpft, tragen schwer an späten Schwangerschaften und Geburten. Ich dagegen bin jung, kraftvoll. Warum hast du mich verschlossen?«

»Wie viele Kinder hast du, Sophie?« Fast täglich musste ich mich dieser Frage stellen. »Soll ich mich mit einer Lüge retten?« Die Versuchung war groß, doch ich widerstand.

»Noch keine.« Schweigen. Mitleidige Blicke trafen mich. Unerträgliche Momente, doch wie sie umgehen?

Fortan begleitete ich meine Bekenntnisse mit einem unbekümmerten Lachen und der sicheren Gewissheit: »Die werden noch kommen!«

Meiner Schwester zur Hand gehen, so war meine gefällige Mitarbeit ursprünglich gedacht. Doch der Patientenansturm forderte meinen ständigen Einsatz. Zwar schob mir Catharina von Zeit zu

Zeit einen Geldschein zu, doch sonst arbeitete ich für Gottes Lohn. Ihr missfiel diese Situation mehr und mehr. »Ich bringe deinen Fall vor das Komitee«, entschied sie.

Der Dorfchef schickte einen seiner engsten Berater, denn seine Majestät selbst verließ nur zu offiziellen Anlässen seinen Palast. Somit war das Komitee vollständig. Die Mitglieder schenkten Catharinas Antrag große Aufmerksamkeit, nickten bestätigend zu der Feststellung: Arbeit verdiene seinen Lohn. Der Lehrer schrieb ein wortgetreues Protokoll.

Wer sonst als der Chef konnte eine mögliche Geldquelle finden?

Zur Überraschung aller rief der Chefberater nur wenige Tage später die Komiteemitglieder erneut zur Sitzung. Die Stellungnahme des Palastes, Sophies Entlohnung betreffend, läge vor.

Nervös hantierte ich herum, schwitzte vor Aufregung schon Stunden vorher. Nicht, dass ich eine ablehnende Entscheidung fürchtete, nein, mir war es unangenehm, im Mittelpunkt zu stehen.

Der Bericht begann mit einem Sprichwort: »Der Krankheit überlässt man nicht den Körper.« Der Sprecher machte eine kurze Pause, schaute in die Runde. Wollte er sich vergewissern, dass jeder den Sinn dieser Aussage verstanden hatte? »Aber wie viele Dorfbewohner mussten schon ihren Körper der Krankheit überlassen, wenn zum Beispiel bei Fieber die gebräuchlichen Methoden, die altbewährten Kräuter nicht mehr halfen, das rettende Medikament aber nur im Hospital, einen Tagesmarsch entfernt, zu bekommen war? Und wie viele durchfallkranke Kinder verloren auf dem weiten, beschwerlichen Weg ihr Leben? Und, und, und … Wer kann mir nicht von tragischen Krankheitsfällen berichten? Der Gang zum Arzt hat seine Berechtigung, ganz sicher. Aber für Notfälle, für einfach zu behandelnde Beschwerden haben wir Vorkehrungen getroffen: Wir haben die moderne Medizin, die ›Medizin der Weißen‹ in unser Dorf geholt. Doch auch deren Tabletten dürfen nicht in sinnlosem Durcheinander geschluckt werden. Es bedarf Personen, die Kenntnisse von der

Art und Weise der Verabreichung besitzen, die die Patienten behandeln, geduldig beraten.«

Der Sprecher hielt inne, gönnte sich eine Atempause. Mit erhobener Stimme, mit gespielter Feierlichkeit, fuhr er fort: »Seine Majestät, der Chef unseres Dorfes, gibt sich die Ehre, unseren beiden Frauen, Catharina und Sophie, für ihren aufopfernden Einsatz zum Wohle unserer Bevölkerung seine volle Anerkennung und seinen tiefen Dank auszusprechen.« Jubelnder Beifall. Ich senkte scheu den Kopf. Aus den Augenwinkeln sah ich, Catharina tat es mir gleich.

Der Beauftragte des Chefs verlas noch weitere Würdigungen unserer Arbeit. Die lobenden Worte drangen nicht bis an mein Ohr. Ich verlor mich in dem wonnigen Gefühl, zwar noch kinderlos, aber doch dienlich zu sein.

Erst der leichte Knuff von Catharinas Arm brachte mich in die Wirklichkeit zurück und ließ mich noch den letzten Teil des Satzes aufnehmen: »…wird Sophie offiziell als zweite Kraft angestellt und erhält eine angemessene Bezahlung. Allerdings«, sprach er zuvor zu den Mitgliedern, schaute er mir jetzt gestreng ins Gesicht, »die Anstellung ist an eine Bedingung geknüpft: eine dreimonatige Ausbildung im Labor des Krankenhauses, das hat seine Majestät mit der Ärzteschaft ausgehandelt.«

Ich schoss in die Höhe, verflogen waren Menschenscheu und weibliche Schüchternheit. Ich klatschte in die Hände, umarmte Catharina, aus heller Freude: Was alles kann ich lernen, in drei langen Monaten…

Sein Bericht war noch nicht abgeschlossen. »Dem nicht genug, unsere kleine Krankenstation erhält ein Geschenk: ein Mikroskop. Mit diesem Apparat erkennt man Erreger von Malaria im Blut, Eier von Würmern im Stuhl… Fragt Sophie nach ihrer Ausbildung.«

Ich schwelgte im Glück, nur Mutter sorgte sich: »Zwei Frauen aus der gleichen Familie in bezahlter Anstellung, das raubt Neidern den nächtlichen Schlaf.«

Das Warten fiel mir schwer, ich zählte die Tage, fieberte dem großen Moment entgegen: der Arbeit mit dem unbekannten Apparat, dem Mikroskop.

Endlich stand ich davor. Die Einführung begann.

Mit Leidenschaft stürzte ich mich in das Studium: die Funktionen eines Mikroskops zu erfassen, die kleinen Erreger, die Krankheitsverursacher, in einem Tropfen Blut oder Urin zu erkennen und entsprechend zuzuordnen. Meine Gedanken kreisten um nichts anderes. Die Lieben zu Hause, selbst mein unbändiger Kinderwunsch, waren weit entrückt. Auch die Ahnen …

Mathias besuchte mich. Prüfend betrachtete ich sein Gesicht: ein Lächeln. Nein, er überbrachte keine schlechte Nachricht. Welch eine Überraschung! Ich freute mich über sein plötzliches Erscheinen, das Wiedersehen und überschüttete ihn mit Fragen: Wie geht es Akam und Charity, der Mutter, dem Vater, der und dem und der…? Hast du Neuigkeiten von der Krankenstation, von Catharina? Wie gedeiht der Mais? Was bietet der Dorfklatsch?

»Sophie, ich bin nicht ohne Grund gekommen.«

Meine Freude verflog schlagartig: wohl doch eine missliche Botschaft?

Mathias bemerkte meinen Schreck, legte besänftigend seine Hand auf meinen Arm: »Es geht um den Wahrsager, der mit den Ahnen in Kontakt treten soll …«

Meine Beunruhigung blieb: Was um Himmels Willen hat der herausgefunden?

»Dein Vater, dein Onkel und David besuchten ihn, du weißt, um herauszufinden, wessen Verhalten die Vorfahren verärgert haben könnte, das sie zur Ahndung veranlasste. Doch auch er konnte nach Rücksprache mit ihnen keinen bestimmten Übeltäter benennen. So machte er den Männern eine allgemeine Empfehlung: ›Organisiert ein ‚Fulfilment', eine Vervollständigung der Totenfeier für die zuletzt Verstorbenen, also Schwester und Vater des Familienoberhauptes. Vielleicht empfanden sie die Würdigung, die Opfergaben unzureichend. Versöhnt sie!‹«

»Der Tag wurde sofort festgelegt. Sie erwarten dich!«, erklärte mir Mathias.

Ich versprach mein Erscheinen, wollte niemanden vergrämen, keine Lebenden, keine Toten. Mein Ehemann hatte es eilig, begab sich sofort auf den Heimweg. Ich blieb zurück.

Mit seinem Besuch traten all die Probleme, auch die Ahnen mit ihrem Groll, ihren Strafen, in mein Bewusstsein zurück. Der nächtliche Schlaf war mir geraubt.

Ich dämmerte vor mich hin. Plötzlich ... Ich schreckte auf, mein Herz raste, kalter Schweiß brach mir aus. Ich sah einen Schatten am Fenster. Ja, ganz sicher, ein Mensch! Keine Täuschung. Angsterstarrt saß ich in meinem Bett. Wer verbirgt sich hinter dieser Person: ein Geist, ein Ahne, ein Dieb, ein Vergewaltiger?

»Sophie«, flüsterte dieses nachtschwarze Wesen.

Gütiger Herrgott, das war Mathias. Zu dieser Stunde? Welch Unglück ist passiert? Ist Mutter tot? Ist Vater tot?

»Bist du allein?«

»Ja«, hauchte ich, kaum fähig zu sprechen.

»Lass mich rein.« Seine Stimme war barsch.

Ich stand auf, die Beine trugen mich kaum, entriegelte die Tür.

Er stürmte herein. Mit zwei Schritten durchquerte er den Raum, stand vor meinem Bett, schlug die Decke zurück.

»Wo ist der Mann?«

Was meinte er nur? Ich flehte ihn an: »Mathias, was ist los? Sprich schon ...«

»Ich frage dich, wo ist der Mann?«

Oh, ich verstand! Die Eifersucht, sein Misstrauen ... Völlig erschöpft sank ich auf mein Bett, barg meinen Kopf zwischen den Händen. Schluchzen erschütterte meinen Körper.

Ganz langsam löste sich die Angst in mir, wich einer tiefen Traurigkeit.

Schwester Glady war meine Lehrmeisterin, eine liebenswürdige Person, den Kranken von Herzen zugetan. Rundlich die Figur, doch trotzdem behände. Ihr Haar glänzte silbergrau. Vielleicht leistete sie schon zum Zeitpunkt meiner Geburt ihre Dienste am Nächsten. Sie hatte Kinder in meinem Alter, aber auch jüngere und ältere. Neun! Das Letzte, ein Mädchen, erlebte seinen Vater nicht mehr. Er schloss seine Augen Wochen vor ihrer Geburt. »Von da an blieb es meine alleinige Aufgabe ...« Solche Momente des Austausches waren für mich von unschätzbarem Wert, doch leider rar. Kranke füllten die Wartehalle Tag für Tag.

Nur manchmal packte mich Glady am Arm, zog mich nach draußen: »Sophie, komm, mein Körper fordert eine Atempause, etwas Entspannung ...« Wir ließen uns an angestammten Plätzchen nieder, auf einem Stein in der Sonne, auf einem umgeknickten Baumstamm im Schatten, je nach Verlangen.

Bald schon fasste ich mir ein Herz, erzählte Glady von meinem unerfüllten Kinderwunsch.

»Und, was habt ihr bis jetzt unternommen?«

Ich erzählte ihr von dem Besuch beim Heiler, der Kontaktaufnahme zu den Ahnen, dem Wahrsager. »Ein ›Fulfilment‹ für die Verstorbenen, Großvater und Tante väterlicherseits, steht noch aus. Ja, und seit Monaten trinke ich Tee von fast jedem Kraut, das Gott wachsen lässt.«

»Und eine ärztliche Untersuchung?«

Verlegen schaute ich zu Boden, gestand: »Wurde noch nicht durchgeführt.«

»Ich spreche mit der weißen Frau, der Frau Doktor. Eine Deutsche. Es waren die Deutschen, die Geld für den Bau des Krankenhauses gespendet haben. Ja«, setzte sie entschieden hinzu, »sie soll dich untersuchen.« Glady erhob sich mit einem Ruck, als wollte sie die Frau Doktor sogleich aufsuchen.

Und wahrlich, das tat die gute Seele.

Nur kurze Zeit später ließ mich die Ärztin rufen. Mit einem freundlichen Lächeln empfing sie mich, bat mich Platz zu nehmen. Sie überging die bei uns üblichen ausschweifenden Erkundigungen nach den Eltern und Geschwistern, dem Heimatdorf, dem Werdegang – sie kam unvermittelt zur Sache: »Du wünscht dir Kinder und die kommen nicht?«

Auch ihre Aussprache verwirrte mich, ihr Englisch klang recht fremd in meinem Ohr.

Mit gewisser Scheu erzählte ich von dem Besuch beim Heiler, dem Kontakt zum Wahrsager und der bevorstehenden Zeremonie für die Verstorbenen, war jeden Moment gefasst, dass sie mich anschreien würde: »Was soll dieser Heidenzauber?« Doch ihr aufmunterndes Lächeln verflüchtigte sich nicht.

»Würde dein Mann ebenfalls einer Untersuchung zustimmen?«, wollte sie wissen.

»Von mir?«

»Nein, von ihm selbst.«

»Mein Mann, wieso der?« Ich konnte den Sinn ihrer Frage nicht erfassen.

Nun folgte die Aufklärung, dass auch ein männlicher Körper nicht ohne Schwächen sei, das hieße in manchen Fällen: zeugungsunfähig.

Befremdet schaute ich sie an, brachte vor Bestürzung weder weitere Fragen noch andere Äußerungen hervor.

»Zeugungsunfähigkeit des Mannes!« Ich hatte noch nie jemanden über ein solches Problem sprechen hören. Wann immer eine Frau kinderlos blieb, wem galten die Schmähungen, die Kränkungen? Ihr, der Frau, allein ihr. Und nun erzählt mir diese weiße Ärztin …

»Während meines Besuchs im Dorf werde ich meine ganze Überredungskunst aufwenden, ihn zu einer Untersuchung zu bewegen«, versprach ich. Doch ich hegte nicht den geringsten Zweifel, dass mich Mathias wegen einer solchen Zumutung auslachen würde.

Der Tag des »Fulfilments« rückte heran. Am Vortag schon schlug ich den Weg ein, heim ins Dorf. Im elterlichen Gehöft, Ort des geplanten Opferrituals, traf ich auf Mathias. Geschäftig eilte er hin und her.

Zwei Ziegen, angepflockt, grasten neben Vaters Haus, nährten sich genüsslich von dem üppigen Grün – Opfergaben.

»Zwei Ziegen?« Ich deutete erstaunt auf die Tiere. »Tja …« Mathias zuckte ergeben mit den Schultern. »David sprach mit dem Wahrsager, fragte, ob ein Hahn für den Großvater und ein Huhn für die Tante nicht ausreichend seien. Und natürlich Mimbo … ›Lassen sich die Ahnen mit Kleinigkeiten zufrieden stellen?‹, gab der zu bedenken. Knauserigkeit könne sie noch mehr vergrätzen, noch unversöhnlicher stimmen.«

Bereits vor Tagesanbruch regte sich in den Häusern das Leben, und als die Morgensonne über den Hügel hinweg den Hof erreichte, trafen die ersten Angehörigen ein.

»Schneidet Bananenblätter!« Ein Auftrag an die Kinder. Mit lautem Geschrei und viel Wichtigtuerei schwirrten sie davon, in alle Richtungen. Ihre Ausbeute überstieg um ein Beträchtliches den Bedarf.

In mehreren Schichten wurden die Blätter auf dem Boden ausgelegt, und auf diese Unterlage führte David die Ziegen. Arglos schauten sie um sich, dann wollten sie sich dem verlockenden Grünzeug widmen. Doch der Genuss wurde ihnen versagt. Ein Stich in die Kehle beendete ihr irdisches Dasein.

Vater, als Oberhaupt unserer Familie, ergriff das Wort, sprach hörbar für alle Anwesenden: »Seid willkommen, alle, die sich heute hier zu einem großen Familienfest versammelt haben. Wir, die Lebenden und die Toten, unsere Ahnen, werden diesen Tag in enger Verbundenheit begehen. Menschliche Wesen irren, umso tiefere Dankbarkeit erfüllt uns, dass ihr uns verzeiht, Schutz und Frieden gewährt. Als Zeichen unserer Aufrichtigkeit reichen wir euch eine Opfergabe dar. Sie ist bescheiden, doch, verehrter Vater und geliebte Schwester, wir ersuchen euch: Berücksichtigt unsere beschränkte Habe. In dem Gefühl tiefer Zusammengehörigkeit erbitten wir eure Güte, heute besonders für unsere Tochter Sophie. Schenkt ihr den Segen der Fruchtbarkeit, denn die Kette des Lebens darf nicht abreißen.«

Langsam lösten sich die Menschen aus der inneren Anspannung. Die Ziegen waren zwischenzeitlich ausgeblutet. Ihre

Köpfe und Leiber wurden nunmehr den Frauen übergeben, die das Fleisch, zusammen mit Kochbananen und entsprechenden Zutaten, in einem sich über Stunden hinziehenden Arbeitsgang in ein köstliches Mahl verwandeln sollten. Währenddessen versetzten sich die Männer mit süßem Palmwein in Festtagsstimmung.

Nach dem Essen rollte Vater mithilfe junger Männer unserer Familie die blutigen Bananenblätter zusammen und warf sie ins Feld.

Neben der Haustür zu Vaters Haus befand sich der »Opferplatz der Ahnen«, ein ausgehöhlter Stein. Die Tradition verlangte von jedem Mitglied meiner Familie, den Ahnen eine ganz persönliche Aufmerksamkeit darzubringen: eine paar Tropfen Mimbo, verbunden mit, so war es wohl gemeint, den besten Wünschen für meine Fruchtbarkeit. Doch wer kennt schon die heimlichen Gedanken anderer …

Bestens gelaunt, dank einer wohligen Völle und dem süßen Schwindel im Kopf, machte sich die weiter entfernt wohnende Verwandtschaft auf den Heimweg; die Ansässigen schafften Ordnung.

Erst spät am Abend fand ich die Ruhe, mit Mathias das Gespräch zu führen, das mir trotz aller Geschäftigkeit den Tag lang auf der Seele brannte: Wie wird er reagieren? In Hohngelächter ausbrechen, also eine Untersuchung strikt verweigern? Mir ein »Nie und nimmer!« an den Kopf werfen? Oder den Verstand walten lassen? Überlegungen anstellen? »Schau«, würde ich zu ihm sagen, »die Weißen haben uns das Evangelium gebracht, retten mit ihrer Medizin Menschenleben, lindern Schmerzen …, vielleicht besitzen sie auch ein Pulver oder Spritzen oder Tabletten, für dich oder mich«, würde ich noch leise hinzuzufügen. – Ach, Faselei, er wird sich nicht die Mühe machen, mich anzuhören. Wie oft während des Tages kam ich ergeben zu dem Schluss: Mir bleibt einzig und allein die Hoffnung auf die Versöhnlichkeit der Ahnen …

Oh, wie hatte ich ihn, meinen Ehemann, verkannt! Er überraschte mich, machte mich sprachlos. Wie konnte ich mich nur so täuschen? Er zeigte weder Hohn, noch Spott, nur Bereitschaft. »Ich stimme zu, doch eine Bitte: Lass uns warten bis zum Ende deiner Ausbildung. Vergesse die Ahnen nicht! Bedenke doch, zwei Ziegen und literweise Mimbo … Vielleicht stimmen sie die Opfergaben gütig und betrauen uns mit ihrem Segen, hoffentlich schon heute Nacht.«

Einfältig von uns zu erwarten, die Ahnen reagierten unvermittelt. Brauchten sie ihre Zeit, gar Bedenkzeit?

Unsere gemeinsame Nacht trug keine Früchte.

Am Ende meiner Ausbildung ließen wir die Untersuchung durchführen. Mathias hielt sein Wort. Bis zu dem entscheidenden Moment, in dem sich die Tür des Behandlungszimmers hinter ihm zutat, hatte ich Zweifel an seiner Entschlossenheit gehegt. Bestätigte er doch mit seiner Einwilligung, dass er, der Ehemann, unter Umständen Schuld an unserer Kinderlosigkeit trüge. Ein Zugeständnis, das mich seine Eifersuchtsszenen vergessen ließ. Auch die Ärztin raunte mir zu: »Alle Achtung, nur sehr wenige Männer lassen sich hier zu einer solchen Untersuchung überreden.«

Mit feuchten Händen und klopfendem Herzen saß ich auf der harten Bank, rutschte unruhig hin und her. Mathias hielt es nicht auf seinem Platz, rastlos ging er zwischen den Kranken und deren Angehörigen auf und ab. Wir fieberten dem Untersuchungsergebnis entgegen. Doch was erhofften wir? Welchen Befund erwarteten wir? »Vielleicht ein Problem bei dir?« Oder: »Eine Komplikation bei dir?« Die Anspannung quälte uns.

Dann das Ergebnis: »Wir konnten nichts finden, was einer Schwangerschaft im Wege stände.«

Fassungslos saßen wir da, versuchten zu begreifen. Gescheiterte Hoffnung! Unbeirrbar hatten wir darauf vertraut, die Frau mit ihrer »Medizin der Weißen« könne die wahren Gründe unserer Kinderlosigkeit herausfinden und beseitigen.

Hilflos blickten wir zu der Doktorin auf. »Und nun?«

»Sophie, die einzige Möglichkeit ist ein operativer Eingriff, um genau festzustellen, wo die Ursache liegt.«

»Ganz sicher, die Ahnen grollen uns noch immer.« Das war Mathias' Antwort auf den Vorschlag der Ärztin.

Kapitel 8

Der Befund – Die zweite Frau – Comfort, das junge Ding – Die verschlossene Tür

Verhaltene Stimmen, doch so entfernt? Ich schlug die Augen auf. Wo bin ich? Ach, ja, der Eingriff! Ein Gesicht tauchte über mir auf, lächelte. »Glady!« Oh, das Sprechen machte Mühe.

»Sophie, es ist überstanden. Schlaf!« Sie strich mir über die Wangen.

»Was haben sie festgestellt in meinem Bauch?«, fragte ich murmelnd.

»Nicht jetzt, Sophie.«

»Hmm!«

Schon wurde ihr Lächeln unscharf, ich dämmerte dahin.

»Du hast stundenlang geschlafen«, wunderten sich meine Schwestern Catharina und Lea.

Tatsächlich, draußen herrschte schon dunkle Nacht. Der Schlaf hatte gut getan. Jedenfalls machte er mich kräftig genug, um sogleich zu fragen: »Was fanden sie in meinem Bauch?«

»Sophie, wer soll *uns* das gesagt haben?«, fragten beide, fast wie aus einem Munde.

»Lasst uns Gott danken«, schlug Lea vor. Und so falteten wir die Hände, schlossen die Augen und lobten den Herrn. »Amen!«

Doch ich wollte das Gebet damit nicht beenden, wollte mit *Ihm* weiter Zwiesprache halten. Zu viel lastete mir noch auf der Seele. »Hilf mir!« Ich wählte nicht den Ton einer Ansuchenden, eher den einer Fordernden, Drängenden. »Wie viele Herzenswünsche wurden mir versagt? Ich bin nicht Lehrerin geworden, nicht Ordensschwester, nun lass mich bitte Mutter werden.« Erschöpft sank ich in die Kissen, gab vor zu schlafen.

Die Schwester maß Fieber, fühlte den Puls, verteilte Tabletten. Catharina und Lea kochten Maisbrei, reichten Wasser, gaben sich spaßig, um mir ein Lächeln abzugewinnen. Niemand rief mich zum Gespräch.

Jetzt, jetzt … Ich hielt den Atem an, fühlte Hitze in meinen Kopf steigen: Die Ärztin hatte den Krankensaal betreten, ging reihum von Bett zu Bett. »Hallo, Sophie, wie geht's?«

Statt Gruß und Antwort platzte ich sogleich mit meiner Frage heraus: »Frau Doktor, was haben Sie in meinem Bauch gefunden?«

»Wir sprechen darüber.« Sie gab mir einen liebevollen Klaps, wandte sich der nächsten Patientin zu.

Enttäuscht, verletzt, mit Tränen in den Augen blieb ich zurück. »Warum nur muten sie mir dieses Warten zu?« Es gab nur eine Erklärung: Sie fürchten, mir die Wahrheit zu sagen.

Dann endlich … Mathias war gerade an mein Bett getreten. »Frau Doktor lässt euch bitten«, sagte die Schwester. Catharina und Lea begleiteten uns bis an die Tür des Behandlungszimmers. »Der gleiche Raum, der gleiche Stuhl«, dachte ich. Was sonst hatte ich erwartet?

Die Ärztin richtete unser Augenmerk auf eine Schautafel. Darauf dargestellt waren die weiblichen Geschlechtsorgane. Sie begann ausführlich zu erklären, auf welche Art und Weise sich eine männliche und eine weibliche Keimzelle verschmelzen, woraus dann der Fötus entsteht.

Ich fühlte Unmut aufkommen. Konnte ich diesen Vorgang jetzt verstehen, wollte ich mich unter dieser Spannung darauf konzentrieren? Ich will endlich wissen … Oh, warum quält man mich so?

Und sie wiederholte sich, wandte sich erneut den Eileitern zu. »Diese röhrigen Gänge nehmen die reifen Eier aus den Eierstöcken auf und leiten sie in die Gebärmutter.«

Ungeduld zehrte an meinen Nerven, mir war nach Schreien: »Los, endlich …« Ich schloss die Augen, riss sie sofort wieder auf, denn ich hörte meinen Namen.

»Sophie, dein Problem liegt daran, dass deine Eileiter verschlossen sind, sodass keine einzige Eizelle in die Gebärmutter gelangen kann. Sophie, schweren Herzens muss ich dir sagen, dass wir dagegen nichts unternehmen können …« Ich spürte ihren Arm auf meinen Schultern, mit festem Griff drückte sie mich an sich, flüsterte tröstende Worte in mein Ohr. Ein Weinkrampf schüttelte mich.

»Bitte, Sophie, iss ein paar Bissen, nimm einen Schluck Wasser.« Geduldig bemühten sich Lea und Catharina, mich zu kräftigen, mich aufzumuntern, doch ich verweigerte Nahrung, Zuspruch, Erheiterung. Teilnahmslos lag ich in meinem Bett, wollte keinen Menschen sehen, nichts hören, mit niemanden sprechen, schlief nicht, wachte nicht, war nur schmerzerfüllt, untröstlich. Oh, Gott, warum ließest du mich aufwachen, führtest mich zurück in diese Welt? »Erwiesen, zweifelsfrei erwiesen, endgültig … Zweifelsfrei erwiesen …« Ausschließlich diese Worte kreisten in meinem Kopf, immer und immer wieder. Keimte zuvor nach jeder Enttäuschung eine neue Hoffnung, diese Zuversicht war nun vorbei, endgültig.

Dann plötzlich erinnerte ich mich dreier Namen: Sarah, Hanna, Elisabeth … Frauen aus der Bibel. Teilten sie nicht ein und dasselbe Schicksal an unterschiedlichen Orten und zu ungleichen Zeiten? Unfruchtbar während endlos vieler Ehejahre, in Demut ertragen bis zur Hoffnungslosigkeit. Doch, welch Wunder, der Herr erwies ihnen seine Güte: Bereits hochbetagt, spürten sie Leben in sich keimen und gebaren alsbald ihre Söhne: Sarah Isaak, Hanna Samuel und Elisabeth Johannes, Johannes der Täufer. Ach, Sophie, was willst du mit diesen Geschichten? Dich an sie klammern, neu hoffen? Solche Wunder begaben sich zu jener Zeit, ereignen sich nicht in unserer heutigen Welt. Fertig!

Mein Körper erholte sich. Die Ärztin zog die Fäden, entließ mich mit überschwänglichen Worten der Aufmunterung. Sie hielt Catharina und Lea einen Moment zurück, sprach mit ihnen.

»Was wusste Frau Doktor noch zu sagen?«, fragte ich die beiden auf dem Heimweg.

»Nichts Besonderes.«

Ich horchte auf. Klang das nicht betont gleichgültig? »Betraf das mich?«

Sie wollten nicht mit der Sprache heraus. Ich blieb jedoch beharrlich. Die Ärztin habe ihnen erklärt, dass ein Eileiterverschluss oft durch die Unsauberkeit des Mannes entstehe. Beim Geschlechtsverkehr könnten Krankheitskeime in die Frau eindringen und Entzündungen hervorrufen. Im schlimmsten Falle führten diese zu einem Eileiterverschluss.

Meine Schwestern empörten sich über eine solche Ursache von Unfruchtbarkeit. »Wie viele Frauen erlitten schon das Schicksal, von Mann und Schwiegerfamilie wegen Kinderlosigkeit vom Gehöft gejagt zu werden« – »oder bekamen eine zweite Frau ins Haus gesetzt«, wusste Lea Catharina zu ergänzen, »und der eigentliche Übeltäter war der Dreckspatz Ehemann.« Mich ließ diese Offenbarung gleichgültig. Soll ich jetzt Mathias als Schuldigen bezichtigen: »Deine mangelnde Körperpflege führte zu meiner Lage ...«?

Es folgte eine einsame, gottlose Zeit. Die Liebe in meinem Herzen war erloschen bis auf ein spärliches Flämmchen. Diesen dürftigen Rest schenkte ich den unschuldigen Kindern. Ansonsten beherrschte mich Bitterkeit. Ich haderte mit *Ihm* gleichermaßen wie mit den Erwachsenen meiner Familie. All meine demutsvollen, flehentlichen Gebete, die ich über Jahr und Tag an Ihn richtete, blieben unerhört. Womit habe ich mich schuldig gemacht, versündigt? Gewiss, es ist meine Ehe ohne Seinen Segen. Aber galt mein Mühen, mein Ringen nichts, das ich damals aufbrachte, um Mathias zum Traualtar zu bewegen ... und meine grenzenlose Enttäuschung nach diesem Misslingen? Was anderes hätte ich tun sollen? Der Ehemann, er war seinen Freunden hörig, ließ sich von ihnen beschwatzen.

Und da waren Vater und Mutter, Tanten und Onkel, Nachbarn und Freunde, die mich seinerzeit mit List und Macht davon abhielten, ins Kloster zurückzukehren, mich nötigten, im Dorf zu bleiben und, so ihr Trachten, mich damit zur Heirat und zum

Kinderkriegen zwangen. Hatte ich nicht einen vollkommenen Platz in dieser Welt gefunden: das geschenkte Leben als Dienerin Gottes für Bedürftige und Leidende einzusetzen? Welche Ursache meine Unfruchtbarkeit auch hatte, im Kloster wäre sie nie offenbar geworden, als Ordensschwester wäre ein Kinderwunsch nie aufgekommen. In der Dorfgemeinschaft jedoch trug ich den Stempel einer minderwertigen Person, eines unnützen Glieds in der Kette des Lebens.

Der Moment musste kommen, ich hatte ihn erwartet, war vorbereitet, trotzdem stockte mir das Blut, traten mir Tränen in die Augen, als Mathias eines Tages sagte: »Meine Familie ist unzufrieden …« Ich brauchte kein weiteres Wort der Erklärung, wusste Bescheid. Schweigend saßen wir beieinander, dann stand ich auf, holte meine Bibel, schlug Lukas 13 auf und las Mathias vor. Hin und wieder versagte mir die Stimme. Ich konnte es nicht verhindern: »Es hatte einer einen Feigenbaum, der war gepflanzt in seinem Weinberg, und er kam und suchte Frucht darauf und fand keine. Da sprach er zu dem Weingärtner: Siehe, ich bin nun drei Jahre lang gekommen und habe Frucht gesucht an diesem Feigenbaum und finde keine. So hau ihn ab! Was nimmt er dem Boden die Kraft? Er aber antwortete und sprach zu ihm: Herr, lass ihn noch dies Jahr, bis ich um ihn grabe und ihn dünge; vielleicht bringt er doch noch Frucht; wenn aber nicht, so hau ihn ab.«

»Die Geduld deiner Familie ist also zu Ende. Sie ist für keine Wartezeit mehr bereit!« Eine Feststellung, keine Frage. »Verständlich«, fügte ich hinzu, »auch im Dorf heißt es: Zu Bäumen, die keine Früchte tragen, führt kein Pfad.«

Mathias nahm mich in die Arme: »Sprich nicht so. Du gehörst an meine Seite. Ich bewundere dich. Gemeinsam haben wir so viel geschaffen, du bis so arbeitsam, so ideenreich …«

Ich grämte mich, kannte zu genau Schicksale von Frauen in meiner Lage. Die Schwiegerfamilie setzte den Sohn unter Druck, bedrängte ihn, bis er »zur Einsicht kommt«: Ein Fluch hafte ihr an. Wolle man eine solche Person im Hause dulden? Mir sagten auch noch böse Zungen nach, die Klosterschwestern hätten mich steril gemacht. Oh, mein Gott, muss ich zuletzt dieses Heim verlassen, an dessen Schaffung ich so tatkräftig beteiligt war, Kraft, Schweiß und Liebe hineingesteckt habe? Um wohin zu gehen? Zurück zu meiner Familie, mit der ich im innersten Herzen noch immer zürne, die ich noch immer mit Schuld belaste?

Ich fühlte mich erbärmlich, krank, müde, ja, todmüde, schwach ..., bis eines Tages in einem Moment tiefster Verzweiflung ein Gedanke Einzug in meine Vorstellungswelt hielt, den ich seit frühester Jugend leidenschaftlich abgewiesen hatte: Polygamie, eine zweite Frau. Ich erschrak zutiefst. Das wäre Sünde, eine Todsünde sogar, die ins Fegefeuer führt. Habe ich nicht als Kind Höllenpein erlitten wegen meiner polygamen Familie? Und jetzt spiele ich selbst mit dem Gedanken ... Oh, Sophie! – Ich schüttelte den Kopf. Wohin führt dein Weg?

Doch ich fand Tröstung. Gott selbst wies mir einen Fingerzeig, ließ mich an Sarah und Abraham, zu jener Zeit noch Sarai und Abram, erinnern: »Sarai sprach zu Abram: Siehe, der Herr hat mich verschlossen, dass ich nicht gebären kann. Geh doch zu meiner Magd, ob ich vielleicht durch sie zu einem Sohn komme. Und Abram gehorchte der Stimme Sarais.« Hagar, die Magd, wurde schwanger. Dass sie hernach ihre Herrin gering achtete, überlas ich zu jener Zeit. Wichtig war mir eine Erkenntnis: Gott erzürnte sich nicht über das Verhalten des Ehepaars. Schenkte Er ihnen doch später, beide bereits im hohen Alter, einen gemeinsamen Sohn, Issak.

Ein eigenes Kind, diese Träume sind abgeschlossen. Doch eine Magd Hagar, eine zweite Frau, die uns Glück ins Haus bringt ... Ich selbst werde Ausschau halten, Nachforschungen betreiben, um sicher zu sein, keine eigensinnige Person wie Mutter Anna ins Haus zu holen. Als gutwillige, respektvolle »Zweite« wird sie zu mir, der »Ersten«, Mama sagen und ihre Kinder beständig meiner Obhut überlassen, selbst des Nachts. – Sophie, hörst du die Vögel pfeifen? Sie waren für lange Zeit stumm gewesen.

Gewiss doch, Mathias wird diesen Vorschlag als willkommene Lösung annehmen, die Schwiegerfamilie erst recht.

Dieser Tatsache gewiss, beschloss ich, meinem Ehemann die Suche nach einer zweiten Frau anzutragen. Doch wie sollte ich ein solches Gespräch beginnen? Tagelang zerbrach ich mir den Kopf, suchte nach Worten, formulierte Sätze, verwarf sie wieder.

Nach all dem vergebenen Bemühen fasste ich einen Entschluss: Beschreibt nicht der Bibeltext eindeutig meinen Ratschlag? Warum nach anderen Ausführungen suchen, ich werde Sarai sprechen lassen.

In einem ruhigen Moment bat ich Mathias um Gehör. Ich las. Erwartungsvoll schaute ich ihn an. Mit krauser Stirn, den Blick gesenkt, saß er da. Nach einer endlosen Weile sagte er: »Lass mich darüber nachdenken …«

Ist das nicht Asona? Meine ehemalige Schulfreundin, das kleine Mädchen, das einst in der Bar ihrer Mutter tapfer den Männern die Becher mit starkem Hirsebier servierte? Aber, ja! Freude erfüllte mich. Im sonntäglichen Gottesdienst saß sie einige Reihen vor mir. Als spürte sie meinen Blick im Nacken, drehte sie sich um, erkannte mich, winkte. Wo hatte sie all die Jahre gelebt? Wir hatten uns aus den Augen verloren. Nun, sie wird mir Bericht erstatten.

Wir fielen uns in die Arme, lachten, stellten Fragen über Fragen, beide gleichzeitig.

»Erzähl du! Du hast dem Verkauf von Hirsebier Lebewohl gesagt, warst sicher in der weiten Welt, weil ich dich hier nie mehr gesehen habe.«

»Richtig! Jahrelang.«

Obwohl erst kürzlich zurückgekehrt, kannte sie, wie sich zeigte, neuere Dorfgeschichten als ich. Sie habe drei Kinder und arbeite mit ihrem Mann auf einer Bananenplantage im Südwesten, wie so viele von hier. Das Geld locke, aber es sei hart zu verdienen. Ein Höllenklima: heiß, schwül, ideal für die Stechmücken, die das Fieber bringen. »Oft sehnen wir uns nach dem frischen Wind dieser heimatlichen Hügel hier. – Und du?«

Ich machte es spannend: »Versetz dich zurück in unsere Schulzeit. Siehst du den Schulhof vor dir, den morgendlichen Appell? Wir waren aufgestellt gemäß den Klassen. Bei den Kleinen … Weißt du noch, ein Junge überragte seine Mitschüler um Hauptеslänge? Wir konnten uns täglich aufs Neue an diesem Anblick erfreuen und spötteln …«

Statt einer Antwort erschallte ihr Lachen. »Hieß er nicht Mathias?«

»Ja, und mit ihm bin ich verheiratet.«

»Ah, Glückwunsch! Und wie viele Kinder habt ihr?«

Oh, verflixt, diese leidige, unliebsame Frage! Nie und nimmer konnte ich ihr entgehen. Aber Asano konnte meinen Kummer ja nicht ahnen. Ich schüttelte den Kopf.

»Mathias«, murmelte sie nachdenklich vor sich hin, »ich verstehe …«

»Was verstehst du?«

»Ach, nichts …«

Diese hastige Erwiderung machte mich hellhörig. Sie will dir etwas vorenthalten. Ich ließ nicht locker, drängte: »Sag mir bitte, was du im Hinblick auf Mathias ›verstehst‹.«

»Seine Familie hält scheinbar Ausschau nach einer Frau für ihn. Gerede, Sophie, du kennst den Dorfklatsch. Habe nur mit halbem Ohr hingehört und irre mich sicher …«

Du irrst dich nicht, schrie eine innere Stimme, sie suchen bereits, hinter meinem Rücken! Diese Offenbarung erschütterte mich zutiefst, traf mich ins Herz. Sie weiß mehr als ich. In rauem, fast barschen Ton sagte ich: »Red dich nicht raus, Asano! Ja, ich selbst habe den Vorschlag einer zweiten Frau für Mathias gemacht, weil ich keine Kinder bekomme, aber dass sie suchen, ohne mich einzubeziehen. Verstehst du meine Kränkung?« Tränen rannen über mein Gesicht. Es verschlug mir die Sprache.

Asano nahm mich in den Arm. »Sophie, meine liebe Freundin! Zugegeben, ich war feige, wollte dir die schmerzliche Wahrheit vorenthalten, doch ich erkenne, ich komme nicht umhin: Sie haben bereits eine Frau gefunden. Sie ist noch sehr jung, bereits schwanger.«

»Schwanger – von wem?« Ich griff nach Asanos Hand, drückt sie vor Anspannung, bis sie schmerzhaft das Gesicht verzog. »Bitte, lieber Gott, erfülle mir wenigstens diesen einen Herzenswunsch: Lass sie nicht sagen, von ihm! Es kann doch nicht wahr sein, dass Mathias und seine Familie dieses Versteckspiel schon so lange treiben, dass sie bereits sichtbar schwanger ist!«

Asano wusste es nicht.

»Tue mir einen Gefallen, erkundige dich.«

Schon am nächsten Morgen suchte sie mich auf. Meine Glieder waren schwer nach dieser durchwachten Nacht. Doch als ich sie erblickte, wich Müdigkeit Anspannung.

Wir wählten einen wenig begangenen Pfad, wollten ungehört, unbeobachtet sein.

»Jetzt!« Ich blieb stehen, sah die Freundin auffordernd an.

»Beruhige dich! Sie heißt Comfort und ist schwanger von einem jungen Spund, nicht höher als die Maispflanzen Anfang Juni, den die Familie als zu grün für eine Heirat abwies.«

Ich atmete hörbar auf. Trotz der Kränkung, die ich erfuhr, fiel mir ein Stein vom Herzen.

Asano beschrieb mir die Familie. Ich ahnte, um welches Mädchen es sich handeln könnte.

Ich machte Einkäufe. Es war großer Markttag. Akam, mein Ziehsohn, begleitete mich. Zwar tobte er lieber in Gottes freier Natur herum oder jagte dem Fußball nach, aber ich bat ihn um diese Gefälligkeit. Denn Mathias misstraute mir, verließ ich alleine das Haus. Ich baute so unliebsamen Eifersuchtsszenen vor. Nach solchen Ausgängen fragte mein Ehemann Akam am Abend aus. Hätte ich ein Kleinkind zu versorgen gehabt, wäre Mathias vielleicht unbekümmerter gewesen, denn Brauch ist, dass während der Stillzeit eine Frau unberührt bleibt, vom eigenen wie von einem fremden Mann. Doch in meinem Fall schrie er manchmal in unbändiger Wut ohne den leisesten Anlass: »Du kannst doch mit jedem, und jeder denkt, er könne mit dir...«

Akam und ich ließen uns Zeit, bummelten von Stand zu Stand. Ich handelte um jeden Preis, immer das gleiche Spiel: Die Verkäuferin forderte viel, ich bot wenig. Wir näherten uns an, doch ein Unterschied blieb. Wer gab mehr nach? »Zu teuer«, sagte ich lachend und wandte mich zum Gehen. Schon nach zwei Schritten hörte ich ihren Ruf: »Komm, Schwester, nimm ...«

Plötzlich sah ich sie. Jung, hübsch, schwanger... »Comfort«, murmelte ich vor mich hin, musterte sie aus entsprechendem Abstand.

»Mama, wohin gehen wir jetzt?«, fragte Akam und riss mich aus meinen Betrachtungen.

Ich gab ihm eine Münze. »Hier, mein Junge, kauf dir ein Stück Zuckerrohr!«

Entschlossen ging ich auf sie zu, nannte sie beim Namen. Sie schreckte zusammen, sichtlich überrascht. Ihr Gesichtsausdruck zeigte Abwehr, Misstrauen. Was wollte diese fremde Frau? Sie wusste nicht, wer ich war, dachte wohl, ich würde irgendeinen Streit beginnen.

Ich reichte ihr die Hand, sagte: »Erschrick nicht, ich bin Sophie, Mathias' Frau. Ich heiße dich willkommen.«

Sie atmete erleichtert auf, lächelte schüchtern.

Mathias wird Gefallen an dir finden, dachte ich, die aufkommenden wehmütigen Gefühle, den inneren Widerstreit verdrängend. Sophie, so will es das Leben ... Ich trotzte der Versuchung, sie auszufragen. Über meine Person wollte ich ja auch nichts preisgeben. Was haben sie ihr wohl von mir erzählt? Sag ihr ein paar nette Worte, zeige ihr, dass du ihr wohlgesonnen bist, von dir kein Krieg ausgehen wird.

»Komm, bummeln wir weiter. Ich kaufe Erdnüsse, die können wir miteinander knabbern.«

Comfort und ich schlenderten an einer Bar vorbei, stets ein Ort der Sprücheklopfer und des lauten Gelächters. Männer und noch mehr Frauen saßen auf grob zusammengezimmerten Bänken und tranken Palmwein.

Ruckartig blieb ich stehen. Konnte ich meinen Augen trauen? Saß da nicht mein Ehemann, vielleicht alsbald »unser« Ehemann inmitten dieser lebensfrohen Gesellschaft? Mein Herz im Leibe hüpfte vor Genugtuung. Du Heimlichtuer, Hinterhältiger, dich werde ich zum Schwitzen bringen.

Ich nahm Comforts Hand, bahnte mir einen Weg durch die heitere Menge. Sie folgte mir willig. Hatte sie ihren zukünftigen Gatten überhaupt schon zu Gesicht bekommen?

Dann standen wir vor ihm. Er hatte uns nicht sofort bemerkt, denn er gab eine Geschichte zum Besten. Plötzlich erstarb ihm das Wort im Munde. Er musterte uns sprachlos, eine nach der anderen. Sein Gesicht begann zu glänzen. »Ihr..., ihr kennt euch?«, stammelte er verlegen, kratzte sich hinter dem Ohr.

Ich frohlockte: »Mein Lieber, eine gelungene Überraschung, was?«

Er fasste sich schnell, überspielte die Situation, rief der Bedienung überlaut seine Bestellung zu: »Zwei Becher Mimbo für meine Gäste.«

Sein Verhalten legte sich schwer auf mein Gemüt, machte es doch offenkundig, die Suche nach einer anderen Frau war kein Alleingang seiner Familie. Mathias war sehr wohl im Bilde.

Ihr erster Besuch stand an. Mathias' Schwester führte Comfort, begleitet von ihrer Mutter und einem Bruder, in unser Gehöft. Mit dem ersten Schritt auf den Vorplatz legte meine zukünftige Mitehefrau ihre bei unserer ersten Begegnung an den Tag gelegte Schüchternheit ab. Verwunderlich? – Keineswegs!

Meine Blicke verfolgten die Mutter. Forsch, ungehemmt schaute sie sich um. Sieht sie bereits ihre Tochter als Herrin dieses Anwesens, durchfuhr es mich unangenehm. Entsprechende Flausen schien sie ihr in den Kopf gesetzt zu haben. Und wie Recht ich hatte. Nur wenige Augenblicke später bedrängte Comfort

Mathias mit der neugierigen Frage: »Auf welcher Seite des Hauses liegen mein Zimmer und meine Küche?«

»Mein Kind, mehr Zurückhaltung wäre angemessen«, antwortete er kühl.

Aus einem Augenwinkel riskierte ich einen Blick zu der Mutter, ihr Gesicht zeigte keinerlei Regung. Auch mir zwang Comforts Kühnheit ein leichtes Kopfschütteln ab, doch ich beruhigte mich sogleich, wurde versöhnlich, entschuldigte ihr Verhalten mit ihrer Jugend, ihrer Unerfahrenheit, dem schlechten Vorbild: ihrer Mutter. Wir werden sie zurechtbiegen, in ihrer Erziehung behilflich sein.

Trotz seiner Verärgerung führte Mathias die Besucher hinter das Haus, zeigte ihnen den Platz, wo wir mit dem Bau zweier Küchen, eine für sie, eine für mich, begonnen hatten. Voll Erwartung stand ich neben ihm, hoffte auf die Zusage tatkräftiger Hilfe der jungen Frau. Die blieb allerdings aus, auch bei den folgenden Besuchen. Darüber war ich bitter enttäuscht.

»Sie ist schwanger!«, nahm Mathias sie mit knappen Worten in Schutz.

Hmm, staunte ich. Arbeiten nicht all die anderen Frauen um mich herum bis kurz vor ihrer Niederkunft auf dem Feld? Ich schwieg, unterdrückte eine Bemerkung. Wollte von niemanden die Frage hören müssen: »Was weißt denn du davon?«

Mit Ungeduld und heller Vorfreude erwartete Comforts Familie die Zahlung des Brautpreises. Vorher entließen sie ihre Tochter nicht aus ihrem Kreis. Unser Küchenbau stand vor der Fertigstellung, auch ohne Mithilfe dieser jungen Frau. Stolz erfüllte mich. Warum noch warten, fragte Mathias. Ja, warum?

Comforts Familie forderte viel. Sie wussten um unseren dringenden Bedarf: eine gebärfähige Frau! Und die konnten sie uns bieten. Der Beweis wurde Tag für Tag augenfälliger. Diese Beurteilung der Lage wurde nie offen angesprochen. Eine Unterstellung meinerseits also? Vielleicht. Doch vernahm ich nicht die eine oder andere Spitze aus ihren Bemerkungen?

Langes, lebhaftes Hin und Her war im Gange, doch schließlich und endlich wurde Einigung erzielt. Mathias' Schwiegerfamilie gab sich zufrieden, auch wenn noch so manch geäußerte Forderung unerfüllt blieb. Ihre Ansprüche an Hähnen, Ziegen, Stoffen, Palmöl, Palmwein und Geldern verschlangen unsere gesamten gemeinsam erwirtschafteten Ersparnisse. Doch wie jede einigermaßen wache, vernunftbegabte Ehefrau hatte auch ich in einer gewissen Stelle, die niemanden zugänglich war, am wenigsten meinem Ehemann, ein beruhigendes Sümmchen deponiert, eine Rücklage für Notfälle, also unantastbar, auch für Zahlungen an Mathias' Schwiegerfamilie, mögen sie noch fordern, was sie wollen. Als hätte mich Gott die Zukunft erahnen lassen: Diese Standfestigkeit sollte sich später als rettender Segen erweisen.

»Der Brautpreis ist bezahlt, warum kommt sie nicht? Sie haben kein Recht, sie zurückzuhalten.« Mathias wartete voll Ungeduld. Das Kind sollte in unserem Gehöft das Licht der Welt erblicken, als Mitglied unserer Familie. Er könnte sich als Vater fühlen. »Eine Frühgeburt«, er schüttelte den Kopf bei dem Gedanken an eine solche Möglichkeit. »Unverständlich, warum die Familie nicht drängt? Zu Hause geboren wäre es ein vaterloses Kind … Ein Kind der Schande.«

Wir beauftragten Mathias' Bruder: »Erkundige dich nach der Ursache der Verzögerung.«

»Die Familie ist sich ihrer Säumigkeit sehr wohl bewusst«, berichtete er anschließend. »Comfort bereite Probleme. Sie brächte immer neue Vorwände, immer eigenwilligere Ausflüchte vor, um das geborgene Nest, so ihre Mutter, nicht vor der Niederkunft verlassen zu müssen. Angst treibe sie um, eine Bangigkeit, die Geburt im Hause fremder Menschen, in ungewohnter Umgebung erleben zu müssen. Verständlich, oder? Ach, das junge Ding, jammerte die Mutter. ›Doch, wir kennen und respektieren die Tradition. Der Brautpreis ist bezahlt, nun gehört sie in eure Mitte.‹ Mit diesen Worten beendete Comforts Vater das Gespräch. Der Tag der Hochzeit wurde festgelegt.«

Beladen mit Kochbananen und von den Mbororos gekauftem Rindfleisch, unser Beitrag zu der Feierlichkeit, brachen wir auf. Eine Ziege für das Festmahl wäre gebotener gewesen, doch ein Brauch verbietet, vor einer Schwangeren ein Tier zu schlachten. Aufgrund der Umstände erübrigte sich so manche gebräuchliche Zeremonie. Ein bei Hochzeiten allgemein sehr geschätzter Höhepunkt ist, wenn eine junge Mutter der Braut ihr Liebstes in die Arme drückt. Diese bindet sich das Kleinkind unter viel Gelächter, ermunternden und manchmal sogar einigen anzüglichen Bemerkungen auf den Rücken, wo es während der Zeit der Feierlichkeit verweilt, schläft oder das muntere Treiben neugierig verfolgt. Ein Brauch, der mahnt: Liebe Eheleute, in einem Jahr, bitte schön, präsentiert uns euer eigenes Baby. Bei Comfort jedoch offenbarte der dicke Bauch, dass sich der allgemein ersehnte Wunsch weit früher erfüllen würde.

Man mahnte zum Aufbruch. Ein aufgedrehtes Frauenvolk geleitete die Braut in ihr neues Zuhause. Nur zwei ältere, unverheiratete Schwestern blieben zurück. Für sie war es zu beschämend, dass die Jüngere vor ihnen heiratete.

Comfort durfte nicht sofort in unser Haus einziehen. Die betagteste Frau des Gehöfts, es war Mathias' Großtante, forderte die Ehre, dass sie einige Tage mit ihr verbringt. Sie wolle »das junge Ding« in gewisse Gepflogenheiten einweisen.

Die Fülle ihres Körpers hinderte Comfort in ihrer Beweglichkeit, gewisse Wehwehchen stimmten sie launisch. Sie ersehnte den Moment der Erleichterung, aber gerade der ließ sie vor Angst erzittern. Mutter und Schwester zogen zu uns.

Gemeinsam brachten wir dann die Wimmernde ins Hospital. Die Geburt verlief problemlos. Ein Junge! Wir alle hätten so glücklich sein können. Doch welchen Winzling brachte sie da zur Welt? Ist der lebensfähig? Der Arzt meldete Zweifel an.

Der neue Erdenbürger weilte nur drei Tage unter uns. Mit einem leisen Seufzer nahm er Abschied, kehrte zurück in das Reich der Unendlichkeit.

Wir begruben Mathias' »ersten Sohn« in stiller Trauer, ohne Wehklagen, an der Rückwand unseres Hauses. »Beweine nicht den Tod des ersten Kindes.« Ein Rat von jedermann. »Lautes Jammern schreckt weitere Kinder ab, zu euch zu kommen.« Mit tränenleeren Augen nahm Comfort ihr Schicksal hin, fast gleichgültig. War dieses Erleben zu viel für ihr noch kindliches Gemüt? Mathias versicherte uns allen: »Sie wird bald wieder schwanger!« Seine Art zu trösten ...?

Eine bewegte, ereignisreiche Zeit war überwunden. Jetzt sah ich der Ruhe, der Gelassenheit des Alltags entgegen, um Muße zu haben, zusammenzuwachsen, vertraut zu werden, Gefallen aneinander zu finden. Traditionsgemäß war Comfort noch für gewisse Zeit an das Anwesen gebunden. Feldarbeit, Marktbesuche und Kirchgang waren ihr untersagt. Sie sollte empfangsbereit sein für die Besucher, die uns ihre Aufwartung machten. Sie kamen von nah und fern, aus allen Himmelsrichtungen. Wer wollte nicht Mathias' zweite Frau kennen lernen? Wer wollte uns gegenüber nicht sein Bedauern über den Tod des Kindes zum Ausdruck bringen, verbunden mit den besten Zukunftswünschen?

Bei der Hausarbeit sollte sie, die »Zweite«, mir, der »Ersten«, vorerst zur Hand gehen, mithelfen, mit der Art und Weise meines Wirtschaftens vertraut werden. War ich nicht die Erfahrene, der Achtung, der Respekt gebührt, sie dagegen das unreife, ahnungslose Mädchen.

Comfort fasste mit an, führte Arbeiten aus, jedoch nur auf Geheiß, ließ sich bitten, wieder und wieder. Ihr Tun war lustlos, ohne Begeisterung.

In mir stieg zuweilen Unmut auf. Ich schluckte ihn hinunter. Dabei genoss sie in vollen Zügen die Ehrerbietung an eine »Neue«. Mathias und ich aßen von einem Teller. Sie hatte einen eigenen, hoch aufgehäuft, musste mit niemandem teilen. Gab es Fleisch, erhielt sie den fettesten Brocken.

Schon vor dem Einzug meiner Mitehefrau hatte Mathias, mit Hilfe seines Bruders und einigen Jungs aus der Nachbarschaft, ein

Stück Land für sie urbar gemacht. Busch roden ist Männersache, das Ackerland bestellen die Arbeit der Frauen.

Als Comfort später schwanger wurde, erschienen ihre Mutter und Schwestern, säten und jäteten. Ich half ebenfalls mit; mein eigenes Feld musste warten. Natürlich erschienen sie auch zur Entezeit, füllten Säcke und Körbe, schleppten zu sich nach Hause, was sie auf den Köpfen eben noch tragen konnten.

»Ihnen gebührt ein Teil, selbstverständlich, Lohn für vergossenen Schweiß, doch muss es der größte Teil sein?«

»Was soll's?« So reagierte Mathias auf meine Empörung, »du erntest doch genug für uns alle.«

Jeder bewohnte sein eigenes Zimmer, Mathias, Comfort, ich. Unser gemeinsamer Ehemann schlief abwechselnd bei ihr und bei mir. Doch nach einer gewissen Zeit schlichen sich Unregelmäßigkeiten in den Turnus ein. Mathias erfand die widersinnigsten Gründe, um außerplanmäßig bei mir zu nächtigen. Geehrt, doch besorgt mahnte ich: Vernachlässigung schafft Neid, Missgunst, Streit.

Comfort sagte kein Wort. Ich merkte, was los war, erkannte die ersten Anzeichen. Sie verweigerte Erdnusssoße, aß die Kochbananen trocken, forderte eine noch größere Portion Fleisch. Ihre Gesichtsfarbe änderte sich ... Sie ist schwanger! Freudentränen rannten mir über das Gesicht. Gott sei gelobt! Sie ist älter geworden. Diesmal wird sie ein gesundes Kind zur Welt bringen, es wird leben und seine Mutter, Mathias und mich glücklich machen. Schon sah ich das kleine Wesen vor mir, fühlte es in meinen Armen ...

»Sie ist schwanger«, verkündete ich Mathias. Er fiel in einen Taumel der Glückseligkeit ... Endlich würde sein Blut in den Adern eines Nachkommen fließen.

Nun übte ich wieder Nachsicht, nahm es gelassener, dass sie sich jeglicher Art von Arbeit entzog. Stillschweigend putzte ich das Haus, kehrte den Hof, holte Wasser, wusch Wäsche, kochte für uns alle.

»Der Rauch in der Küche bereitet mir Kopfschmerzen«, sagte sie und genoss indessen, je nach Tageszeit, die wärmenden Strahlen der Morgensonne oder den kühlen Schatten des Mangobaums. Ja, ich selbst wollte, dass sie sich schont, Anstrengungen meidet. Unser Glück in ihrem Schoß sollte sich ungefährdet entwickeln.

»Beherbergt ihr eine Königin?«, fragte mich eines Tages eine Nachbarin. Ich lachte, fand, sie mache einen Scherz. Doch beim Gang durch den Wald, auf der Suche nach Feuerholz, ging mir diese Bemerkung wieder durch den Kopf. »Du Närrin!«, rief ich aus. »Du verblendete, unverbesserliche Närrin! Die Leute spotten über dich: ›Schau nur, wohin Kinderlosigkeit führen kann!‹, werden sie kopfschüttelnd hinter deinem Rücken tuscheln. ›Das Verhalten wird dümmlich, der Verstand einfältig, töricht... Ist und bleibt nicht Sophie die Erste in diesem Gehöft? Ihr obliegt die Aufgabe, zu walten, zu beschließen, zu gebieten. Was ist in sie gefahren, dass sie sich erniedrigt wie eine Dienstmagd, sich gibt wie ein ins Haus geholtes Mädchen für grobe Arbeiten?‹« Oh, in meinen Ohren hallte es wider, ihrer aller einhelligen Meinung: »Sie kann sich nicht behaupten, lässt sich beherrschen, herumjagen von einem blutjungen, grünen Ding...«

Erschüttert betrachtete ich meine Welt, sah sie urplötzlich mit anderen Augen, erkannte meine seitherige Verblendung. Comfort ist faul, mit gefalteten Händen im Schoß lässt sie die Zeit verstreichen. Doch sie ist nicht auf den Kopf gefallen, nicht schwer von Begriff, denn diese Tagedieberei kann sie ungestört pflegen aufgrund einer Erkenntnis: Mit ihrem werdenden Leben im Bauch kann sie uns gefügig machen, uns alles abverlangen, Druck auf uns ausüben, ja, erpressen.

Eine Bestätigung folgte am selben Abend. Ich erklärte Mathias, was mir durch den Kopf ging.

»Weiberkram! Soll ich mich da einmischen?«

Er scheut die Auseinandersetzung, dachte ich bitter. Doch dann wurde er versöhnlicher, versprach, mit Comfort zu reden.

Ihre Antwort überbrachte er mir unvermittelt: »Ich erwarte den Stammhalter. Wollt ihr, dass ich mich bei der Arbeit übernehme, einen Abgang provoziere?« Eine lächerliche Aussage angesichts all der Schwangeren in der Nachbarschaft, die klaglos ihre Hausarbeit und die bereits vorhandene Kinderschar versorgten.

Was nun? Nein, Sophie! Ich schwor mir fest: Lass dir die Freude auf das Kind nicht trüben! Doch meine Stimmung war so wechselhaft, so launisch wie das Wetter während der Regenzeit: Bin ich nicht gesund und kräftig? Ach, die Arbeit ist ein Spiel! Ich schaffe es! Wenn das Kind da ist, lässt sich die Aufgabenteilung sicherlich problemlos regeln.

Welch herrlicher Sonnentag! Doch schon Stunden später verdunkelten grauschwarze Wolken mein Gemüt: Sei ehrlich, es ist nicht das Wirtschaften in Haus und Hof, das dich peinigt, es sind die täglichen Nadelstiche und eine Angst: Wird meine Mitehefrau je ein anderes Verhalten zeigen? Wacht ein gnädiger Gott über Mathias' Wunschträume, wird Comfort noch einige Schwangerschaften erleben und mit jeder weiteren Geburt meine Rolle als Sklavin festigen. Bewahrheitet sich doch schon jetzt das Sprichwort: »Der Unfruchtbaren sind die Füße nie zu schwer.« Ja, wie wahr! Muss ich nicht über Gebühr schuften, um mir Achtung zu verschaffen, um mein Lebensrecht zu behaupten?

Zur offenen Auseinandersetzung kam es einen Tag nach Weihnachten. Das freudigste Ereignis der Christenheit, die Geburt Jesus, vollzog sich noch friedlich. In stundenlangen Gottesdiensten lobten und priesen wir die Güte des Herrn, jubelten in hohen Tönen »See, the conqu'ring hero comes! Sound the trumpets, beat the drums …«, bedächtiger »Silent night! Holy night! All's asleep, one sole light …« Danach schlossen sich wortreiche Wiedersehen auf dem Vorplatz der Kirche an. Die »auswärtig Arbeitenden« besuchten stets zu jener Zeit die Familien und Freunde im Dorf. Ich konnte mir Zeit nehmen für den einen, anderen Schwatz. Seit Tagen schon hatte ich emsig gekocht und gegart, das Festessen für meine Lieben und anklopfende Gäste vorbereitet, Haus und Hof geputzt und gekehrt. Nach dem Mahl halfen mir gefällige Frauenhände, die Spuren des Festes zu beseitigen. Selbst Comfort zeigte sich von einer rührigeren Seite als gewöhnlich. Ich war für jeden Handgriff dankbar, wollte ich doch am kommenden Tag früh aufbrechen, um meine Schwester Lea zu besuchen.

Allein stapfte ich den Pfad hinauf, begegnete zu jener Stunde noch keiner Menschenseele. Bewusst hatte ich diesen Weg gewählt. Ich wollte die Ruhe des frühen Morgens in Gottes Natur genießen und in mich aufnehmen. Sie sollte den Alltag verdrängen und mich vorbereiten auf einen geruhsamen Tag mit Lea. Und wahrlich, innerer Frieden erfüllte mich, als ich bei ihr ankam. Ein Hallo allerseits, Umarmungen, Fragen … Danach sehnten wir uns nach einem stillen Plätzchen. Ungestört, fern von lauschenden Ohren wollten wir uns austauschen. Gab es doch so viel zu sagen. Wir verlasen Bohnenkerne, trennten die Guten für den Vorrat, die schlechten für das Hühnervolk und schwatzten und lachten, erzählten und bedauerten uns gegenseitig, sorgten uns um die jeweils andere. Welch Labsal und Stärkung, sich die Seele zu entlasten und Aufrichtigkeit und Verständnis zu erfahren!

Wir kochten zusammen. »Bleib bis morgen«, bat Lea eindringlich, »ein Tag ist so kurz.« Nur schweren Herzens versagte ich ihrer Bitte. Ich war müde. Doch Mathias' Eifersucht duldete nicht, dass ich eine Nacht außer Haus verbrachte. Die Dunkelheit brach schnell herein, doch Leas Söhne begleiteten mich. Mit frohem Herzen dankte ich dem Herrgott für diesen erfüllten Tag. »Ich gehe gleich in mein Zimmer, lege mich ins Bett, nehme die schönen Stunden mit in meine Träume«, nahm ich mir vor.

Doch dazu kam es nicht. Mathias fing mich ab, seine Miene verriet seine Gemütsstimmung. »Wo warst du?«, donnerte er los.

Ich schwieg. Seit Tagen hatte ich von diesem geplanten Besuch gesprochen.

»Wo treibst du dich herum wie ein Straßenmädchen bis spät in die Nacht, während ich hier keinen Happen zu Essen hatte?«

Ich horchte auf. Was nun, plagt ihn Argwohn und Misstrauen oder schlichter Hunger? Eifersucht ist seine Krankheit. Wird dagegen je ein Heilkraut wachsen? Doch sein leibliches Wohlergehen, das wäre Comforts Pflicht gewesen.

»Was, hat die Müßiggängerin ihren Kochtopf in der Ecke stehen lassen?«, schnaubte ich verärgert. Meine Wut entbrannte nicht aus Empörung, weil Mathias einen Tag unversorgt geblieben war. Nein, eher, weil durch Comforts Faulheit meine Beschaulichkeit, meine Seelenruhe, die ich mir noch ein paar Stündchen bewahren wollte, jäh vertrieben worden war.

Welches Gefühl auch immer Mathias in Rage versetzt hatte: Eifersucht, Vernachlässigung, Unverständnis, ich allein erfuhr seinen Ingrimm. Blitzschnell hob er den Arm, schon spürte ich den Schlag. Ich taumelte, mehr aus Erschrecken als vor seiner Heftigkeit.

Es verging Zeit, bevor ich begriff: Dein Ehemann hat dich geschlagen, dir wehgetan, mit böser Absicht Schmerzen zugefügt... Dabei sorgt er sich ansonsten rührend um deine Gesundheit, dein Wohl... Er verletzte meine Seele, kaum spürbar meinen Körper.

Was, Himmlischer Vater, hat ihn zu diesem Angriff getrieben? Fieberhaft versuchte ich meine Gedanken zu ordnen, eine Antwort zu finden. Bot ich ihm einen Anlass? Ich war nicht über Nacht geblieben, hatte mich von meinen Neffen nach Haus begleiten lassen, den Söhnen meiner Schwester... Hatte mit keinem fremden Mann gesprochen. Der Hunger? Selbst wenn er wirklich welchen litt, trieb er ihn nicht zu diesem Schlag. Nein, diesbezüglich wusste sich Mathias zu beherrschen. Es war, ich begann zu verstehen... Mein Gott, warum nur hast du uns dieses Kreuz auferlegt?

Es war die ausweglose Lebenslage, in die wir durch unsere Kinderlosigkeit genötigt wurden. Bringt Comfort auch ein Kind ins Haus, Zwietracht und Streit werden unter unserem Dach herrschen, unser Dasein trüben. Aufgelöst in Tränen und die an den

Himmlischen Vater gerichtete Frage ständig auf den Lippen, durchwachte ich endlose Stunden der Nacht.

Hinter jeder Wand steht ein Lauscher. Neugier plagt, treibt deshalb an, auch scheinbar unüberwindbare Hindernisse zu bewältigen. Erregend zu erfahren, was der gesagt und die getan hat? Ein Nervenkitzel.

So kam auch Comfort zu Ohren, dass ich sie als Müßiggängerin bezeichnete. Sie klagte mich nicht an, stellte mich nicht zur Rede, sondern verlautete seelenruhig bei der nächsten Gelegenheit: »Ich bin in der Lage, Kinder zu gebären, das verschafft mir mehr Anerkennung als Mühe und Plackerei!«

Ich erstarrte, erkannte: »Sophie, das ist die Wahrheit!« Bitter, bitter, sie zu hören aus dem Munde eines jungen Mädchens. Und zum ersten Mal gestand ich mir ein: Will ich meine Menschenwürde wahren, liegt meine Zukunft nicht in diesem Hause.

Der Alltag nahm vorerst weiter seinen Lauf, freudlos und ohne Hoffnung. Ich opferte mich auf, denn nur mit »Plackerei«, von morgens früh bis in die Nachtstunden hinein, konnte ich die Tage bewältigen, einen nach dem anderen. Todmüde wollte ich des Abends ins Bett sinken, unliebsamen Gedanken entfliehen. Einmal noch kam mir in den Sinn: »Es ist der Teufel persönlich, der uns drei gegeneinander aufstachelt und lustvoll über seine Spielwiese treibt!« Eine Bibelstelle fiel mir ein: »...gebt nicht Raum dem Teufel.« Taten wir das?

Ich suchte den Text, fand ihn: »Zürnt ihr, so sündigt nicht; lasst die Sonne nicht über eurem Zorn untergehen, und gebt nicht Raum dem Teufel.« Doch bevor ich mich in diesen Vers vertiefen, eine Lehre daraus ziehen konnte, ereignete sich ein anderer Zwischenfall.

John verlor seine Mutter, meine Schwester Lea ihre Schwiegermutter. Anverwandte und Freunde weilten im Dorf der Verstorbenen, beklagten ihren Tod eine Woche lang. Ich ging mit Mathias. Comfort »hütete das Haus«, so gebot es ihr ihr Ehemann. Sie blieb zurück, der Schonung wegen.

Nach unserer Heimkehr begrüßte ich die Zurückgebliebenen, doch danach galt mein Augenmerk dem Wohl meiner Tiere: dem Hund, den Hühnern, dem Schwein. So handelte ich schon immer, eine alte Gewohnheit. Ich näherte mich dem Verschlag meines Schweins. Er lag abseits, verdeckt von den Blättern von Makabo und Taro. Ich horchte auf. Sonderbar! Ein unerklärliches Summen erfüllte die Luft. Die letzten Meter rannte ich, getrieben von einer fürchterlichen Ahnung, die sich leider bestätigte: Vor mir lag mein Schwein. Tot, begraben unter einem unüberschaubaren Heer von schwarz schillernden, dicken, fetten, vor Wohlgefallen summenden Fliegen. Ich war dem Weinen nahe, dachte an all die aufgewandte Mühe, die tägliche Arbeit … Umsonst! Ein Opfer der Schweinepest! Ich wollte die Fliegen wegscheuchen. Zwecklos. Wenigstens die Augen, die Nase, mit der mich die hungrige Sau immer stupste, wollte ich noch einmal betrachten. Doch was war das? Erschrocken schlug ich meine Hände ineinander, wich zurück. Vertrockneter Schaum um das Maul! Nein, das war kein Zeichen der Schweinepest. Mit absoluter Sicherheit erkannte ich: Mein Schwein war vergiftet worden. Comfort!

Hatte es Sinn, mich aufzuregen, außer mir zu geraten, loszuschreien, diesen Vorfall in aller Munde zu bringen? Ach, sie würde nur in sich hineinlachen, meinen Zorn, meine Aufgebrachtheit auskosten. Und Mathias …? Ich ahnte schon, nach Momenten des Hin- und Hergerissenseins würde er sich mit Blick auf ihren Bauch gegen meine Behauptung entscheiden, wenigstens in Abrede stellen, dass sie zu einer solchen Tat fähig sei.

Niedergeschlagen, mit der Welt und dem Himmelreich in Missklang, holte ich meine Hacke, rief nach Akam. »Die Schweinepest geht um«, erklärte ich ihm. Wir gruben ein Loch, hievten das verendete Tier hinein, bedeckten es mit Erde.

Leider war der Fall mit diesem Akt noch nicht begraben. Ich selbst schüttete das Öl ins Feuer, wenige Tage später nur.

Comfort kam vom Markt. Sie hatte frische Erdnüsse gekauft, erste Ernte von Bauern aus einer milderen Gegend. Was ging in ihr vor? Was bewegte sie? Reue ihrer Tat, nun eine Geste der Friedfertigkeit? Sie überreichte mir eine Hand voll dieser Nascherei. Ich, noch gepeinigt von wechselnden Gefühlen: Zorn, Trauer, Hoffnungslosigkeit, wies diese Aufmerksamkeit mit barschen Worten zurück: »Ich werde nie mehr etwas essen, was du mit deiner Hand berührt hast.«

Comfort erfasste den Vorwurf sofort. »Sie nennt mich eine Giftmischerin!«, schrie sie mit schriller Stimme, hob ein Geplärre an, ähnlich dem Jaulen eines geschlagenen Hundes. Akam und Charity kamen angerannt, Mathias stürzte herbei. »Du Parasit, du Nutznießerin«, presste er zwischen den Lippen hervor, funkelte mich hasserfüllt an. Wut und Angriffslust trafen aufeinander. Ein Wortstreit, ein Krakeelen, ein Handgemenge … Gehässigkeiten wurden ausgestoßen. Wer schlug zu, wer wehrte sich?

Rückblickend konnte ich den Ablauf dieses Gefechts nicht mehr nachvollziehen, das Geschehen nicht erklären. Mein Kopf war leer. Mein Inneres unbeseelt, ausgebrannt, tot. Was blieb, war nichts als bleierne Müdigkeit und ein bitterer Geschmack im Mund. Ich irrte herum, bis mich die Beine nicht mehr trugen. Ich musste zurück, es war schon Nacht. Ich steckte den Schüssel in das Schloss meines Zimmers. Er stieß auf Widerstand. Die Tür war von innen verschlossen. Mein Schicksal war besiegelt, die beiden hatten ein Urteil über mich gefällt.

Kapitel 9

Die Forderung

Mathias kam, wie ich es erwartet hatte. In der ersten Stunde des jungen Tages klopfte er an meine Tür. Sein Gesicht, ein Strahlen. Überschwängliche Freude des Wiedersehens. Voll fürsorglicher Anteilnahme erkundigte er sich nach meiner Gesundheit.

»Über Fieber, Husten, Schwäche kann ich nicht klagen …« Es war die Seele, die schmerzte, das Herz, das weinte. Doch diese Leiden verschwieg ich.

»Komm zurück, ich begehre dich …« Er wählte süße Worte, sprach mit Engelszungen.

Regelmäßig fand er sich von nun an ein, bat, flehte, beschwor mich, versprach mir ein friedvolles Leben, wie es schien, im Garten Eden. Die Zweite! Er stimmte ein Klagelied an: »Sie will nicht kochen, nicht waschen, nicht auf den Feldern arbeiten …«

Sein Groll über sie steigerte sich, wurde schärfer, schonungsloser von Besuch zu Besuch.

Ich blieb ungerührt, gleichgültig – und unnachgiebig, in der Gewissheit: Oh, Mathias, ich liebe dich! Ja, ich liebe dich noch immer. Doch, was hilft, was nützt es mir? Kann ich als Rechtlose, als Sklavin mein Leben fristen, in einem Zuhause, das ich selbst mit geschaffen habe? Die Schwielen an meinen Händen sind Zeugen meines Mitanpackens, meines unermüdlichen Schaffens. Eine Frau wie ich lässt sich nicht auf ewig demütigen, nicht züchtigen mit Schlägen. Begreife das endlich!

Er kämpfte gegen diese Einsicht an, sperrte sich, das zu verstehen. Allmählich nur erkannte er, mit Schönreden, mit Schmeicheleien, mit verlockenden Versprechungen war ich nicht zur Rückkehr zu bewegen. Seine Geduld erschöpfte sich. Meine

Härtnäckigkeit jedoch missdeutete er. »Wer ist der Mann, in dessen Nest du dich setzen willst?«

»Es gibt keinen!«

Er glaubte mir nicht.

»Mathias, was ich suche, ist Ruhe, Frieden, ein Leben in Würde. Darf ich als Gottes Geschöpf, als kinderlose Frau nicht auch einen Anspruch darauf erheben? Setzte ich mich in das Nest eines Anderen, würde ich in dessen Familie das gleiche Schicksal einer Nichtsnutzigen, einer Ehrlosen erfahren.«

»Du verheimlichst ihn mir, weil er den Brautpreis nicht zahlen will«, schrie er unvermittelt auf mich ein. »Du kennst die Tradition!«

Ich nickte. Sehr wohl wusste ich, wenn eine Frau zu einem Anderen zieht, muss dieser den Brautpreis für sie an den verlassenen Ehemann zurückzahlen. Ich schaute Mathias fest in die Augen, sagte: »Ich schwöre auf die Bibel ...«

»Gut, dann komm zurück!«

Ich schüttelte den Kopf.

Seine Gesichtszüge veränderten sich, wirkten plötzlich wie aus Stein gemeißelt, die Augen zusammengekniffen. Seine Entschlossenheit war sichtbar. Aus schmalen Schlitzen trafen mich feindselige Blicke. Mit rauer Stimme ließ er mich mit knappen Worten wissen: »Wenn du nicht zurückkommst, werde ich von deiner Familie den Brautpreis zurückfordern.« Mit einem erhabenen Lächeln, dem eines Siegers gleich, drehte er sich um, ging.

»Dazu hast du kein Recht, das entspricht nicht der Tradition«, rief ich ihm nach. Hat er es noch gehört?

Ein drängendes Verlangen nach freiem Atmen, nach kühler Luft für die pochenden Schläfen trieb mich vors Haus. Doch plötzlich durchzuckte mich eine Erkenntnis, erlebte ich ein Erwachen: Der Teufel lenkt Mathias' Plan. Wie vom Blitz getroffen blieb ich stehen, hielt Ausschau nach einem Hocker, denn die Beine schienen mir zu versagen. Gleich einem geschlagenen Hund saß ich da, mit hängenden Schultern, gesenktem Kopf, starrte auf das wuselige Leben der Ameisen vor mir. Geschäftig hetzten sie ihre Straße hoch und runter, bepackt mit Ballast, um ein vielfaches gewichtiger als ihre eigenen Körper. Wie beneidete ich sie, unterstellte ihnen, dass sie zwar schwere Lasten tragen, aber unbehelligt von seelischer Bürde ihr Dasein genießen durften.

Je länger ich nachdachte, desto klarer erkannte ich Mathias' Ansinnen. Oh, wie durchschaute ich ihn! Der Brautpreis, das Geld war nicht sein vorrangiges Verlangen. Er wollte mich. Eifersucht machte ihn seit jeher krank. Die Vorstellung, mich früher oder später in den Armen eines anderen Mannes zu wissen, peinigte ihn, zerrte an seinen Nerven. Und doch nährte meine Versicherung, diesen Mann wird es nie geben, seinen Plan: »Also soll ihre Familie bluten! Die ist dazu außer Stande … Gut! So bleibt Sophie gemäß der Tradition meine Frau!«

Ich legte meinen schweren Kopf auf meine Arme. Die Ameisen verschwammen, wurden unscharf. »Er kann mich selbst in Ketten zurückführen«, ließ ich sie traurig wissen. Doch wenige Momente später nur, machte ich ihnen ein heiliges Versprechen: »Ich selbst werde den Brautpreis zurückzahlen.«

Kapitel 10

Ein heimliches Geschäft – Mein Beschützer Romano – »Ich packe dich woanders!«

Ich hämmerte mit meiner Faust auf das Holz des Hockers, bis es schmerzte. »Ich will, ich will, auch wenn es nicht üblich ist, auch wenn mir kein solcher Fall bekannt ist, ich will Mathias und seiner Familie den Brautpreis zurückzahlen. Ich, Sophie, Tochter eines geschäftigen Vaters, einer selbstbewussten Mutter, will nicht demütig vor menschlichen Geschöpfen meinen Nacken beugen, nicht vor herrschsüchtigen Erdenbürgern zu Kreuze kriechen. Himmlischer Vater, stärke meine Willenskraft, lass mich nicht wanken in diesem Vorhaben, rüste mich für diesen Plan.«

Doch wie nur komme ich zu so viel Geld? Eine bohrende Frage, die ich nur mir selbst stellte, mit keinem Menschen teilte. Niemand sollte Gelegenheit haben, mir meine Idee auszureden. Tag und Nacht überlegte, grübelte ich, ersann phantastische Möglichkeiten, um sie wieder zu verwerfen. Nicht durchführbar! Meine Gedanken ließen sich nur mühsam zügeln, verselbständigten sich sogar bei der Arbeit mit den Kranken: Soll ich eine noch größere Fläche mit Yamswurzeln oder Mais anbauen, noch mehr produzieren, verkaufen? Mehr Hühner, Schweine, Ziegen aufziehen? Doch bringen all diese Anstrengungen das große Geld, das ich so nötig habe?

Wie wäre es, wenn ich nach Santa gehe? Gar in den Südwesten, Arbeit auf einer Kaffee- oder Teeplantage suche? Oder in einer Bananenpflanzung wie Asano? Hatte sie nicht gesagt: Das Geld lockt, aber es muss hart verdient werden, in dieser schwülen Hitze, Brutstätte der Stechmücken... Ein Höllenklima!

Ich würde es auf mich nehmen, ohne Bedenken, brächte mich dieser Einsatz meiner Freiheit näher. Doch leider gab es für mich ein anderes Hindernis: Ohne Gatten wäre ich für die Männerwelt eine »Lustperson« und für ihre Ehefrauen eine ständig drohende Gefahr. Und Mathias! Seine Eifersucht... Ihn würde ich mit einem solchen Aufenthalt aufs Höchste reizen. Er würde sich zum Einschreiten berechtigt fühlen: mit welchen Maßnahmen? Oh, nein! Allein diese Vorstellung ließ mich dieses Vorhaben vergessen. Aber auch ein weiterer Grund hielt mich im Dorf zurück: meine Arbeit in der Krankenstation.

Die Zeit verging. Eine erhoffte Geldquelle, selbst unter Einsatz härtester Schufterei, tat sich nicht auf. Zuweilen beschlich mich das Gefühl von Niedergeschlagenheit. Ich schüttelte es ab, wehrte mich noch leidenschaftlich gegen die Erkenntnis: Du schaffst es nicht!

Mathias klopfte vorerst nicht mehr an meine Tür. Er kannte meine Unnachgiebigkeit, ging es um meinen Stolz. Was führt er nun im Schilde?

Ich erfuhr es. Er suchte Verbündete: Vater, den Onkel, John und David. Sie sollten mich zur Heimkehr zwingen. Wenn nicht, so seufzte er, sei er ein Verlierer, sogar ein Betrogener, und flocht geschickt das Wort Familienehre in sein Klagelied. Die Forderung nach Rückzahlung des Brautpreises zu stellen, dafür besaß er nicht den Schneid – nicht ihnen gegenüber. Doch sie hatten sein Ansinnen verstanden, nahmen Abwehrhaltung an, erinnerten ihn an die niederträchtige Handlung mit unmissverständlicher Bedeutung: er mit der »Zweiten« im Bett seiner ersten Frau. Und trotzdem wollten mich die Männer meiner Familie mit wohlwollendem Zureden zu einer Rückkehr bewegen. Ich verbarg meine Wut. »Brauche noch Zeit«, gab ich ihnen zur Antwort. Sahen sie mich besser bei einem schlagenden Gatten und einer respektlosen Mitehefrau aufgehoben als allein lebend?

Gott, der gütige Vater, hat mich nicht verlassen. Halleluja! Wahrlich, die Wege des Herrn sind unergründlich. Er sandte mir einen Boten. Keinen Engel aus seinen himmlischen Heerscharen, keinen Christenmenschen. Ein Sohn Allahs trat auf meinen Hof, klatschte in die Hände, bat somit um Aufmerksamkeit. Vor mir stand Isaac mit seinem Pferd, ein Mbororo, ein geschätzter Kunde. Seit Jahren schon kaufte er bei mir, deckte seinen Bedarf an Coco-Yams und anderen Wurzelknollen, Kochbananen, Blattgemüse, Bohnenkernen … Ich konnte ihn stets beliefern, denn Vater beließ mir ein Feld an seinem Gehöft, auch als ich bei Mathias wohnte.

Isaac schlachtete nicht selbst, verkaufte kein Fleisch in kleinen Portionen, sondern lebende Tiere. Oftmals besaß er kein Bargeld, kaufte bei mir auf Kredit, beglich jedoch stets nach dem Verkauf eines Rindes gewissenhaft seinen Rückstand, vergaß nie lachend einen seiner Sprüche hinzuzufügen: »Ausgeglichene Konten machen gute Freunde« oder »Unbeglichene Schulden spalten Freundschaften.«

An jenem Tag kam er direkt vom Viehmarkt. »Habe zwei Kühe verkauft, hart verhandelt, einen guten Preis erkämpft.« Er strahlte, sonnte sich erkennbar in Selbstzufriedenheit.

»Sicher ein Sümmchen, das ich bräuchte«, dachte ich wehmütig. »Sollte wohl Kuhhirt werden?« Selbstbelustigung. Aber nein! Was sich dann in meinem Kopf abspielte? Die Idee, sie kam aus dem Nichts. Ich kann es nicht mehr ganz nachvollziehen. Plötzlich tönten Stimmen in mir, laut, eindringlich, frohlockend: ein Kälbchen, ein Kälbchen! Wie wäre es, wenn ich ein Kälbchen … Mein Interesse war geweckt, schon war ich Feuer und Flamme.

Langsam, Sophie! Nicht so ungestüm, beherrsche dich! Überlege deine Fragen, platze nicht heraus! Du willst den Mann für ein Geschäft gewinnen, sicher ungewöhnlich in seiner Art.

Isaac antwortete zurückhaltend.

Oh, Gott, er will nicht! Schon sah ich meine Hoffnung schwinden, schon überkam mich Niedergeschlagenheit. Doch kein Bote des Herrn? Rechtzeitig noch erinnerte ich mich: Er ist Muslim, unerfahren im Umgang mit fremden Frauen, schon gar nicht mit weiblichen Verhandlungspartnern. Welche Beobachtungen hatte Mathias gemacht, damals als Hütejunge? Ihre Frauen knien sich seitlich neben sie, in demütiger Haltung, um ihre Belange vorzubringen.

Ich wagte es, schaute ihm direkt in die Augen. Er sollte meine Ernsthaftigkeit erfahren …

Jawohl, seine Bereitschaft stieg. Nun erkannte auch er, ein lohnendes Geschäft stand in Aussicht. Wir verhandelten.

Als wir uns trennten, war ein Vertrag abgeschlossen, die Bedingungen geklärt und absolute Verschwiegenheit zwischen uns vereinbart.

Ich hatte ein Kälbchen erworben. Ich, Sophie, eine Frau … Ich hatte es erhandelt, gekauft, ohne eines Ehemanns Genehmigung, ohne jemandes Zutun. Nun hieß es rechnen, überlegen: Wie kann ich mich der Kaufschuld entledigen, die laufenden Kosten decken. Einen Kredit aufnehmen, einen Beitrag, Zuschuss eines Freundes, eines Familienmitgliedes erbitten? Kommt nicht in Frage, des Geheimnisses wegen.

Tagelang schätzte ich Summen, addierte Zahlen, wo immer ich ging, wo immer ich stand. Auf dem Weg zur Arbeit kam mir zum Beispiel ein erleuchtender Gedanke, ich blieb stehen, kritzelte mit einem Stöckchen in den Sand … Und eines Abends warf ich den Bleistift auf den Tisch, rieb mir die Hände, lachte in mich hinein: »Ich werde es schaffen! Nicht ohne Gottes Hilfe! Himmlischer Vater, schenke Du mir gute Gesundheit und halte auch sonstige unvorhergesehene Ausgaben von mir fern.«

Stolz holte ich meine Barschaft aus der »Verborgenheit«. Die fein zusammengefalteten Scheine hatte ich in einer kleinen Dose aufbewahrt, und diese wiederum befand sich in einer Blechbüchse, die in einer Ecke von Mutters Küche unter der Erde in sicherer Tiefe ruhte. Termitensicher, eine weise Vorsicht. Mir sollte es nicht wie schon so manchem Sparer ergehen, der seinen »sicheren Schatz« an Allesfresser verlor. Gottlob auch, dass ich diese Reserve nicht mit in Mathias' Gehöft genommen hatte. Ihm hatte ich sie wohlweislich verschwiegen, selbst bei dem dringenden Bedarf für Comforts Brautpreis.

Noch immer frönte ich dem Gesang, dem Kirchenlied, war Mitglied eines Frauenchors. Geld, ich war nicht die Einzige, die davon nicht genug hatte. Also wurde zur Regel: Wo immer sich Gruppen bildeten, wurden Sparvereine, »Meetings«, gegründet. Unser Chor bildete keine Ausnahme, das war kein Geheimnis. Mütter waren geprüfte Wesen. Plötzlich auftretende Probleme in ihren Familien ohne finanzielle Rücklage ließen sie leiden, schnell in Armut abgleiten. Diese Alltagserfahrung lehrte sie, dass es von Vorteil ist, geheimes Geld für Zwangslagen zu besitzen. »Männer leben in den Tag hinein«, bestätigten wir uns gegenseitig. Wir Frauen handelten aus der Not heraus, täuschten unsere Ehegatten über die wahre Höhe der Beiträge, um dann am Tag der Ausschüttung unser entsprechendes Sümmchen abzuzweigen.

In wenigen Wochen würde ich an der Reihe sein, als »die Glückliche« meine Scheine einstreichen. Isaac erklärte sich einverstanden, sich bis zu diesem Zeitpunkt mit der Zahlung des Restbetrages zu gedulden.

»Hurra, hurra!« So glücklich fühlte sich die Besitzerin eines Kälbchens. Noch kannte ich es noch nicht. Isaac wollte mir drei zur Auswahl bieten. Ich würde das Hübscheste, nein, das Kräftigste aussuchen und es taufen. Jawohl, taufen ... In einem Fläschchen wollte ich ein bisschen Wasser mitnehmen. Mit der Taufe wollte ich dieses Geschöpf unter Gottes besonderen Schutz stellen. Und es sollte »Lucky« heißen, mir Glücksbringer sein.

An dem besagten Tag lud ich mir Coco-Yams auf den Kopf, machte mich zur vereinbarten Stunde auf den Weg.

Auf Isaac war Verlass. Wie abgemacht hatte er seine Herde nahe ans Dorf getrieben. Er winkte mich heran, begutachtete mein Angebot. Für beobachtende Augen bot sich nichts weiter als ein gewöhnlicher Vorgang von Kauf und Verkauf von Wurzelknollen. Doch meine Augen schweiften neugierig umher. Plötzlich trieb ein Hütejunge drei Kälbchen nahe an uns heran, scheinbar unachtsam, denn sein Herr rief ihm in fremder Sprache gestrenge Worte zu. Einstudiert, oder? Egal. Ohne zu zögern, ohne vergleichende Blicke anzustellen, ging ich auf mein Kälbchen zu. Auf das Schönste, das mit der »Maske«, den weißen

Flecken am schwarzen Kopf. Und es war auch das Stärkste. Ich berührte das weiche Fell, flüsterte, unhörbar für andere Ohren: »Lucky, du gehörst mir.« Mit den Fingern zog ich ein Kreuz auf seiner Stirn.

Just in dem Moment fielen Regentropfen. Dick, schwer prasselten sie auf uns nieder. In meiner Aufregung hatte ich nicht bemerkt, dass sich dunkle Gewitterwolken aufgetürmt hatten. »Das ist Gottes Segen! Lucky, pass auf dich auf. Wir sehen uns wieder.« Mit einem liebevollen Klaps schickte ich es auf seinen Weg. Ich nahm meinen leeren Korb und ging, drehte mich nicht mehr um.

Seine Existenz muss unser Dreier Geheimnis bleiben. Das Kälbchen ist wortlos.

Isaac schwor bei Allah. »Er würde mich strafen, wenn ich mein Ehrenwort bräche. Allahou al kbar! Allah ist mächtig ...« Und ich? Ich tat gut daran, zu schweigen.

»Auf ein Wiedersehen, Lucky!«, dachte ich auf dem Heimweg. In wie vielen Monaten?

»Wenn es die Reife erlangt, bringt es dir den höchsten Verkaufspreis«, erklärte mir Isaac.

Werde ich dich in der großen Herde finden, die sich auf dem Viehmarkt tummelt? Gewiss doch, deine »Maske« ist eingebrannt in meinem Gedächtnis. Staunend werde ich vor dir stehen, deinen Wuchs bewundern: wahrlich eine ausgewachsene, eine stattliche Kuh. Doch kurz darauf wird die Versteigerung und somit unser endgültiger Abschied folgen. Isaac, der Rinderhirte, wird handeln und dich zum Höchstpreis einem anderen Besitzer übergeben. Sei nicht traurig, aber ich weiß schon heute, sollte uns beiden Gott diesen Moment bescheiden, werden sich in meinen Augen Abschieds- mit Freudentränen vermischen. Ich werde endlich das Bündel Geldscheine betrachten, es in der Hand wiegen, als besäße es seinen Wert im Gewicht, und fragen: Wie viel Freiheit bringt ihr mir? Och, werde ich zufrieden sagen: Der Rest wird sich finden ...

So träumte ich in den Tag hinein ...

Das Kälbchen wurde ein Teil meiner selbst, meiner täglichen Gedanken. Geht es so einer Mutter, die ihr Kind in eine andere Familie gibt, zur Schwester, zur Tante, zur Großmutter? Sie weiß es in besten Händen, trotzdem ..., ihr Sinnen, Denken und Sorgen befasst sich mit ihm in beinahe jedem Moment. So ziehe auch ich im Geiste mit dem Kälbchen über die Hügel. Die Herde bewegt sich vorwärts, langsam, von Grasbüschel zu Grasbüschel. An Wasserstellen löschen die Tiere ihren Durst. Es mangelt ihnen an nichts. Hütejungen, wie einst Mathias, lesen ihnen allmorgendlich die Zecken ab, um dem todbringenden Fieber vorzubeugen. Im Krankheitsfall suchen sie Heilkräuter, die die »Hitze« senken, Durchfälle stoppen.

Während des Tages schien mir die Welt friedlich, hoffnungsvoll. Was kann schon geschehen auf den einsamen Hügeln, was kann schon misslingen bei meinem Plan? Doch mit der Dämmerung kamen die Ängste, des Nachts plagten mich Albträume. »Isaac«, fragte ich mich zweifelnd. Wie steht es um seine Verlässlichkeit? Er, mir eigentlich ein fremder Mann, ist zugehörig zu einem anderen Volk, einer anderen Kultur, einer anderen Religion. Er könnte niederträchtig sein ... mein Kälbchen verkaufen, das Geld einstreichen, mir später bedauernd irgendeine Geschichte einer Todesursache erzählen: Diebstahl, Zeckenfieber, eine Epidemie, Verdursten, unzuverlässige Hütejungen. Ich müsste ihm glauben, könnte ihm nichts erwidern, nichts fordern. Sein Schwur auf Allah, entspringt er einem tiefen Glauben oder ist er nur eine Redewendung, ohne Schuldbewusstsein, ohne Gewissensangst? Meine Zweifel nährten sich aus den Erfahrungen mit uns Christenmenschen. Nicht wenige spicken fast jeden Satz mit ihrer Gottesfurcht, beanspruchen des Sonntags die erste Kirchenbank, um Ihm näher zu sein, und brechen doch des Werktags nach Belieben fast jedes der zehn Gebote. Glauben die Muslime ernsthafter, mit dem Herzen? Zumindest einige? Wenigstens Isaac?

Nicht nur seine Verlässlichkeit, noch eine andere Furcht ließ mich frösteln: Die Mbororo sind Nomaden. Kamen sie nicht von dem trockenen, regenarmen Norden auf einem langen Marsch bis nach Kamerun, bis in unser grünes Grasland, das üppig Futter für ihre Tiere bot? Sie könnten sich unerwartet entschließen, weiter zu ziehen. Nicht Isaac träfe die Entscheidung, der Clanchef zum Beispiel drängte plötzlich zum Aufbruch der Großfamilie ... und mit ihnen zöge mein Kälbchen, meine Zukunft, meine Freiheit, mein bisschen Glück, was ich auf dieser Erde noch erwartete.

Ich wollte schreien, warnen ... Warum nur kam kein Laut aus meiner Kehle? Ich presste beide Hände gegen die Augen, wollte das Entsetzliche nicht sehen, hielt den Atem an ...

Ich erwachte. Mein Herz raste, kalter Schweiß stand mir auf der Stirn. Ein Stoßseufzer drang aus meiner Brust. Ein Traum! Oh, mein Gott, hab tausendmal Dank! Nur ein Traum, aus dem ich erwachte. Ich lag im Bett, stand nicht oben auf dem Hügel ..., und doch sah ich die Herde so greifbar nahe vor mir, die ziehenden Rinder, konnte mein Kälbchen mühelos ausmachen, das mit der »Maske«. Paah! Wie es gewachsen ist! Stolz erfüllte mich. Es fraß ununterbrochen, trabte weiter, immer suchend. Unruhe befiel mich: Bemerkt es nicht den Abgrund? Beruhige dich, Sophie, gleich wird es die Richtung ändern. Doch nein, es wurde vielmehr angelockt von sattem, grünem Gras, das über den Abgrund hing. Die ausgewachsenen Rinder erkannten das Wagnis, konnten der Versuchung widerstehen. Doch mein Kälbchen, in seiner Unerfahrenheit, beugte sich vor, reckte den Hals, um die saftigen Halme zu erwischen. In der Nacht hatte es geregnet. Schreckensstarr erahnte ich die Todesgefahr. Doch meine Warnung, lautlose Schreie, erreichten nicht sein Gehör. Es glitt aus, die Forderbeine rutschten haltlos nach vorne ...

Ein Traum, nur ein Traum ... Trotzdem hatte ich Mühe, mich zu beruhigen. Ich stand auf, schöpfte mit den geformten Händen Wasser aus dem Eimer, der immer bereitstand, erfrischte mein Gesicht ... Welch Labsal! Draußen herrschte noch tiefdunkle Nacht. Noch sang kein Vogel, noch krähte kein Hahn ... Ich hatte noch Zeit, mich zu entspannen. Wieder im Bett dachte ich erleichtert, nur ein Traum. Doch ein Quäntchen Unruhe blieb zurück. Soll ich den Leuten Glauben schenken, die da sagen, dass sich Träume bewahrheiten?

Nur mit Mühe begann ich den neuen Tag. Ein fernes Geräusch ließ mich aufhorchen. Ach was, Sinnestäuschung! Du bist aufgewühlt, noch verstört. Der Traum der vergangenen Nacht …

»War nur ein Traum!«, sagte ich laut, bestimmt vor mich hin. »Glaube es endlich!«

Aber doch! Ich vernahm, der Schreck fuhr durch meine Glieder, ein Klappern von Pferdehufen. Ich stürzte auf den Hof. Jawohl, Isaac ritt vor. Ich zitterte am ganzen Körper, suchte Halt an einem Zweig eines rot blühenden Busches. Nun bringt er mir die Todesnachricht. Er wird sein Bedauern ausdrücken und davonreiten …

Doch Isaac schien vergnügt, winkte, grüßte mit Salamalek herüber, während er sein Pferd an einem Baum festband.

»Lässt ihn mein Verlust so ungerührt?« Wut stieg in mir auf. »Habe mich in dir getäuscht!«, dachte ich grimmig.

»Hast du Gemüse, Yams, Kochbananen?«

Ich rührte mich nicht, antwortete nicht, starrte ihn an, mit unbeweglicher Miene.

Sein Gesicht wurde nachdenklich, sein Blick fragend, dann schien er zu begreifen. Nahe an mich herantretend, flüsterte er: »Es geht ihm gut, bei Allah!« Er hob beschwörend die Hand.

Ich schloss die Augen, flüsterte: »Der Herr ist dein Hirte!« Die Starre wich von mir. Ein Stein fiel mir vom Herzen. Erleichtert bediente ich Isaac. Jeder Verkauf verringerte meine Schuld, tilgte die Kosten für seine Arbeitsleistung, das Hüten.

Mathias kam wieder und wieder – nicht zu mir. Er setzte den Angehörigen meiner Familie zu, bedrängte sie, mich zu beeinflussen. Ständig betonte er, ja forderte er sein Recht auf mich: »Ich habe ein Vermögen für sie ausgegeben …«

»Du bist seine Frau«, musste ich mir von jedermann anhören, »gehe zurück zu ihm oder such einen Anderen, der ihm den Brautpreis erstattet. Wir wollen in Frieden leben.«

Nach jedem seiner Besuche wurde die schreckliche Zeit wieder lebendig, nach jeder Anspielung meiner Verwandten schmerzten mich erneut die Schläge und Demütigungen. »Dorthin zurück?« Je stärker der Druck wurde, umso mehr festigte sich mein Entschluss: »Nie wieder!«

»Ja, ja, ich kenne sehr wohl meine Pflicht!«, gab ich den Drängenden zur Antwort, bestätigte ihnen ein Zeichen meiner Vernunft, schürte bewusst ein Flämmchen ihres Hoffens. Niemand ahnte meine innere Unruhe, meine unbändige Angst vor Mathias. Was bedeutete sein Stillschweigen mir gegenüber? Er konnte mich nicht täuschen. Er war nicht zufrieden zu stellen, wollte nicht verzichten. Welche Schikane heckte er aus?

Ich verfolgte unbeirrt mein Vorhaben. Doch ein Geheimnis zu hüten, es ganz für mich allein im Herzen zu bewahren, ohne Austausch mit einem vertrauensvollen Menschen, ohne dessen Meinung, dessen Aufmunterung, war mir eine schwere Bürde. Oft war ich versucht, meine Lieben, die Mutter, Catharina oder Lea in meine Pläne einzuweihen. Ich widerstand, obwohl mich das Gewissen plagte. Ich hegte kein Misstrauen gegen sie, doch was sie nicht wussten, konnten sie nicht ausplaudern, auch nicht aus Versehen.

In jene Zeit fiel die Bekanntschaft mit Romano. Schüchtern saß er ganz allein auf der Bank im Warteraum. Ein hoch aufgeschossenes Kind, mager, mit krankhaft tränenden Augen. Ein herzerweichendes Geschöpf.

»Sophie, begleite ihn in das Krankenhaus, in die Augenabteilung. Der Junge ist so hilflos.«

Ihm wurde geholfen. Ich bezahlte die Rechnung.

»Wohin soll ich gehen?«, fragte er mich, mit ratlosem Blick.

»Zu deiner Familie.«

»Ich habe kein Zuhause«, sagte er nur und schwieg.

Sein Elend war offensichtlich. Ich bot ihm eine Bleibe. »Für ein paar Tage, dann werden wir sehen.«

Romano legte sich ins Zeug ... Unaufgefordert erledigte er die anfallenden Arbeiten: holte Wasser, ging in den Wald, schlug Buschwerk, hackte die Äste in brauchbare Stücke, reparierte den Zaun, verausgabte sich auf dem Feld, machte sich unentbehrlich – und schuf sich mit seinem Eifer ein neues Zuhause.

Es bewahrheitete sich, die Angst vor Mathias war nicht unbegründet. An einem frühen Morgen erntete ich Blattgemüse auf meinem Stückchen Land am Bach. Ein Garten Eden, denn der kleine Wasserlauf versiegte zu keiner Jahreszeit. Meine Gedanken schweiften umher, streiften so manche Person, die Kranken, die wir diese Woche behandelten, Romano, Isaac ... Eigentlich müsste der Hüter meines Kälbchens in den kommenden Tagen vorbeischauen, um seinen Bedarf an Gemüse und Knollen zu decken.

Plötzlich horchte ich auf. War da nicht ein Knacken, ein Brechen von Zweigen hinter mir? Romano? Nein, er arbeitet dort drüben, bereitet ein Beet für die neue Aussaat vor. Wild? Tiere, die fähig wären, mit der Fülle ihres Körpers im Unterholz dürre Ästchen zu brechen, sind längst ausgerottet. Ziegen? Die sind angebunden. Sie könnten sich aber losreißen.

All diese Gedanken fuhren mir blitzschnell durch den Kopf.

Ein Mensch? Ich lauschte angestrengt. Stille. Nichts. »Ach!«, sagte ich ärgerlich, gab dem Stein vor mir einen Tritt. »Warum bin ich so schreckhaft geworden?«

Dann stand er plötzlich vor mir: Mathias. Ein triumphierendes Lächeln, nein, ein hämisches Grinsen im Gesicht. »Ich brauche dich«, sagte er nur, und schon nestelte er an seinem Gürtel.

Schlag ihm die Nase krumm! Ich versuchte den Arm zu heben, er gehorchte mir nicht. Panische Angst erfasste mich. Weglaufen? Er wird mich einholen, mit ein paar Schritten nur, mich niederwerfen ... Hat er die Tradition vergessen? Kein Liebesakt auf nackter Erde!

»Nein, nein, nein!«, rief ich aus vollem Halse – und flüsternd, beschwörend fügte ich hinzu: »Die Götter werden dich strafen!«

Er lachte, wollte nach mir greifen.

In dem Moment ertönte Romanos zartes Stimmchen: »Hast du nach mir gerufen, Mama?«

»Ja, komm! Hier ist jemand, der möchte Gemüse kaufen!«

Mathias' Gesicht veränderte sich schlagartig, nahm einen anderen Ausdruck, eine andere Farbe an. »Wer ist dieser Junge?«, zischte er hasserfüllt.

»Er hilft mir bei der Gartenarbeit. Außerdem beschützt er mich ...«

Mathias drehte sich um, ging, aber nicht, ohne mich vorher wutschnaubend wissen zu lassen: »Ich packe dich anderswo!«

Wir blickten ihm beide nach. »Will er kein Gemüse?«, fragte der Junge erstaunt.

»Nein, er hat es sich anders überlegt.«

»Oh, Romano!« Ich umarmte ihn, war ihm so dankbar. Er wand sich verlegen aus dieser Liebkosung.

Dieses Erlebnis ließ mich erschaudern. Nein, ich wollte mir nicht vorstellen, was Mathias mir angetan hätte ... Ich wehrte mich gegen meine Fantasien, und trotzdem erschienen mir schreckliche Bilder. Wir wälzten uns auf nackter Erde im Staub. Ich wehrte mich, verletzte seinen Mannesstolz, erhöhte seine Gier. Er verlor die Beherrschung ... Doch die Begegnung erteilte mir auch eine Lehre. »Ich packe dich anderswo!« Eine Drohung, die mich zur Vorsicht mahnte. Hinter jedem Baum konnte er lauern, nach jeder Wegbiegung eines einsamen Pfades auftauchen, und dies mit aufgestauter Wildheit, Verbitterung.

Ein Glück, der Herrgott hatte mir Romano zur Seite gestellt: Er wird in der Einsamkeit des Waldes Feuerholz sammeln, Wasser am Bach holen. Und bei der Feldarbeit helfen wir Frauen unserer Familie uns gegenseitig. So bilden wir jeweils eine schwatzende und lachende Schar. Sie hält mir Mathias vom Leib.

Doch sollte ich tagaus, tagein bis an das Ende meiner Zeit mit dieser Angst, mit dieser Furcht vor ihm leben? Er könnte zur Vernunft kommen, von mir ablassen. Wann? Eines Tages! Niemand gibt mir Gewissheit? Gleichwohl kann er sich irgendwann vergessen, mir etwas antun. Oder mich unter Zwang zurückholen?

»Jawohl, Sophie! Ohne Zweifel, dein Weg ist der richtige!« Ich werde erst Frieden finden, wenn Mathias sein Recht an mir verloren hat. Bis dahin werde ich vor seiner Rache zittern müssen.

Die Zeit wollte nicht vergehen. »Mein Kälbchen«, so hielt ich manchmal – quälten mich düstere Gedanken – liebevoll Zwiesprache mit ihm, »ich gönne dir Kindheit und Jugendalter, doch nur massig, kräftig und stark erweist du mir den erhofften Liebesdienst.« Ich übte mich so schwer in Geduld … Dabei kannte ich genau die Länge der noch ausstehenden Zeit. Isaac hatte mir erklärt: »Die Trockenheit steht bevor. Die Hütejungen werden mit den Herden in Niederungen ziehen, wo einzelne Bachläufe auch während dieser Jahreszeit nicht versiegen. Und doch werden die Tiere nach der langen Wanderung geschwächt zurückkommen. Wer bezahlt dir einen hohen Preis für eine abgemagerte Kuh? Die Käufer sprechen von Krankheit, diskutieren, handeln nimmermüde, obwohl sie wissen, die Magerkeit rührt von den Anstrengungen und den spärlichen Weiden. Dann fällt Regen, zartes, würziges Gras sprießt. Die Tiere fressen und setzen in ein paar Wochen gehörig Fett an. Dann erst ist die Zeit des Verkaufs gekommen.«

Ein neues Jahr begann. Das große Krankenhaus verteilte Kalender, zwölf Monate auf einem Blatt, ein Geschenk, heiß begehrt von jedermann. Wer wollte nicht mit einem solchen Schmuckstück eine Wand seines Hauses verschönern? Unsere kleine Station wurde auch bedacht. Ich hängte ihn auf, durchkreuzte jeden Morgen das Feld des vergangenen Tages. Noch schrieben wir Januar. Ich zählte und rechnete … Beginn der Regenzeit: Mitte März. Schon ein erster Schauer würde die Natur verändern, Samenkörner keimen, Zweige ausschlagen, Gras treiben. Doch Geduld, wie lange braucht das Grün, bis es das Maul meiner »Lucky« packen kann? Und wie viele Wochen muss sie sich danach an diesem Überfluss laben, bis sie die erwünschten Fettpolster angesetzt hat? Sechs, acht? Vielleicht zehn? »Gut, ›Lucky‹, das ist meine Entscheidung, ich gebe dir Zeit bis Ende Mai.«

Hinter der Zahl 31 malte ich ein »P«, so klein, dass es kaum sichtbar war. »P« stand für *peace*, Frieden, und mit jedem vergangenen Tag kamen wir, »Lucky« und ich, unserem Ziel ein kleines Stückchen näher. Lieber Gott, wache über uns, dass wir es erreichen.

Kapitel 11

Voller Zuversicht und Zweifel – Bei »Big Papa« –
Die Beratungen – Der ersehnte Tag –
»Welcher Mann steht da dahinter?«

Eine eigentlich unerklärbare Ruhe legte sich auf mein Gemüt. Ich war voller Zuversicht. Gewiss, noch konnte Gottes Zorn mein Bestreben durchkreuzen, meinem Vorhaben ein plötzliches Ende setzen. Gefährdung drohte bis zum letzten Augenblick. Der Herr ist mein Hirte! Und ich hütete mich aufs Höchste, meinen Schutzherrn zu erzürnen.

Meine Nächsten, die Erkrankten und Leidenden, bedachte ich mit noch mehr Eifer und Fürsorglichkeit. Ich besuchte die Bettlägerigen, pflegte sie. Kein Weg war mir zu weit, kein Handgriff zu viel. Ich sprach Worte des Trostes, weckte Hoffnung.

Als fände Er Gefallen an meinem Tun, als hätte Er all meine Bittgebete erhört und wolle mir jetzt ein Zeichen senden: So wertete ich das Ereignis, dass der Regen früher einsetzte als in den verangegangenen Jahren. Bereits in der ersten Märzwoche brauten sich dicke Wolken zusammen, regneten sich ab, klarten die Luft, banden den Staub und erweckten die Natur zu neuem Leben.

Nun, da die Unruhe von mir gewichen war, Angst mich nicht mehr lähmte, zwang ich mich zur Besinnung, zum Nachdenken. Die weiten, einsamen Wege zu meinen Kranken boten mir dafür reichlich Zeit.

Die Rückgabe des Brautpreises: Was tun, wenn ich die Geldscheine meines Freikaufs in den Händen halte? Wie gehe ich zu Werke? – Noch fehlte mir die Vorstellung.

Nur in einem war ich mir sehr sicher: In das Bewusstsein eines jeden Dorfbewohners sollte es eindringen, alle Welt sollte die

Tatsache begreifen, dass ich nicht mehr Mathias' Frau bin, dieser Mann sein Recht auf mich verwirkt hat. Er hat keine Gewalt mehr über mich, darf mich nicht mehr bedrängen, zu nichts zwingen, mir kein Haar mehr krümmen ... Ich bin eigenständig, unabhängig, frei. Die Allgemeinheit wird über meine Sicherheit wachen.

Nachdenklichkeit, Grübeln, das Abwägen von Für und Wider, von allen Seiten ...

Das Ergebnis meines Kopfzerbrechens war die Erkenntnis, die Zeit sei reif, mich einem vertrauenswürdigen, urteilsfähigen Beistand anzuvertrauen. Nur wem? Einem Familienmitglied? Mutter, Catharina, Lea ...? Eigentlich Männersache! Nur ein allgemein geschätzter Mann hat eine Stimme, kann sich Gehör und Glaubwürdigkeit verschaffen in einer Sache wie der meinen. Vater? Der Onkel? Weise, lebenserfahrene Grauköpfe, gewiss! Doch alt an Jahren, dem sich wandelnden Leben bereits etwas abgekehrt. Ich hegte Zweifel, ob sie, die noch Gestrigen, die inneren Verletzungen, das Drängen nach Würde, Freiheit und Selbstbestimmung einer Frau nachempfinden können, Verständnis aufbringen für meinen beispiellosen Fall. Und David? Er wurde Vaters Nachfolger in der Vertretung der Familie. Mein Lieblingsbruder, von Kind an. Warum verschob ich ein Gespräch mit ihm von einem Tag auf den anderen?

Worauf wartete ich?

War es Gottes Fügung, eine Begegnung, die Er lenkte? Wer kann es wissen? An einem trüben Morgen jedenfalls kreuzten sich unsere Wege. Ich hatte ihn nicht bemerkt, war wieder in Gedanken versunken. »Sophie«, hörte ich eine Stimme rufen. »Ah, Big Papa!« So war er im Dorf bekannt, wer kannte schon seinen wahren Namen?

Ich umfasste mit der linken Hand meinen rechten Unterarm, als ich den kleinwüchsigen Mann begrüßte – ein Zeichen meines Respekts.

»Wie geht es dir, Kindchen? Habe gehört, du wohnst wieder bei den Eltern? War der Mann nicht gut zu dir?«

Ich schüttelte den Kopf.

»Lässt er dich wenigstens in Ruhe?«

Ich sagte die Wahrheit, verschwieg ihm aber mein Vorhaben: »Er will, dass ich zurückkomme.«

Seine mitfühlende Miene weckte Vertrauen, ließ mich einige Begebenheiten erzählen: Comforts abfälliges Verhalten, Mathias' Eifersucht, seine demütigenden Worte …

Meine Schilderungen stimmten ihn traurig. Er suchte nach einem Wort des Trostes, doch was hätte er mir sagen sollen? Noch war ich Mathias' Frau. Bekümmert nahm er seinen Weg.

»Big Papa!«, flüsterte ich vor mich hin. Er lebt vom Palmweinzapfen, wie Vater. Wie oft hatte ich gehört: »Ich trinke ein Gläschen Mimbo bei Big Papa.« Jawohl! »Die treibt nicht der Durst dorthin, die bedrückt der Seelenschmerz«, erklärte mir einst eine Nachbarin. »Schon die Art des Alten, seine Gäste zu begrüßen, löst ihre Zungen, lässt sie über geheime Sorgen und Nöte sprechen.«

Worin besteht eigentlich seine Anziehungskraft, sein Reiz? Ich wollte es wissen, begann zu sinnieren: Er, ein einfacher Mann, hatte nie eine Schule besucht, war kein Kirchenmann, besaß keinen Posten … Plötzlich kam mir die Erkenntnis, erfasste ich sein Geheimnis. Freude und Hoffnung erfüllten mich, denn nun wusste ich bestimmt: Ihm werde ich mich anvertrauen, ihn werde ich um Rat bitten. Er ist ein Mensch mit Herz, kann zuhören, ist verschwiegen.

Die Idee nahm mich gefangen, beherrschte meine Gedanken. Nun drängte es mich zu diesem Besuch – nur keine Zeit versäumen.

»Big Papa«, ich habe etwas auf dem Herzen«, begrüßte ich ihn.

Er packte zwei Hocker, sagte: »Suchen wir uns ein ruhiges Plätzchen …«

Das fanden wir, im Schatten des Colabaums hinter dem Haus. Schon saß ich ihm gegenüber.

Sein Blick war erwartungsvoll, nicht drängend. »Sprich endlich! Überwinde das Zittern deiner Hände, deiner Knie! Gib deiner Stimme einen festen Klang!«, befahl ich mir.

Ich holte tief Luft und begann, diesem Mann meine Geschichte zu eröffnen. Aufregung und Befangenheit schwanden, machten Erleichterung Platz. Endlich konnte ich die drückende Last, die ich monatelang allein mit mir herumgetragen habe, mit einem Menschen teilen. Er hörte mir zu. Wortlos. Nickte von Zeit zu Zeit. Ein Zeichen des Verstehens.

Als ich geendet hatte, blickte ich zu Boden. Wir schwiegen.

Mit einem Räuspern brach er die Stille, sagte bedächtig: »Eine Frau will ihren eigenen Brautpreis zurückzahlen ... Mädchen, darüber muss ich nachdenken. Einen solchen Fall hatten wir noch nie in unserem Dorf. Komm morgen wieder.«

Eine wohlige Nacht lag hinter mir. Ich blinzelte in den strahlenden Morgen. »Faulenzerin«, schalt ich mich, mich genüsslich räkelnd, »hast in den Tag hineingeschlafen.« Wann war mir das zuletzt passiert. Ewigkeiten schienen seitdem vergangen zu sein.

Woher nahm ich die Gelassenheit, worauf gründete sich diese Zuversicht? Mein Vertrauen auf »Big Papa«? Noch wusste er nichts zu sagen. Mein Vorhaben hatte ihn sprachlos gemacht. Trotzdem, ich hegte nicht den leisesten Zweifel, dass er mir helfen würde.

»Big Papa« war nicht zu Hause. Es fiel mir schwer, das zu glauben. »Aber, wir hatten doch diesen Zeitpunkt vereinbart!«, sagte ich zu der Frau.

»Wart halt. Besser, komm morgen wieder!«

»Nein, nein«, wehrte ich erschrocken ab, setzte mich unter den Colabaum und mahnte mich zu Geduld. Doch Ruhelosigkeit hatte mich bereits erfasst, ließ mich nicht still sitzen. »Ist ihm meine Angelegenheit so unwichtig, dass er...?« Vielleicht wurde er aufgehalten, gegen seinen Willen. Seine Abwesenheit gab mir Gelegenheit, die wirrsten Gedanken in meinem Kopf tanzen zu lassen.

Plötzlich hörte ich seine Stimme. Ich atmete auf. Eiligen Schrittes lief er auf mich zu, als könne er die verspätete Zeit noch einholen.

»Du hast mir gehörig zu denken gegeben!«, ließ er mich wissen. Seine Miene war ernst, doch nach einem freundlichen Klaps auf meine Schulter mussten wir beide lachen. Während eines Spaziergangs über die Hügel habe er nachgedacht.

»Sophie, du bist eine kluge, eine eigenwillige Frau.«

Ich schaute »Big Papa« prüfend an. Hatte ich richtig gehört? Ja, aber… – war seine Aussage aufrichtig, kein Scherz?

Sein Blick ruhte auf mir, ein gütiges Lächeln spiegelte sich auf seinem Gesicht. Nein! Entschieden schob ich die Zweifel beiseite. Nein, er trieb keinen Spott mit mir. Ich genoss sein Lob. Es war Labsal für meine Seele. Wohlig begann mein Blut in den Adern zu pulsieren. Fremd klingen bewundernde Worte aus einem Männermund, wenn es um die Bewertung von Frauen geht.

Und richtig, »Big Papa« verstärkte sofort mein Empfinden: »Das ist mein persönliches Urteil, Sophie. Du weißt wie ich«, er lachte erheitert, »viele meiner Gefährten würden dein Wesen als eigensinnig, starrköpfig kritisieren.« Nun wieder ernst: »Deine Schilderungen waren frei von Rachegefühlen, frei von Hass. Sie ließen mich erkennen, was du suchst, Seelenfrieden und Ruhe.«

Ich nickte. Oh, wie sprach er mir aus dem Herzen.

»Nur das beanspruchst du für dich, worauf ein jeder Mensch ein Recht hat. Deine Sehnsucht danach ließ dich einen ungewöhnlichen Weg einschlagen. Während meines Spaziergangs erkannte ich, er ist der einzige, der dich in die ersehnte Freiheit führt.«

Er fuhr fort: »Wiederholen wir: Mathias liebt dich. Er will keine Rückzahlung, diese Forderung ist nur sein Druckmittel, wirkungslos, wie er weiß, wenn du zu keinem anderen ziehst. Er will *dich*, seine Frau, und das mit Recht. Gemäß den traditionellen Gesetzen könntest du deinem hartnäckigen Gatten nicht entkommen. Doch eigenwillig wie du bist, hast du dir in den Kopf gesetzt, dich gegen ein ewiges Brauchtum zu stellen, willst dich vom Einfluss deines Ehemannes unwiderruflich entbinden, freikaufen ... Du weißt, Sophie, das ist einmalig. Das können wir nur im Einvernehmen mit dem Dorfchef angehen.«

»Oh je!«, flüsterte ich schwach, sackte in mich zusammen. Mich fröstelte. Mir war, als fegte eine Windböe über meine selbst gebastelte Welt hinweg, legte sie in Trümmer, noch bevor sie fertig gestellt war.

»Sophie!« »Big Papa« rüttelte mich an der Schulter. »Uns bleibt nur diese Möglichkeit. Jede andere Vorgehensweise schafft weitere Probleme. Hab Zuversicht ...«

Aber eben diese Zuversicht hatte ich so schlagartig verloren. Zwar versicherte mir »Big Papa«, noch heute einen Vertrauten, einen Berater des Chefs, aufzusuchen. Doch wie ein geschlagener Hund trottete ich den Pfad entlang nach Hause, mit gedankenschwerem Kopf, hoffnungslos wie seit Monaten nicht mehr.

Sicher, ich kannte den Chef, erlebte ihn als Vorsitzenden des Komitees, schätzte wie viele andere sein fortschrittliches Denken, sein Streben nach »modernen« Errungenschaften. Das schon, aber ich gab mich keiner Täuschung hin. Eine Krankenstation einzurichten, bessere Vorkehrungen für Gesundheit zu schaffen, das galt als Ehrensache, schaffte Anerkennung für den Chef und die Bevölkerung über die Dorfgrenzen hinaus. Eine segensreiche Neuerung, aber sie ließ die gesellschaftliche Ordnung, die traditionellen Gesetze unangetastet. Mit meinem einmaligen Vorhaben brachte ich offensichtlich Unordnung in das Gefüge. Das hatte mich »Big Papa« durch seine Reaktionen unbewusst gelehrt: sein Erstaunen, seine Nachdenken, seine Vorsicht und nunmehr seine Absicherung ...

Ein Dorfchef und seine Gefolgschaft waren eifrige Hüter, ja, leidenschaftliche Verfechter der Traditionen. Denen sollte ich gegenübertreten mit meiner »Einmaligkeit«, ich, Sophie, eine Frau – und kinderlos dazu? Mein Lachen klang höhnisch. Verzweiflung ließ mich die Fassung verlieren. In meinem Kämmerchen beweinte ich meine hoffnungslose Zukunft.

In tiefstem Herzen verwünschte ich meinen Gang zu »Big Papa«. Ich hatte ihn nicht richtig eingeschätzt. Nun würde er meine Geschichte direkt zu einem von »denen« bringen, und in meinen Ohren klang schon seine erheiterte Antwort: »Den Brautpreis selbst zurückzahlen? Das ich nicht lache! Richte dieser Aufmüpfigen aus, sie möge sich den bewährten Gepflogenheiten anpassen, wie es Generationen von Frauen vor ihr getan haben und ebenso viele noch tun werden. Eine Kinderlose! Sie sollte sich vorsehen, um nicht eines Tages im Elend zu versinken. Der heutigen Weiblichkeit ist vieles abhanden gekommen, vor allem die Fügsamkeit ihrer Großmütter. Stell dir vor, ›Big Papa‹, den Aufruhr, die Folgen ... Plötzlich droht jede Frau damit sich freizukaufen, sobald ihr Ehemann die kleinste Forderung an sie stellt. Unfriede zöge ein in die Familien, Streit. Das Machtwort der Männer würde nicht mehr zählen. Und woher überhaupt nähmen die Abtrünnigen das Geld für die Rückzahlung? Sie würden ihre Ehegatten betrügen, sie täuschen und belügen, sich zu Diebinnen entwickeln und als Prostituierte anbieten ...« Diese und ähnliche Gespräche geisterten in meinem Kopf, meine Fantasie trieb ihr Unwesen ... und am Ende einer widersinnigen Nacht erkannte ich selbst, dass eine Rückzahlung des Brautpreises in meinem Namen den Verfall unserer Gemeinschaft herbeiführen würde.

Sollte ich David mit dieser Aufgabe betrauen? Verdammt, mein Stolz ... Ich habe gekämpft, gelitten, um mein Kälbchen gezittert, für sein Wohlergehen beim Himmlischen Vater wie auch bei Allah Beistand erbeten ... Soll ich mich nach alledem hinter denjenigen verstecken, die mich um ihrer Seelenfrieden willen zu Mathias zurückschicken wollen?

Der Morgen war grau. Die Wolken hingen tief. Es regnete. Ich fror. Mein Kopf war dumpf, die Augen geschwollen vom mangelnden Schlaf, vom Tränenstrom. Ich ging vor das Haus, wollte Wasser aus der Regentonne schöpfen. Zu dieser Jahreszeit blieb uns Frauen der Gang zum Bach erspart. Die Erde war aufgeweicht, matschig, ich glitt aus. Nun saß ich da im Dreck, mein

Kleid verschmutzt, das Handgelenk schmerzte, zu verärgert, um mich hoch zu rappeln. Ein Häufchen Elend, das sich fragte: »Warum nur hänge ich so an diesem Leben?«

Noch vor dem Mittag brach die Sonne durch. Ich blätterte in der Bibel, las da und dort, suchte Trost, Ermunterung ..., fand bei Josua einen Text: »Siehe, ich habe dir geboten, dass du getrost und unverzagt seiest. Lass dir nicht grauen und entsetze dich nicht; denn der HERR, dein Gott, ist mit dir in allem, was du tun wirst.« Ich lehnte mich zurück, wollte nachdenken.

Ein Händeklatschen vor der Tür. »Ach, wer stört mich jetzt?« Missmutig öffnete ich die Tür, einen Spalt nur, um mein Widerstreben für einen längeren Besuch zu verdeutlichen. Ein fremder Junge stand draußen. »Mama, Papa schickt mich, du sollst kommen ...«

»Wer ist dein Papa?«, unterbrach ich ihn ungnädig.

Er lächelte, seine Augen strahlten, und seinen ganzen Stolz legte er in die Betonung zweier Worte: »Big Papa!«

»Ach so, sag ihm, ich komme!«

»Danke!«, rief ich dem davonspringenden Jungen noch nach, plötzlich peinlich berührt von meiner Unnahbarkeit.

Unschlüssig setzte ich mich auf die Stufe am Eingang, blickte über die seit der Kindheit vertrauten Hügel: Irgendwo dort grast mein Kälbchen. »Big Papa«, er will mir berichten ... Aber habe ich den Verlauf des Gesprächs nicht schon wortgetreu im Kopf? Jawohl, ich kenne das Ergebnis bereits. Muss ich mir die empörten, zurechtweisenden Worte des Freundes noch aus seinem Munde anhören? Viel hätte ich gegeben, mir dies zu ersparen. Doch ich sollte mich dankbar erweisen. Hat er sich nicht redlich bemüht, sein Bestes gegeben? Auch er, ein »Big Papa«, kann die Welt nicht verändern, Starrköpfe erweichen.

Ich erkannte ihn von weitem, diesen kleinwüchsigen Mann auf dem weit einsichtigen Pfad. Sein Gang war unverwechselbar. Wo eilte er hin? Ich schüttelte gereizt den Kopf. Wie sollte ich das verstehen, er hatte mich zu sich gerufen und ging nun seiner Wege!

Freudig schwenkte er seinen Arm. Ich tat es ihm nach, jedoch mit erzwungener Freundlichkeit.

»Da bist du endlich … Die Ungeduld trieb mich dir entgegen!« Schwer atmend drückte »Big Papa« meine Hand und lachte mich an. »Ich bringe eine frohe Botschaft!«, sagte er verschmitzt. »Doch nicht hier, besser zu Hause.« Schweigend ging er mir voraus.

Neugier nagte an mir, brachte mich fast um. Eine frohe Botschaft? Hm, spricht wie ein Christ, dieser Heide. Doch sogleich verfiel ich wieder ins Grübeln. Ohne Ergebnis. Ich zuckte mit den Achseln, hatte nicht die geringste Vorstellung, welch frohe Botschaft mir ein Berater des Chefs senden könnte. »Big Papa« tat geheimnisvoll, doch ich zwang mich, meine Erwartungen zu mäßigen, wollte einer erneuten Enttäuschung vorbeugen. Es gelang mir nicht, ich konnte meine Gedanken nicht zähmen, sie wirbelten in meinem Kopf herum, trieben mir den Schweiß auf die Stirn, ließen meinen Pulsschlag in den Schläfen pochen.

Ganz wie von selbst führten mich meine Beine zu den Hockern. Erhoffe nichts, flüsterte nochmals eine innere Stimme.

»Ich hielt Wort, Mädchen, besuchte meinen Freund. Kopf hoch!« Seine Hand schob sich unter mein Kinn, hob es an, bis sich unsere Augen trafen. Er schenkte mir ein zuversichtliches Lächeln. Es wärmte mich, ließ plötzlich das alte Vertrauen, die Hoffnung zurückkehren. Es wird schon werden …

»Mein Freund hörte sich die Geschichte an: Eine Frau will persönlich den Brautpreis an den Ehemann zurückzahlen. Er schwieg, er ist ein besonnener Mann, doch Verwunderung war ihm ins Gesicht geschrieben. Nach einer endlos langen Pause, fragte er: ›Und wer ist diese Widerspenstige?‹ Nun hatte ich Gelegenheit, deinen Namen zu nennen und deine Herkunft zu beschreiben. Eine Mitteilung sparte ich bis zum Schluss auf, deinen unermüdlichen Einsatz in der Krankenstation, anfangs auch ohne Bezahlung. Und tatsächlich, diese Erwähnung verfehlte nicht ihre Wirkung. ›Diese Sophie also …, die dürfen wir nicht verlieren.‹ Er sprach mit sich selbst. ›Aber sie stellt sich gegen die

Tradition! Big Papa, mit diesem Thema sorgst du für hitzige Streitgespräche unter uns Chefberatern, für nicht enden wollende Palaver.‹ Er schwieg. Was überlegte er? ›Der Zeitpunkt deines Besuchs ist klug gewählt. Heute Nachmittag treffen wir uns. Komm morgen in der frühen Stunde vor Sonnenaufgang. Ich genieße die stillen Momente, bevor der Tag beginnt. Ja, dann werde ich dir berichten.‹«

»Big Papa« lehnte sich zurück, suchte den Baumstamm als Rückenlehne. Ungeduldig beobachtete ich ihn. Missgönnte ich ihm diese Bequemlichkeit? Aber nein, mich verstimmte vielmehr die entstandene Erzählpause. Sprich schneller! Ich war verkrampft, wickelte in der Anspannung Grashalme um meine Finger, die, nun blutleer, die Farbe gewechselt hatten und schmerzten. »Na und … Erzähl doch!«, drängte ich den alten Mann.

Er nahm mir meinen mangelnden Respekt nicht übel, zeigte vielmehr Verständnis für meine Ungeduld. »Sophie, was mir mein Freund berichtete, ist schnell gesagt: Hitzige Debatten unter den Beratern. Alle Standpunkte wurden vertreten, von strikter Ablehnung bis Befürwortung … Jeder versuchte dem Anderen seine Anschauung aufzudrängen, bis in die Nacht hinein. In dieser Zerstrittenheit traten sie vor den Chef. Er schenkte dem Bericht ›Brautpreis‹ ungewohnte Aufmerksamkeit, stellte klärende Fragen, wehrte jedoch Meinungsäußerungen seiner Berater strickt ab. Nach einer Zeit des Nachdenkens sagte er langsam mit fester Stimme: ›Ich habe meine Entscheidung getroffen. Ich selbst werde mich um das Wohl dieser jungen Frau bemühen. Big Papa und du‹, er deutete auf meinen Freund, ›fungieren als Mittler.‹ Unter seinen Gefolgsmännern entstand Aufregung, verspürten doch einige das unaufhaltsame Bedürfnis für einen Hinweis, man möge bedenken … ›Der Fall ist ganz einfach‹, unterbrach sie der Chef. ›Wer von euch und euren Angehörigen hat nicht schon Linderung in der kleinen Krankenstation erfahren?‹ Bestätigendes Kopfnicken. ›Findet Sophie keine Ruhe im Dorf, wird sie wegziehen. Kennt ihr eine befähigte Person, die ihren Posten ausfüllen könnte?‹ Es herrschte betretenes Schweigen …«

»Big Papa« holte eine Cola aus seiner Tasche, die Nuss der Freundschaft. Er zerbrach sie mühelos, sind doch die Bruchstellen für die Zerteilung von der Natur schon vorgegeben. Ich kaute langsam auf dem bitter schmeckenden Stückchen. Zwischen uns herrschte Schweigen. Der Mann gönnte mir die Zeit, die ich bedurfte.

Ich war bestürzt, verstört, völlig aus dem Gleichgewicht. »Der Chef persönlich?« Mir kamen Zweifel. Sicher war ich einen Moment zerstreut, habe irgendetwas falsch verstanden?

»Was will der Chef tun?«

Geduldig, Satz für Satz einfach geformt, gab mir »Big Papa« nochmals den Verlauf des Gesprächs wieder. Es war meine mangelnde Vorstellungskraft, dass sich ein Dorfchef selbst um das Wohlergehen einer Frau bemühen wollte, die mich so begriffsstutzig machte. Noch immer schüttelte ich ungläubig den Kopf.

»Du hilfst den Kranken, die Leute schätzen dich. Hilfreich für den Chef, hat er doch fast täglich mit Streitigkeiten, Diebstahl und sogar Totschlag zu tun.«

Nun befiel mich noch eine andere Sorge: »Können Berater Geheimnisse hüten oder kräht schon jeder Hahn morgen früh noch vor dem Hellwerden meine Geschichte in die Welt?«

»Sie sind zum Schweigen verpflichtet.«

Ich schwelgte nicht in Glückseligkeit, dachte nicht, nun wird der Dorfchef mein Schicksal zum Besten bringen. Kurze Momente vielleicht, doch dann überwogen wieder die Zweifel an dieser Obrigkeit. Wird er nicht seine Worte vergessen, später als Entschuldigung sagen: »Oh, tut mir Leid ... Ich war damals mit Fällen anderer Dringlichkeit, größerer Tragweite beschäftigt.« Was ich jedoch nicht vergaß, war meine Danksagung an den Himmlischen Vater: Du hast mein Kälbchen behütet, du hast mir Mathias vom Leib gehalten. »Bis zur gegenwärtigen Stunde«, fügte ich jeden Abend hinzu und erbat seinen Segen auch für den nächsten Tag.

Der Mais gedieh prächtig. Es regnete gleichmäßig. Die gefürchteten Trockenzeiten von einer Woche und mehr, jeweils erlebt im

April vergangener Jahre, blieben aus. Die Frauen erfreuten sich an dem schnellen Wuchs und hofften auf reiche Ernte. Meine Blicke jedoch schweiften zu den frischgrünen Hügeln, die das Dorf umgaben. Auf irgendeinem davon zog »Lucky« in seiner Herde und graste, fraß sich den lieben, langen Tag Fleisch- und Fettpolster an, die in ihrer Fülle einem interessierten Käufer wohlwollend ins Auge stechen sollten.

Gewissenhaft strich ich die vergangenen Tage auf dem Kalender durch, ließ Anfang, Mitte und Ende April hinter mir, auch Anfang und Mitte Mai. Der 31. – bald kann ich die verbleibenden Tage an meinen Fingern abzählen ..., noch zweimal sonntäglicher Kirchgang. Die Ungeduld zappelte in mir und ließ Hoffnungen auf günstige Fügungen aufkommen, wie zum Beispiel: Das vorteilhafte Klima, der gute Zustand der Tiere könnte Isaac einen zeitigeren Verkauf als in vorangegangenen Jahren erlauben.

Mit all den Betrachtungen und Erwägungen, dem Kopfzerbrechen verging die Zeit, ein Tag nach dem anderen. Der 31. rückte näher, und der Morgen kam, als ich ein Kreuz durch sein Kästchen machte. Das kleine »P« für *peace*, Frieden, verschwand unter einem dicken Strich.

Wo bleibt Isaac? Habe ich unfachmännische Überlegungen angestellt? Braucht »Lucky« weit mehr Zeit, eine weit größere angefressene Körperfülle, als ich mir vorstellte, um die Aufmerksamkeit eines Käufers auf sich zu lenken? Oder welch sonstiges unvorhergesehenes Ereignis ist eingetreten? Schon wieder überfiel mich lähmende Angst, beherrschten mich Zweifel. Mit gespitzten Ohren durchlebte ich den Tag, immer wachsam. Hörte ich da nicht das Klappern von Pferdehufen? Grüßte nicht eben Isaacs Stimme irgendwen? Ich vernahm doch deutlich sein »Salamalek«! Oh, Sophie, dich verfolgt der Wahn ...

Just zu der Stunde, in der sich meine Gedanken für Momente von ihm befreiten und ich das fröhliche Geplauder genoss, mit dem wir Frauen uns die Arbeit auf dem Feld versüßen, fand er sich ein. Romano kam angerannt, teilte mir Isaacs Ankunft mit.

»Salamalek!« Sein Gesicht drückte Freude aus.

Alles in Ordnung. Uff! Ich atmete erleichtert auf. Und jetzt?

»Der Viehmarkt wird Mittwoch nächster Woche stattfinden. Kommst du?«

»Ganz sicher! Kein Fieber, kein Beinbruch wird mich zurückhalten!«

Kaum ausgesprochen, quälte mich schon das Gewissen. Diese lockeren Sprüche! Lieber Gott, bitte, nimm mich nicht beim Wort.

Das Glück war mir hold: Isaac ging auf einen weiteren Handel ein. Jahrelang gewährte ich ihm Kredit. Er beglich seine Schuld, wenn er Geld eingenommen hatte. An jenem Morgen riss ich allen Mut zusammen, fragte ihn: »Verkaufst auch du Kühe auf dem Viehmarkt?«

»Ja, fünf!« Sein Stolz war nicht zu überhören.

»Hm ... Bezahlst du mir deine Einkäufe, sagen wir, bis Beginn des Ramadan, vorab, das heißt, gewährst nun du mir Kredit?«

Sein Gesicht drückte Überraschung aus, doch dann klatschte er in die Hände: »Warum nicht!«

Wir verhandelten, er zeigte sich großzügig. Das Geschäft stimmte mich selig. Ein Sümmchen mehr für den großen Topf, ein Stückchen mehr Sicherheit ...

Als Isaac seinem Pferd die Sporen gab, drehte ich mich um, wandte mich dem Pfad zu. Schnell zu »Big Papa« mit dieser Neuigkeit!

Ich verschwendete keine Gedanken an die noch zu leistende Feldarbeit, die zurückgelassenen Frauen, die achtlos weggeworfene Hacke. Doch halt, mein Aufzug! Zwar bedeckte ein Tuch meine Blöße, doch es war fadenscheinig und schmutzig, an meinen Händen und Füßen klebte vertrocknete Erde. Eilig wusch ich mich, schlüpfte in ein sauberes Kleid, band ein Kopftuch um.

Ich traf ihn beim Zapfen, hatte lange zwischen den Palmen nach ihm suchen müssen. Wortlos hörte er zu, kramte währenddessen unablässig in seinem Beutel, bis er fand, was ihm in diesem Moment so nötig schien: einen Becher. Er goss ihn randvoll mit frischem Mimbo. Mit Befremden beobachtete ich sein Tun, zürnte mit ihm, dachte: »Wie ich sehe, Palmwein ist ihm im Moment wichtiger als meine Sache!«

»Da, Mädchen, trink! Beruhige dich! Erst dann können wir die nächsten Schritte überlegen.«

Gehorsam wie ein Schulmädchen leerte ich den Becher, schluckweise, genoss die Süße, die mir wohlig die Kehle hinabrann.

»Sophie, wir sollten nichts Unbedachtes tun. Ich weiß, deine Anspannung ist unerträglich. Trotzdem gedulde dich bis zum Markttag … Warte, bis du die Geldscheine sicher zwischen den Fingern knistern hörst. Erst dann sprichst du zu deiner Familie, und ich suche Mathias auf.«

Ohne Widerrede fügte ich mich »Big Papas« Ratschlägen.

Der ersehnte Tag! Strahlender Sonnenschein. Regen also wird willige Käufer nicht zu Hause halten. Aufziehende Gewitter, gewöhnlich gegen Mittag, werden die Geschäfte nicht mehr beeinträchtigen. »Los«, trieb ich Romano an, »gehen wir!« Der stand schon seit geraumer Weile auf dem Hof, bereit zum Aufbruch, und fragte sich sicher verwundert: »Warum nur gibt sie sich so gehetzt? Wegen dem Verkauf von Gemüse und einigen Wurzelknollen auf dem Viehmarkt?« Der arme Junge ahnte ja nicht …

Wortlos machten wir uns auf den Weg, folgten dem steinigen Pfad den Hügel hinauf. Jeder hing seinen Gedanken nach. Welche Überraschungen hält der heutige Tag bereit? Ich zitterte, mich fröstelte trotz der Anstrengung des Aufstiegs und der drückenden Last auf dem Kopf. Nackte Angst vor möglichen unangenehmen Ereignissen, unvorhergesehenen Erschütterungen ließen mich erschaudern. Ich verlangsamte meinen Schritt, bat Romano um eine Rast: »Nur einen Augenblick, der Atem geht mir schwer.«

Ein weiches Graspolster bot sich als Sitzgelegenheit, ich legte meinen Kopf auf die verschränkten Arme, betete: »Befiel dem Herrn deine Wege …« Ich bat um Stärke, wusste ich doch, dass mir noch einige spannungsreiche Momente, Verhandlungen, Auseinandersetzungen und Einigungsgespräche bevorstanden.

»Noch um diesen Berg herum, dann sind wir angekommen«, sagte ich zu Romano. Er zeigte sich neugierig, doch auch ängstlich, war bis zum heutigen Tag den massigen Tieren noch nie näher gekommen, sah sie stets in respektvoller Entfernung über die Hügel ziehen. Doch fürwahr, mit ihren langen, wuchtigen Hörnern konnten sie einem das Fürchten lehren. »Zebus«, erklärte mir einmal Isaac, »es gibt viele verschiedene Rassen.«

Nach einer weiteren Biegung blieben wir stehen. Vom Weg aus ließ sich der gesamte Schauplatz überblicken. Ein fesselndes Bild, diese Geschäftigkeit, dieses Farbenspiel: Groß gewachsene, schlanke Mbororos, gekleidet in leuchtende knöchellange Gewänder, hellblau, rosa, beige, hellbraun ... Die Verkäufer. Dazwischen die Kunden, Männer aus den umliegenden Dörfern, klein, stämmig. Ein anderer Menschentyp. Sie kauften Rinder, um sie zu schlachten und in kleinen Portionen auf ihren Märkten anzubieten. Die zum Verkauf dargebotenen Tiere – Rinder, Schafe, Ziegen – weideten auf einer eingezäunten Wiese, bewacht von den Hütejungen. Doch die Besitzer konnten nicht weit sein, mussten jederzeit für einen Handel bereitstehen. Wo war Isaac? Ich hoffte, ihn bald zu finden.

Romano und ich drängten uns durch die Menge. Es war ein langsames Vorwärtskommen. Mich quälte Ungeduld. Immer wieder wurden wir angehalten, mussten Preise verhandeln, bis das letzte Blatt Gemüse, die letzte Wurzelknolle verkauft war.

Endlich standen wir vor der Umzäunung. Mit raschem Blick musterte ich die Tiere, suchte nach Isaac, doch ich entdeckte weder »Luckys« Maske noch das freundliche Gesicht meines Mbororos. Was sollte das bedeuten? Ich war nahe daran, die Fassung zu verlieren; die Tränen saßen locker. Wurde ich doch noch Opfer ...? Verzweifelt lief ich zu einem Hütejungen. »Kennst du Isaac?«

»Aber ja«, antwortete der mit breitem Lachen. Sein Verhalten verwirrte mich noch mehr. Ist er ein Mitwissender unseres

Geschäfts? Belustigte sich nun über mein einfältiges Vertrauen? Waren sie womöglich alle eingeweiht in Isaacs Kreis?

Doch nein, sogleich erfuhr ich den Grund seiner Freude: »Isaac hat schon alle Tiere verkauft, der Glückliche. Frage da drüben nach ihm!« Ich hob zum Dank die Hand, wandte mich schnell ab, schaute die Hügel hinauf. Niemand sollte meine Tränen sehen; ich wischte sie schnell ab.

»Du kommst zu spät!« Eine vertraute Stimme.

Ruckartig drehte ich mich um, und da stand er: Isaac, strahlend, voller Freude.

»Du hast Gemüse und Yamswurzeln schon verkauft? Schade! Na ja! Ich komme noch vor Sonnenuntergang vorbei. Kaufe wie immer, du weißt schon …«

Ich nickte. Kein Wort über den Handel. Zu gewagt, hier in dem Gedränge mit zig lauschenden Ohren. Doch was tun gegen eine unzähmbare Spannung? Wie viel hat er erhandelt, welches Geld hat er gemacht? Ich versuchte das in seinem Gesicht abzulesen. Unsere Augen trafen sich. Plötzlich bückte er sich, riss einen Grashalm ab, schob seinen Ärmel ein ganz kleines Stückchen zurück, malte eine Zahl auf seine schwarze Haut, eine einzige Ziffer… Schon war sie wieder von Stoff bedeckt. Ich hätte am liebsten Isaac umarmt, Freudensprünge vollführt, ein »Glory halleluja« in die Menge geschmettert, doch ich befahl mir, Ruhe zu bewahren, kein Aufsehen zu erregen. Mich im Zaum zu halten erforderte alle meine Kräfte.

Isaac kam wie abgesprochen, überreichte mir zwei Päckchen Banknoten, CFA: »Hier, der erzielte Kaufpreis für ›Lucky‹. Hier, der versprochene Kredit.«

Ich zählte nach. Oh, »Big Papa«, du hast es genau vorausgesagt, ich hörte die Scheine »knistern« zwischen meinen Fingern. Welch liebliches Geraschel …

Als ich am nächsten Morgen aufwachte, streckte ich erstaunt meine Glieder. Hatte ich tatsächlich bei dem, was mir bevorstand, Schlaf finden können? Offensichtlich sogar stundenlang war ich der aufregenden Wirklichkeit entrückt, um gestärkt den Tag zu beginnen.

An diesem Tag sollte meine Familie aus meinem Munde erfahren, dass mich keine Kraft der Welt mehr zwingen könne, zu keiner Zeit und unter keinen Umständen, wieder mit Mathias unter einem Dach zu leben. Ich selbst würde den Brautpreis zurückzahlen. Die Worte dieser Offenbarung hatte ich längst gewählt.

Ich machte mich zu David auf, traf ihn daheim. Von seiner Anwesenheit hatte ich mich vorher durch geschicktes Ausfragen der Kinder vergewissert. Ihn, als Oberhaupt der großen Familie, als Lieblingsbruder, wollte ich vorab mit meinem Vorhaben vertraut machen, zählte ich doch auf sein Verständnis, seine Unterstützung.

Er freute sich über meinen Besuch, fragte aber sogleich mit Sorgenfalten auf der Stirn: »Sophie, was führt dich zu mir?«

Trotz aller Anspannung musste ich lauthals lachen. »So sieht mich meine Familie: Sophie, die Schwierige, das Sorgenkind! Wie Recht ihr habt. Aber das wird sich jetzt ändern.« Ohne Umschweife offenbarte ich ihm meinen Plan. Nur wie ich zu dem Geld gekommen war, verriet ich nicht. Ich bat ihn, mir dieses Geheimnis zu lassen. David versuchte es dennoch: »Sicher ist ein Mann mit im Spiel?!«

»Nein!«, sagte ich mit fester, bestimmter Stimme, »kein Mann.«

David kratzte sich hinterm Ohr, eine mir bekannte Geste, von Kind an, ein Zeichen von Unschlüssigkeit. Ihm fehlten noch die Worte, um mich von meinem Vorhaben abzubringen, um mir diese närrische Idee auszureden.

Vergebene Mühe, mein Lieber!

Er wahrte jedenfalls die Beherrschung, explodierte nicht, warf mir auch nicht die Faustregeln der Tradition an den Kopf, wie etwa: Solch eine Verhaltensweise hat bisher noch keine Frau an den Tag gelegt, warum sollen wir sie jetzt durchgehen lassen? Sie brächte unsere Familie ins Gerede, gäbe sie der Lächerlichkeit preis, über die Grenzen des Dorfes hinaus. Stattdessen fragte er sanft: »Ist er denn ein so schlimmer Mensch?«

Ich hatte mich lange genug vorbereitet, war seit langem gewappnet gegen jeglichen Versuche, mir die Erträglichkeit meiner Ehe einreden zu lassen. Auch ich wahrte die Beherrschung, bekam keinen Wutanfall, schrie nicht: Du weißt von den Prügeln, du weißt, dass er mich demütigt, in mir einen Schmarotzer sieht. Stattdessen sagte ich schlicht: »David, diese Frage ist längst beantwortet!«

Nun wurde mein Lieblingsbruder doch noch ganz Mann unserer Gesellschaft. Er belehrte mich hinreichend, ließ mich unter anderem wissen, dass andere Frauen nach einer Tracht Prügel nicht gleich dem Ehemann davonrennen ... Ich hütete mich, seinen Wortschwall zu unterbrechen, wartete geduldig, bis er den Schlusspunkt setzte: »Ich als das Oberhaupt der Familie lasse diese Rückzahlung in deinem Namen nicht zu. Es ist nicht Aufgabe unserer Familie, aus der Tradition auszubrechen.«

Ganz außer Atem hielt er inne, schaute mich nachdenklich an, als würde er erst jetzt wieder mich, seine Schwester, vor ihm sitzen sehen. Was ging in ihm vor?

Mit veränderter, etwas belegter Stimme sagte er: »Sophie, es tut mir Leid, deinen Plan durchkreuzen zu müssen. Aber ich hoffe, meine Erklärungen haben dich zur Vernunft gebracht.«

»Vernünftig wäre zurückkehren?«

»Ja!«, sagte er mit Nachdruck und lehnte sich zurück. Wie ein Vater, der überzeugt ist, seinem Kind den lebenswichtigen Ratschlag gegeben zu haben.

Lieber David, sonne dich nur in deiner Erhabenheit, dachte ich mir und antwortete: »Der alternde Dorfchef übertrifft euch, die Söhne, an Fortschrittswillen.«

»Wie das?«, fragte er, völlig irritiert.

Ich genoss seine Verwirrung, die sich nach einer weiteren Erklärung von mir noch verstärkte. »Er schätzt unsere Arbeit in der Krankenstation und fürchtet, sollte ich hier keinen Frieden finden, dass ich das Dorf verlasse werde. Deshalb hat er mir seine persönliche Unterstützung zugesagt.«

David kratzte sich wieder am Ohr. »Hmm … Nun denn, gegen den Dorfchef darf ich mich nicht stellen.« Wieder ganz Lieblingsbruder versprach er, die lieben Familienangehörigen in behutsam geführten Einzelgesprächen auf diese Einmaligkeit vorzubereiten und zu erfragen, mit welchen Gaben sie seinerzeit von Mathias als Brautpreis beschenkt wurden. »Töricht wäre, allein auf das Erinnerungsvermögen der Schwiegerfamilie zu zählen. Ihre Fantasien könnten sie in das Unermessliche steigern«, fügte er schalkhaft hinzu.

Wir trennten uns, David und ich, im Einvernehmen, zusammengehörig wie von Kindes Beinen an, als Verbündete. Er entband mich von den Rechtfertigungen vor der Familie. Nicht ich musste jedem Rede und Antwort stehen, er würde überzeugende Worte finden, Befürchtungen entkräften – eine Last weniger auf meinen Schultern.

»Big Papa« erwartete mich, folgte aufmerksam meinem Bericht. »Sophie, wir kommen voran.« Er rieb sich die Hände, als bereite er sich für einen Kraftakt vor. »Der Zeitpunkt ist gekommen, Mathias aufzusuchen. Ich besuche ihn in deinem Auftrag, erkläre ihm deine Absicht und bitte ihn, eine Liste über den geleisteten Brautpreis zu erstellen. Das Interesse des Dorfchefs verschweige ich ihm noch.«

Als ich »Big Papa« auf dem Weg zu Mathias wusste, peinigten mich Höllenqualen. Unzählige Fragen drängten sich mir auf: Wie wird er den kleinen Mann empfangen? Zunächst höflich, selbstverständlich, aber wie reagiert er auf dessen Mission? Wird er toben: Welcher Kerl steckt dahinter? Was bilde ich mir ein, vielleicht wird er lachend sagen: Endlich bin ich sie los. Her mit dem Geld …

In meinen vier Wänden hielt ich es nicht mehr aus, Abertausende von Ameisen kribbelten in mir. Fort, irgendwohin … Entschlusslos stand ich auf dem Hof, schaute in die verschiedenen Richtungen. Kleine Pfade führen nach überall. Plötzlich wusste ich es: »Aber nur einer zu einem Ort der Ruhe, der kleinen Kirche.« Ich ging zurück ins Haus, holte meine Bibel und machte mich mit raschen Schritten auf den Weg.

Welch glücklicher Zufall, es begegnete mir niemand, der mich zum Stehen bleiben, zum Gespräch zwang. Im Gotteshaus setzte ich mich auf eine Bank, ließ meinen Blick schweifen. Ein Holzkreuz, an die Wand genagelt. Der Altar, ein schlichter Tisch, bedeckt mit einem Tuch. Geschickte Hände hatten es mit winzigen Kreuzstichen bestickt: Ornamente, Blumen, ein Bibelvers: »Werft nun eure Zuversicht nicht weg, die eine große Belohnung hat. Hebräer 10, 35« Eine Ewigkeit war es her, als ich davon träumte... Hier an dieser Stelle wären wir niedergekniet, ich an Mathias' Seite. Unter Zeugen, vor Gott und Menschen, hätten wir uns das Ja-Wort gegeben und uns Liebe geschworen in den besten wie in den schlechtesten Zeiten, »bis dass der Tod uns scheide«. Es war müßig zu fragen, wäre unser beider Leben anders verlaufen, hätte Mathias damals unbeirrbar zu seinem Wort gestanden und sich nicht den Ansichten seiner Freunde gebeugt. Ich las nicht in der Bibel. Allein die Ruhe dieses Ortes übertrug sich auf mich. »Befiel dem Herrn deine Wege...« Der Herr wird es lenken: das Gespräch zwischen Mathias und »Big Papa« und alles weitere.

Mit angespannten Nerven folgte ich »Big Papas« Schilderung. Seine Ausführlichkeit verstärkte noch mein Herzklopfen.

»Zuerst suchte ich Mathias' Bruder auf, bat ihn mitzukommen. Es schien mir geraten, eine dritte Person hinzuzuziehen. Natürlich machte ihn mein Ersuchen neugierig, er fragte, warum, wieso? Doch ich vertröstete ihn. Du wirst es schon erfahren.

Mathias war vor dem Haus mit Holzhacken beschäftigt. Er sah uns zwei mit Erstaunen kommen. Sicher geisterten in diesem Moment so mancherlei Fragen durch seinen Kopf. Zwar bin ich allbekannt, doch er und ich hatten noch nie Worte miteinander gewechselt. Erwartungsvoll schaute er seinen Bruder an. Der zuckte mit den Achseln. ›Ich bin so neugierig wie du.‹

›Big Papa, was führt dich zu mir?‹, fragte er unumwunden, den allgemein üblichen Austausch von Höflichkeiten missachtend.

›Können wir uns an einen ruhigen Ort zurückziehen‹, bat ich.

Seine Ungeduld konnte er kaum noch verbergen.

›Ich komme in Sophies Auftrag.‹

›Ist sie krank?‹, fragte er erschrocken.

›Nein, es geht ihr gut.‹

Seinen Seufzer der Erleichterung bemerkte ich sehr wohl. Doch dann wurde er spöttisch: ›So, und was hat die Dame mitzuteilen, dass sie einen Boten beauftragt und nicht selbst vorbei kommt?‹

Mit knappen Worten erklärte ich deine Absicht, bat ihn, eine Liste zusammenzustellen.

Seine Gesichtszüge wurden starr, wie in Stein gemeißelt, seine Blicke schienen mich zu durchbohren.

Urplötzlich brach er in Gelächter aus, ein überlautes, gereiztes, unnatürliches Lachen.

Mathias' Bruder wollte es nicht glauben: ›Sie selbst, Big Papa, sie selbst will den Brautpreis zurückzahlen? Als Frau?‹

Mathias schrie ihn an: ›Glaub doch dieses Geschwätz nicht, sie hat sich ein Mannsbild angelacht. Woher will sie das Geld nehmen, he? Vom Verkauf von fünf Eiern, zwei Hühnern und ein paar Yamsknollen?‹

›Vielleicht die Familie?‹

›Ach, was ... Der Vater ist alt, erwirtschaftet nichts mehr. Sie ist ein starrköpfiges Weibsbild, hat sich schon immer Althergebrachtem widersetzt. Erinnert euch nur an diese Geschichte mit dem Kloster, diese Spleenigkeit seinerzeit.‹ Bebend vor Zorn stand er vor mir, Schweißperlen traten ihm auf die Stirn, und er hatte noch einiges zu sagen: ›Ich war zu großzügig, ab und zu eine Tracht Prügel hätte ihren Eigensinn gebrochen ... Meint sie, ich erniedrige mich jetzt, nehme ihr Geld. Hierher, in dieses Haus, gehört sie. Big Papa, hab Dank für diese frohe Botschaft.‹

Damit war ich entlassen, Sophie. Ich machte mich schnellen Schrittes davon.«

Mir war hundeelend. Mein Kopf schmerzte, ich verspürte Übelkeit, in meinen Därmen gurgelte es verdächtig. Während »Big Papas« Schilderung wurde Mathias vor meinen Augen leibhaftig: Ich hörte sein Schreien, vernahm sein Toben, spürte seine vernichtenden Blicke, litt sogar unter den Schmerzen seiner Schläge. Und ein Satz klang in mir nach, versetzte mich in Furcht und Schrecken: »Hier, in dieses Haus, gehört sie.«

Ein Satz, im Zorn nur so dahergesagt? Oder äußerst ernst gemeint, noch verstärkt von seiner Wut? Welche Ideen heckte er jetzt in seinem Kopf aus? Er ist unberechenbar.

Ich teilte meine Angst mit »Big Papa.«

»Wir müssen schnell handeln«, war seine Antwort.

David nannte den Akt der Brautpreis-Rückzahlung beim Namen: die Scheidung. Dieses Ereignis, offensichtlich unabwendbar, wollte auch er schnell hinter sich bringen, erledigt wissen. Die Einflussnahme des Dorfchefs in diesen »Fall« bereitete ihm Unwohlsein. »Ansonsten«, meinte er, »sind die Familienangehörigen vorbereitet. ›Ein Mann bezahlt für sie‹, ist die überzeugte Meinung aller. Keine Nachfragen. Nur die Aufstellung der Liste bereitet Mühe, die Alten hat das Gedächtnis in Stich gelassen. Was scheinbar unauslöschlich bleibt, sind die Missgeschicke, die einigen mit ihren Geschenken widerfahren sind: Am dritten Tag schon starb dem Onkel die Ziege, der Tante fiel die Kalebasse Palmöl aus dem Regal, der Fleck sei heute noch sichtbar, und der Schwester stahl ein Hund das Fleisch. In ihrer Einfalt empörten sie sich, dass ein totes Tier, versickertes Palmöl und gestohlenes Fleisch in die Liste aufgenommen werden müssen.«

Davids Bericht rang mir ein Schmunzeln ab. Ich konnte meinen Bruder beruhigen, die vollständige Liste des Brautpreises habe ich mir ins Gedächtnis eingeprägt. Aus Angst vor unliebsamen Überraschungen hatte ich mich seit Monaten gezwungen, jedes einzelne Geschenk in die Erinnerung zurückzurufen.

»Big Papa« schickte seinen Sohn. »Vater bittet dich zu kommen.«

Ich war beim Wäschewaschen. Hastig streifte ich den Seifenschaum von Armen und Händen, nahm ein Wäschestück, trocknete sie ab, ließ alles liegen und stehen, rief ins Haus: »Romano, bin gleich wieder da!«

Romano versuchte ehrgeizig, mit mir Schritt zu halten. »Big Papa« erwartete mich schon, sah uns auf dem Pfad kommen.

»Sophie, es geht voran«, rief er mir zu, als ich in Hörweite kam.

Der Schweiß rann mir vom Gesicht. Von der Eile? Der Anspannung? Schnaufend setzte ich mich auf den vertrauten Platz, den alten Mann nicht aus den Augen lassend.

»Kurz gesagt: Der Dorfchef rief mich, fragte mich nach dem Stand der Dinge. Aufmerksam hörte er zu und hatte sogleich einen Plan parat: ›Big Papa, ich stelle dir einen meiner Berater zur Seite. Zu zweit sucht ihr Mathias auf, richtet ihm in meinem Namen aus, dass ich ihn und seine Familienangehörigen in drei Tagen zu einem Treffen einberufe. Verhandelt wird der Brautpreis, den er seinerzeit an seine Schwiegerfamilie geleistet hat. Ich erwarte eine vollständige, korrekte Liste. Der Ort: der Hofplatz vor dem Haus von Sophies Vater.‹«

Das Licht, noch fahlgrau. Ein neuer Tag brach an wie ein jeder, den Gott in seiner Gnade uns schenkt.

Oh nein, nicht für mich! Ich schaute dem Tag entgegen, dem ich seit langer Zeit all meine Gedanken, mein Wirken, mein Sehnen, meine inständigsten Gebete gewidmet hatte. Doch wie erbärmlich fühlte ich mich an diesem Morgen. Der Kopf benommen, beim Aufstehen zitterten mir die Knie, beim Zuknöpfen der Bluse die Hände. Das Herz pochte hörbar. Mein unbändiger Wille nach Freiheit war gebrochen, mein heldenhafter Mut verloren. Plötzlich verstand ich das Geschehene nicht mehr... Eigentlich wollte ich doch nur fort aus dem Haus, in dem eine »Zweite« die Herrschaft übernommen und mich als Unfruchtbare gedemütigt hatte. Ich wollte mich befreien von dem Mann, der mich schubste und trat, als Schmarotzerin behandelte und mich einfach nicht in Ruhe lassen wollte. Niemals wollte ich mich in

Szene setzen, niemals meine bescheidenen Belange zur Dorf-, ja zur Chefsache machen. Blanke Angst überfiel mich.

Krampfhaft überlegte ich: Wie kann ich einen Aufschub erzwingen, eine Gnadenfrist herausschinden? Oder soll ich einfach davonrennen?

Zu spät, alle Vorbereitungen waren getroffen.

Meine nüchterne Denkfähigkeit kehrte zurück. Hatte ich nicht selbst die Sache vorangetrieben. Nun hieß es Rückgrat zeigen.

Der vorangegangene Tag war geschäftig verlaufen. Überall waren Feuerstellen errichtet worden. In den Töpfen brodelte es, denn es galt, heute eine größere Gesellschaft zu verköstigen. »Seine Majestät persönlich, mitsamt seinen Beratern, bemüht sich in ein Gehöft, um einen ›Fall‹ zugunsten einer Frau zu regeln.« Mit diesem oder ähnlichem Wortlaut verbreitete sich die Nachricht schneller als ein vom Wind angefachtes Buschfeuer von Haus zu Haus, von Mund zu Mund.

»Wie?«

»Was?«

Die Bevölkerung war sprachlos. Jedermann brannte vor Neugier und wollte sich so nah wie möglich an den Schauplatz begeben.

Zur festgelegten Stunde traf Mathias mit Angehörigen ein. Catherina machte mich flüsternd darauf aufmerksam. Er musste pünktlich erscheinen, denn der Dorfchef hatte geladen. Zu spät zu kommen, das wäre ungebührlich gewesen. Seine Majestät durfte man nicht warten lassen.

Vater besaß einen »Chefstuhl«, ein wertvolles Stück, an Armlehnen und Stuhlbeinen reich verziert mit Schnitzereien wie Löwen und Echsen. Dieses Prunkstück kam heute zu Ehren, wurde in eine Ecke des Hofes gestellt, nahe der Eingangspforte zu Vaters Haus. Stühle wurden arrangiert, sie sollten den Beratern, dem Pfarrer und einigen Mitgliedern des Kirchengemeinderates Bequemlichkeit bieten. Für das übrige Volk taten es Bänke und Hocker.

Noch stand man in Grüppchen herum, plauderte über Belanglosigkeiten. Das Thema der kommenden Stunden sparten sie aus. Niemand wollte mit einem Kommentar vorgreifen. Abwarten …

Das baldige Eintreffen des Dorfchefs kündigte sein persönlicher Diener an. Er erschien und bedeckte die ehrwürdige Sitzgelegenheit mit einem Tuch. Nie würde der erlauchte Herr auf einem nackten Stuhl Platz nehmen. Früher, so hörte ich schon Leute erzählen, setzte er sich auf ein frisch geschnittenes Bananenblatt, mit der Unterseite nach oben.

Wir erhoben uns zum Empfang unseres Dorfchefs, klatschten ihm zu Ehren dreimal in die Hände.

Prächtig sah er aus in seinem traditionellen Gewand, geschneidert aus schwarzem Stoff, reich verziert mit leuchtend roten, gelben und weißen Stickereien. Dazu die passende Kappe. Er stützte sich auf seinen kunstvoll mit eingeschnitzten Tiermotiven verschönerten, unentbehrlichen Stock.

Vater erhob sich. Er tat sich schwer, die demutsvollsten Worte für den Empfang von so viel Ehrwürdigkeit in unserem bescheidenen Gehöft zu finden. Er schaffte es leidlich. Sichtlich erleichtert wandte er sich an den Herrn Pfarrer: »Bitten Sie, dass Gott in den kommenden Stunden mit uns ist.«

Der Ärmste schrak zusammen. Oh, wie gut konnte ich ihm das nachfühlen! Gütiger Himmel, was sollte er sagen? Hier ging es um die Scheidung einer vor Gott nicht bestehenden Ehe. Ein Sündenpfuhl!

Nach dem ersten Schreck fand er das Wort wieder. Er ließ uns wissen, dass Gott stets unter uns ist.

Der Chef ließ sich durch einen seiner Berater mitteilen: »Ein jeder von euch wird sich fragen, warum sich Seine Majestät heute hierher begeben hat, nicht wahr.«

Nickende Köpfe, bestätigendes Brummen.

»Ich werde euch die Begründung darlegen: Die Anwesenheit des Chefs unseres Dorfes bezeugt, wie wichtig ihm das Verbleiben einer Tochter dieses Gehöfts in unserer Gemeinschaft ist. Ihr

Name: Sophie. Ein jeder kennt sie, denn wer suchte nicht schon Linderung eines Schmerzes in unserer kleinen Krankenstation? Dort arbeitet sie, und dort soll sie noch lange Zeit helfend wirken.«

Beifall unterbrach den Sprecher. Ich senkte die Lider. Mir wurde heiß unter all den auf mich gerichteten Blicken.

Ich hörte den Sprecher fortfahren: »Aus Gründen, die hier nicht zu erörtern sind, will Sophie den Brautpreis, den ihr Ehemann einst an Angehörige ihrer Familie gezahlt hat, heute zurückgeben.« Seine Hände machten eine besänftigende Geste, als wollte er einem Sturm der Entrüstung vorbeugen. »›Eine Frau zahlt den Brautpreis zurück, unmöglich‹, werdet ihr sagen. ›Das hat es noch nie gegeben.‹ Wie Recht ihr habt, und dennoch ... Wir alle werden Zeugen dieser Rückgabe sein, denn Sophie soll sich wohl fühlen in unserer Dorfgemeinschaft und sie nicht wegen eines Unbehagens verlassen. ›Big Papa‹«, er legte freundschaftlich seinen Arm um den kleinen Mann, »unser Herr Pfarrer und ich werden für einen ruhigen Ablauf der Versammlung sorgen. Protokolle werden geführt.«

Ein Tuscheln hob an, doch niemand wagte, lauthals seinen Standpunkt kundzutun.

Ich spähte zu Mathias und den Seinen hinüber. Auch sie besprachen sich. Missbehagen erfüllte ihre Gesichter.

Nun wurden die Listen verglichen. Wortgefechte zogen sich über Stunden hin. Es wurden Forderungen gestellt, Ansprüche abgelehnt, Äußerungen belacht, Hände zum Schwur »Bei Gott« erhoben. Einige Beispiele: »Der Brautvater hat drei Ziegen erhalten.« Papa sprang auf, schneller als es ihm seine geplagten Glieder in letzter Zeit zuließen, wehrte sich mit entschiedenen Worten. »Zu welchem Anlass wurde mir die dritte übergeben?« Die das behauptet hatten, kamen in Erklärungsnöte. Oder: Mein Onkel bestritt mit erbostem Lachen die Höhe der Geldsumme, die er erhalten haben sollte. »Hier, mein Freund ist Zeuge.« In seiner Empörung klopfte er dem alten Mann so hart auf die Schulter, dass der zusammenzuckte. »Er war zu Besuch bei mir, als die Herren kamen. Ihm zeigte ich die Scheine.« Nun entstand ein Streitgespräch zwischen Mathias und seinem Bruder: »Hast du nicht den vereinbarten Betrag gezahlt?« Allgemeine Erheiterung. Der Pfarrer mahnte zur Ruhe.

Anspannung beherrschte mich noch immer. Meine große Angst war jedoch zunehmend einer gewissen Zuversicht gewichen. Je länger die Versammlung dauerte, um so entspannter lehnte ich mich an die Hauswand. Es gab keine Forderung, die ich nicht bedacht hatte.

Meine Hand umfasste das Bündel Geld, das tief verborgen in meiner Rocktasche ruhte. Voll Vorfreude eilten jetzt meine Gedanken dem Geschehen voraus. In wenigen Momenten würde ich vor aller Augen Schein für Schein hinblättern: nicht hämisch, nicht siegreich. Nein, irgendwie war ich auch von tiefer Traurigkeit erfüllt. Doch ich wollte auch still und bescheiden die Befreiung, die Erlösung feiern.

Mathias riss mich aus dem Träumen: »Ich habe da noch einen Zettel.« Er schwenkte triumphierend ein Stück Papier. Erstaunte Gesichter wandten sich ihm zu. Meine Glieder wurden starr vor Schreck: »Was nun noch?« Ich war nahe daran, die Fassung zu verlieren.

Er bot die Erklärung: das »Fulfilment«, die vermeintlich zu niedrigen Opfergaben bei der Totenfeier für die zuletzt Verstorbenen, also für ihren Großvater und ihre Tante.

Mir wurde ganz elend. Nie hätte ich geahnt, dass er die Ausgaben für diese Zeremonien fordern könnte.

Kaum hatte Mathias das letzte Wort gesprochen, sprang David auf. Er war aufgebracht, ich sah es ihm an, ich kannte ihn. »Was will dieser Mann noch alles fordern?« Seine Stimme schien ihm vor Wut zu versagen. Er schluckte, dann ging es weiter: »Im Schutz der Dunkelheit stahl er sich damals mit Sophie davon, nach Santa. Und warum? Weil er weder einen Kaffeestrauch noch eine Bananenstaude besaß, auch nicht die kleinste Münze, die er seiner Schwiegerfamilie als Anzahlung für den Brautpreis hätte bieten können.«

»Big Papa« hob mahnend die Hände: »David, mäßige dich!«

»Ich muss es sagen!«, wehrte er sich. »Jetzt besitzt er ein stattliches Haus. Jeder kennt das Geheimnis, meine Schwester ist eine tatkräftige, rastlose Frau ... und Papa unterstützte ihren Ehemann wie einen leiblichen Sohn. Eigenhändig fertigte er die kunstvollen Zimmerdecken aus Raphia-Palmen, brachte sie unter Schweißvergießen an. Sophie floh aus diesem Haus ...«

»David, lass es gut sein!«, unterbrach ihn der Chefberater. Auch Seine Majestät gebot mit einer Handbewegung Einhalt.

Die Verantwortlichen berieten sich, verkündeten dann, dass es Mathias geraten sei, diesen Zettel zu zerreißen.

Diese Entscheidung wurde mit Applaus begrüßt.

Darauf ging alles flott. Die bestätigten Forderungen, also die Ziegen, der Palmwein, die Tücher, das Öl ... wurden in Bargeld umgerechnet, der Gesamtbetrag festgelegt. Während atemberaubender Stille blätterte ich meine Scheine vor Seiner Majestät und den ungezählten Zeugen auf einen Hocker. »Big Papa« reichte das Bündel an Mathias weiter. All das wurde im Protokoll festgehalten, das die Verantwortlichen für dieses Treffen unterzeichneten.

Anschließend erwarteten die Anwesenden das Festmahl und den Mimbo. Ich eilte in die Küche, um zu helfen. Von da und dort drangen halbe Sätze an mein Ohr, die mir verrieten, was sie alle bewegte: »Welcher Mann steht da dahinter?«

AnnMarie Wolpe

Leben in Südafrika

Autobiographie

Aus dem Englischen von Hilde Schruff

Lamuv Taschenbuch 223

Ann Marie Wolpes Autobiographie gibt Einblick in eines der dunkelsten Kapitel südafrikanischer Geschichte.
1963: Ihr Mann Harold it Mitglied des damals verbotenen »African National Congess«, Anwalt von Nelson Mandela, Walter Sisulu und anderen ANC-Mitgliedern. Als das geheime Hauptquartier des ANC in Rivonia entdeckt wird, kommen viele Apartheidgegner wie Mandela ins Gefängnis - auch Harold Wolpe. Doch ihm gelingt zusammen mit Arthur Goldreich die spektakuläre Flucht aus der Haft und auf vielen Umwegen nach Großbritannien. Wochenlang berichtet die internationale Presse darüber.
AnnMarie ist nach der Flucht ihres Mannes staatlichen Repressionen ausgesetzt, wird in Polizeigewahrsam genommen, verhört, muss Angst vor körperlicher Mißhandlung haben. Doch dank der Hilfe von Freunden darf sie schließlich Südafrika verlassen - ihre Kinder müssen zunächst zurückbleiben.
1990: Mandela ist freigelassen worden. Ihr Mann Harold will zurück nach Südafrika. AnnMarie sieht in dem Land nicht mehr ihre Heimat. Mit äußerst gemischten Gefühlen kehrt sie nach fast drei Jahrzehnten im Exil zurück.

Ein Buch aus dem Lamuv Verlag

Mamphela Ramphele

Meiner Freiheit keine Grenzen

Autobiographie

Lamuv Taschenbuch 224

»In Zeiten der Not setzte sich Mamphela Ramphele für Freiheit und Gerechtigkeit ein, schuf eine Oase der Menschlichkeit und Würde in einer Wüste der Verzweiflung und Unterdrückung. Dies ist ihr fesselndes Zeugnis, unnachahmlich erzählt.« (Friedensnobelpreisträger Desmond Tutu)

»Pflichtlektüre für jeden, der sich für die Geschichte des Kampfes gegen die Apartheid in Südafrika interessiert.« (George Soros, Vorsitzender des Open-Society-Instituts)

Mamphela Ramphele, geboren Ende 1947, zählt zu den führenden Persönlichkeiten im Kampf gegen das südafrikanische Apartheidsystem. In den siebziger Jahren arbeitete sie an der Seite von Steve Biko im Black Consciousness Movement. Zusammen haben sie einen Sohn. Die Medizinerin Ramphele engagiert sich für die Armen und Ärmsten im Land. Unter schwierigsten Bedingungen baut sie beharrlich Gesundheitszentren für Schwarze auf, ruft mobile Gesundheitsdienste ins Leben. Das trägt ihr Bewunderung und gesellschaftliche Anerkennung ein. Andererseits muss sie am eigenen Leib spüren, was es heißt, jahrelang verbannt zu werden. Auch heute noch engagiert sie sich gesellschaftlich und politisch für eine wirkliche Gleichberechtigung in Südafrika. Als erste Schwarze ist die Ärztin, Anthropologin und Autorin Vizekanzlerin der University of Cape Town geworden.

UNICEF

Guatemala

Der Krieg und die Kinder

Lamuv Taschenbuch 309

Guatemala ist kein Einzelfall. Weltweit werden Kinder in kriegerischen Auseinandersetzungen zu Opfern extremer Brutalität.
Im 36-jährigen Bürgerkrieg im mittelamerikanischen Guatemala starben etwa 200 000 Menschen. Jedes fünfte Opfer war jünger als 18 Jahre. Anhand zahlloser Zeugenaussagen wird deutlich: Nur wenige starben durch Schüsse. Soldaten warfen Babys gegen Wände, zertrümmerten Kleinkindern den Schädel, vierteilten Kinder mit der Machete oder verbrannten sie vor den Augen ihrer Eltern. Das Militär setzte Vergewaltigungen und Folter von Minderjährigen systematisch als Kriegswaffe ein. Die meisten Opfer: Mayas. Für 93 Prozent aller Morde werden staatliche Stellen, vor allem die Armee, verantwortlich gemacht.

Das Deutsche Komitee des Kinderhilfswerks der Vereinten Nationen (UNICEF) dokumentiert die systematische Verfolgung, Verschleppung und Ermordung von Kindern während des Bürgerkriegs in Guatemala. Die Friedensnobelpreisträgerin Rigoberta Menchú fordert ein internationales Gericht, um diese Verbrechen abzuurteilen.

Ein Buch aus dem Lamuv Verlag

Marylène Schultz

Die Waisenkinder von Bethanien

35 Jahre auf der Westbank

Lamuv Taschenbuch 321

Marylène Schultz hat sich jahrzehntelang um palästinensische Jungen und Mädchen gekümmert, die keine Eltern hatten oder deren Eltern sich nicht um ihre Kinder sorgen wollten. Doch sie war nicht nur als Waisenmutter tätig, sondern hat sich in all diesen Jahren für Verständigung und Frieden zwischen Israelis und Palästinensern eingesetzt und sich an gewaltfreien Aktionen beteiligt, wenn sie die Menschenrechte derer in Gefahr sah, mit denen sie zusammenlebt. Sie will »Brücken über Gräber bauen« und »Breschen in Mauern« schlagen, die Gegner miteinander ins Gespräch bringen.
Marylène Schultz wurde Augenzeuge des Sechs-Tage-Krieges und damit der bis heute andauernden Besatzung der Westbank. Hautnah musste sie erleben, wie sich der Alltag der Palästinenser dadurch veränderte. Sie bekam mit, wie erste jüdische Siedlungen errichtet wurden, wie Menschen von dem Land vertrieben wurden, auf denen ihre Familien seit Generationen wohnten. Sie spürte, wie sich die Fronten weiter verhärteten, die Gewalt eskalierte … bis zum heutigen Tag.
Marylène Schultz' Arbeit ist ein Beispiel dafür, dass es in dieser krisengeschüttelten Region viele Menschen gibt, die immer noch an Frieden und Versöhnung glauben.
Mit einem Vorwort von Arnold Hottinger, dem ehemaligen Nahostkorrespondenten der »Neuen Zürcher Zeitung«.

Ein Buch aus dem Lamuv Verlag